国家出版基金项目
NATIONAL PUBLICATION FOUNDATION

中国话语体系建设丛书

丛书主编　沈壮海

▼ 肖波 等 著

文化产业学科话语体系建设研究

WUHAN UNIVERSITY PRESS
武汉大学出版社

图书在版编目(CIP)数据

文化产业学科话语体系建设研究/肖波等著.—武汉：武汉大学出
版社,2023.12
中国话语体系建设丛书/沈壮海主编
国家出版基金项目
ISBN 978-7-307-24066-7

Ⅰ.文… Ⅱ.肖… Ⅲ.文化产业—学科建设—研究—中国 Ⅳ.G124

中国国家版本馆 CIP 数据核字(2023)第 197131 号

责任编辑:李 琼 责任校对:李孟潇 版式设计:马 佳

出版发行:武汉大学出版社 (430072 武昌 珞珈山)
(电子邮箱:cbs22@whu.edu.cn 网址:www.wdp.com.cn)
印刷:湖北恒泰印务有限公司
开本:720×1000 1/16 印张:16.75 字数:265 千字 插页:2
版次:2023 年 12 月第 1 版 2023 年 12 月第 1 次印刷
ISBN 978-7-307-24066-7 定价:99.00 元

"中国话语体系建设丛书"编委会

主　任　沈壮海

副主任　方　卿

编　委　（以姓氏拼音字母为序）

方德斌　冯　果　贺雪峰　李佃来　李圣杰

刘安志　刘　伟　陆　伟　罗永宽　孟　君

聂　军　强月新　陶　军　于　亭　张发林

作者简介

　　肖波，武汉大学国家文化发展研究院教授、博士生导师，武汉大学国家文物财政政策研究基地主任；中国文物学会高校历史建筑专业委员会秘书长；英国华威大学、剑桥李约瑟研究所访问学者。主要研究方向为文化产业和文化遗产。主持国家社科基金项目2项，国家文物局项目、湖北省社科基金项目等10多项，发表论文50余篇。30多项研究成果被中央办公厅、财政部、文化和旅游部、国家文物局等部门采用。著有《阻隔与爱慕：中国经典传说的多元阐释》《中国文化遗产保护与利用》《唐诗三百首：男性读本》等。

前　　言

　　"文化产业管理"是一个新兴学科。自 20 世纪后期以来，西方发达国家对文化产业寄予厚望，纷纷将其纳入国家战略。这一潮流得到诸多国家的响应和跟进。我国文化产业起步较晚，但潜力巨大，发展后劲十足。与文化产业实践相对应，文化产业研究和学科建设同步迅猛发展。2004 年，我国正式设立"文化产业管理"本科专业，目前已有 200 余所高校开设这一本科专业，并有硕士点 40 余个、博士点 20 余个。文化产业学科可谓后起之秀、蓬勃发展。

　　"文化产业管理"是一个交叉学科。一方面，文化产业兼具文化和经济属性、兼具实践和理论色彩，在发展壮大的过程中聚集了多行业、多学科的力量；另一方面，国内各高校依托不同学科开设文化产业专业，包括哲学、文学、历史学、经济学、艺术学、新闻传播学、民族学等。文化产业学科的发展，凝聚了不同学科的智慧和底蕴，体现出多元、融通的鲜明特征。

　　文化产业学科需要建立自己的话语体系。在中国式现代化的新征程中，随着文化强国战略的深入推进，文化产业学科建设需要有更高阶的要求和更精细的标准，学科话语体系建设刻不容缓。同时，一个新兴交叉学科，要建设独具特色的话语体系，非常不易，需要努力去尝试、探索。

　　本书即是一种尝试。作者结合研究文化产业十多年的经验，根据自己的学术积累和研究方向，提出对文化产业学科话语的认知和见解：既有对学科纵向历史进程与横向分布的归纳，也有对文化治理、博物馆活化、文化遗产、文化记忆等前沿理论的追踪应用，还有对文化产业经典案例的解读与相关对策建议。这些内容并非事先规划出来的，而是在研究的进程中不断累积并逐步聚集而成。

本书也是有组织科研的成果之一。2017 年，作者有幸参与沈壮海教授关于中国特色哲学社会科学话语体系研究的课题组，与来自不同学科的青年学者互相切磋、共同研讨。2019 年，武汉大学启动中国特色哲学社会科学话语体系建设专项课题，作者承担文化产业学科话语体系的研究任务；2020 年，这一系列项目列入湖北省社科联的"湖北思想库课题"；2022 年，入选国家出版基金项目，并由武汉大学出版社纳入"中国话语体系建设丛书"统一出版。

本书是集体智慧的结晶。在构思和写作过程中，沈壮海教授、傅才武教授、张发林院长等悉心指导、耐心帮助。各章节的写作多为课题负责人与相关成员合作完成，课题组诸成员均深度参与，主要参与情况如下：陈泥（第四章第三节、第五章第一节）、陶军（第一章第一节、第六章第一节）、钱珊（第二章第四节、第五章第二节）、龚舒（第二章第一节、第二章第二节）、陈秋宁（第五章第三节）、黄晶莹（第二章第三节、第四章第一节、第五章第四节）、卜钰雯（第四章第二节）、余艺芳（第三章第一节、第六章第四节）、张远远（第三章第二节、第六章第二节）、王诗怡（第一章第三节、第六章第四节）、宁蓝玉（第一章第二节、第五章第五节、第六章第二节）。胡熙、杨秋蕾、朱小凡等同学帮忙梳理了章节内容，校对了部分书稿。在此向为本书策划、编写、校对提供支持帮助的老师、同学表示衷心的感谢。

本书的部分内容先后在多家期刊发表，包括《东南文化》《南方文物》《出版科学》《同济大学学报（社会科学版）》《山东大学学报（哲学社会科学版）》《深圳大学学报（人文社会科学版）》《湖北民族大学学报（哲学社会科学版）》《中国文化产业评论》《中国博物馆》《文化软实力研究》《文化深圳》等。感谢诸位编辑老师给予的精心指导和匠心打磨。感谢武汉大学出版社编辑老师们的认真校改和辛勤付出。

限于时间和水平，本书还有诸多不足和错漏，恳请专家和读者批评指正。

目　　录

第一章

文化产业学科概要

第一节　文化工业：凝固的术语与新学科的前奏

文化产业的兴起是 20 世纪世界舞台上的一个重要事件和新兴潮流。特别是 20 世纪 90 年代以来，西方发达国家对文化产业寄予厚望，纷纷将其纳入国家战略，出台专门政策，促使文化产业发展成为支柱产业之一。文化产业也称创意产业、内容产业、文化创意产业等，其内涵虽有所不同，但所指对象与范围大致相当，为方便表述，本书统称为文化产业，不再一一区分。受世界潮流与国内发展形势的多方面影响，中国从 20 世纪末开始大力发展文化产业。中国文化产业的发展与世界文化产业的演进有着密切关联，既深受世界格局的影响，又努力在实践中探索，不仅发展速度迅猛，还多有创新之举。

世界对话与交流是全球文化产业发展的重要背景，也是进一步促进各国文化产业健康发展的迫切需要。中国文化产业的发展，得益于改革开放后的世界眼光，得益于主动融入全球化潮流的政策导引与实践探索，得益于基于实际的学习、引进与创新。总体上说，中国文化产业政策经历了多源引进、全面跟进与自我跃进三个主要阶段，在世界对话格局中，由勤奋好学的学习者，成长为可以分享经验的平等对话者。只是，如何与世界有效对话，如何从全球的角度或者从西方的角度理性看待中国文化产业的发展，目前还缺乏细致的梳理与深入的交流，在这方面，无论是中国的讲述，还是世界的倾听与回应，似乎都没有做好准备。

基于此，本书拟作一先期的探讨，以抛砖引玉。

一、基于实践理性的多源引进

文化产业伴随着科技进步与大众文化的兴起而登上历史舞台，特别是"二战"以后，在相对和平的国际环境下，经济快速发展，技术不断更新，人们的生活水平和文化水平同步提高，文化需求的释放与文化传播手段的匹配促成了文化产业的诞生和成长。报业的扩张与兴盛、电影的诞生与繁荣、广播电视的普及与发达、出版业的国际化、演艺业的商业化、艺术品交易的全球化、创意阶层的兴起、互联网和数字技术的出现与迅速蔓延，使得文化与经济的关系越来越密不可分，文化的批量生产、流通与消费成为现实，文化产业日渐成为大众生活中不可或缺的一部分，成为新的经济增长点，甚至成为部分国家的支柱产业。

不可否认，拥有雄厚资本和先进技术的西方发达国家抢占了文化产业发展的先机。以好莱坞、CNN、迪士尼、NBA为代表的美国文化产业，以BBC、西区戏剧、城市复兴为代表的英国文化产业，以贝塔斯曼、国际博览为代表的德国文化产业，以动漫、电视剧为代表的日本文化产业，不仅为本国带来了巨额收益，培育和打造出日益成熟的新的生产模式与产业链条，还对全球文化产业的发展产生了广泛影响。

西方发达国家很早就开展文化产业领域的学术研究，通过学术辨析形成社会影响，刺激和促进了文化产业政策的出台。以20世纪40年代法兰克福学派对文化工业（culture industry）的批判为开端，经过数十年的论争、反思、批判与实践印证，特别是伴随着后工业时代大众文化的蓬勃发展，文化产业（cultural industries）这一概念日渐清晰并得到主流社会的认同与推崇。20世纪末，许多国家先后出台专门的文化产业政策，以保护、促进文化产业的健康发展，使其在经济发展、遗产保护、城市复兴等方面发挥重要作用。

英国引领了西方国家新一轮文化产业的发展潮流。1998年英国政府出台了《创意产业路径文件》（Creative Industries Mapping Documents），明确提出创意产业的概念和产业分类，并推出了具体的支持措施。这是最早对文化创意产业（诸多国家称之为文化产业)进行官方定义的文件，标志着文化创意产业正式进入国家发展战略。英国之所以大力提倡文化创意产业，有其相应的社会背景：一是第二次世界大战后英国逐渐失去了制造业大国的地位，经济面临下行压力，需要寻找新的突破口；二是20世纪60年代以来伯明翰学派的大众文化研究产生了广泛影响，学术界普遍激起了研究文化的热情，积淀了文化产业理论基础；三是市民社会兴起，文化创意产业有大量的消费需求；四是竞选需要，工党为迎合下层民众，提出了一系列新纲领，其中就包括文化创意产业。此前的1992年，梅杰政府将原先分散隶属于艺术和图书馆部、环境部、贸工部、就业部、内政部、科教部六个部门的文化职责集于一部，成立国家文化遗产部，统一管理文化艺术、文化遗产、新闻广播、电视电影、图书出版、园林古迹、体育和旅游等事业，并将文化大臣升格为内阁核心成员；1993年，英国政府推出国家文化政策《创造性的未来》；1997年，布莱尔政府将文化遗产部更名为文化传媒和体育部，并成立"英国创意产业特别工作小组"，由布莱尔本人直接领导。此后的1998年和2001年，英国政府两次发表《创意产业白皮书》。这一系列政策的刺激有效推动了英国创意产业的快速发展，创意产业成为其仅次于金融业的支柱产业。

相比之下，中国文化产业上升为国家战略的时间略晚，其发展历程多受西方影响，亦不乏实践中的自我界定。中国文化产业的发展源泉有三：一是改革开放实践的拓展，二是西方文化产业实践的鼓舞，三是西方理论的引导。三源交互影响，共同推动社会各界对文化产业的认识、研究与开拓。

中国文化产业首先是改革开放实践深入发展的产物。1985年，文化与教育、科研一道，被国家统计局列入第三产业的第三层次。此后便有了文化产业这一提法。1992年邓小平南方视察讲话之后，改革开放的力度加大，文化产业发展提上议事日程。深圳、上海等市场经济相对发达的地方出现了"文化事业"之外的产业形态，如文化娱乐业，演出经营业，电影和音像制品业，文化艺术品经营业，图书报刊的印刷、发行、销售经营业，广播电视业，图书文献信息业，培训业，等等。① 1993年11月，文化部在湖北召开"部分省市文化产业座谈会"，鼓

---

① 杨宏海：《关于深圳文化产业的调查与思考》，《特区经济》1992年第11期。

励各地大力发展文化产业。这一年，文化市场引发了社会上热烈的讨论。① 此一时期的文化产业是以中华人民共和国成立以来建立的文化事业体系作为参照的，既大力提倡发展以市场经济为特征的非事业文化新业态，又积极鼓励原有文化事业单位探索转企改革，如成立报业集团、广电集团、出版公司等，还支持文化事业单位新办企业，"以文养文"。文化产业在实践中发展的动力，一是为财政负担沉重的文化事业体系"减负"或"甩包袱"，二是寻求新的经济增长点，三是满足群众日益增长的文化需求。

中国文化产业的起步受到了西方案例的启发。改革开放以来，欧美发达国家的文化产品相继进入中国，国内民众开始见识和了解西方的电影、电视、音乐、舞蹈、绘画、服装、体育等多种文化样式，大城市逐步有了麦当劳、肯德基、可口可乐等快餐文化，摇滚乐、霹雳舞、喇叭裤等成为时尚青年追捧的对象，中国人越来越直观地感受到西方文化的流行与扩张。部分代表团到西方国家实地考察，除了学习引进其工业、科技、市政建设等先进行业外，也体验和学习其文化领域的先进经验，比如传媒行业的市场化，广告、旅游等与文化相关的新兴行业的培育等；并开始关注文化产业对城市复兴的重要作用，如美国的克利夫兰和奥兰多的经验。② 诸多报刊上出现了对文化产业重要价值与经典案例的介绍，好莱坞电影、法国香水、吉列刀片、日本相机，一度被认为是文化产业的典范。③ 以美国、日本为代表的西方文化产业实践案例传入中国，引起政府和学界的关注，并成为学习和效仿的样板。

中国文化产业的发展得益于西方理论的支撑。我国文化产业在发展初期受到西方理论一明一暗两条线索的影响，明线是马克思主义经典著作中的相关理论，暗线是文化工业理论。最早研究文化产业的学者，多从马克思主义经典作家相关论著中寻找理论支撑，比如依据马克思关于精神产品与物质产品的论述，提出文

---

① 曹晋彰、王广振：《1993—1994 年的文化市场讨论研究》，《中国文化产业评论》2017 年第 2 辑。

② 钱光培、高起祥：《发展文化产业与北京产业结构调整的战略抉择》，《北京社会科学》1997 年第 4 期。

③ 林青华：《"文化产业"冲破壁垒》，《南风窗》1992 年第 4 期。

化产业是精神生产和物质生产的结合部；依据列宁关于市场的论述，提出文化市场的现实供给与有效需求的矛盾运动。① 又如依据马克思《哲学的贫困》《资本论》中关于社会生产的理论，指出文化产业属于一般社会生产系统的特殊形式，是精神生产力的综合性力量和发展形态。② 同时，国内学术界从 20 世纪 80 年代中后期开始关注法兰克福学派及其文化工业批判理论，主要是从文艺学、美学、西方哲学的角度进行翻译和介绍，至 1994 年，"文化工业"相关理论成为重点关注的对象③，并与当代中国的文化市场化变革结合起来。④ 随后，文化工业与文化产业理论渐渐"合流"，一些研究文化工业、西方文艺理论的学者开始研究文化产业。⑤

基于改革开放发展潮流的实践理性，美、日等国文化产业的现实样板，西方文化产业相关理论的学理支撑，三源并举，构成了中国文化产业发展的推动力量。1998 年，在国务院进行机构改革而大幅削减机构和人员编制的背景下，文化部增设文化产业司，这标志着中央政府对文化产业的认可与重视，也预示着文化产业即将进入快速发展通道。

二、世界眼光与全面跟进

进入 21 世纪，文化产业发展席卷全球，成为世界文化热点和经济焦点之一。在政策层面，西方国家纷纷制定文化产业发展战略，出台保护和促进文化产业发展的政策措施。在学术层面，一大批文化产业和文化政策研究机构相继成立，许多优秀学者专注于相关研究，文化产业成为新兴的"显学"。

在政策层面，诸多西方发达国家把文化产业纳入国家战略，并形成了各自的特色与优势。英国政府力推创意产业，将其分为 13 个类别，通过整合税务法规、保护知识产权、推动社会投资等方式，支持创意产业的发展；在政府管理模式方面，实行"一臂之距"原则，在政府与文化艺术机构、市场之间设置中介机构，

① 李建中：《论社会主义的文化产业》，《人文杂志》1998 年第 3 期。
② 谢名家：《论文化产业的发展与我国社会现代化的关系》，《广东社会科学》1996 年第 6 期。
③ 郑一明：《法兰克福学派的"文化工业论"析评》，《哲学研究》1994 年第 7 期。
④ 金元浦：《试论当代的"文化工业"》，《文艺理论研究》1994 年第 2 期。
⑤ 金元浦：《文化市场与文化产业的当代发展》，《社会科学战线》1995 年第 6 期。

由专业人士负责其运营。美国提出版权产业的概念，将其与国际贸易挂钩，支持其版权商品占领国际市场；通过推动版权商品的贸易和投资领域自由化，美国版权产业在其出口贸易中扮演着非常重要的角色，在其国内经济中的增长贡献率及就业率方面也举足轻重。韩国提出"文化立国"战略，相继出台《国民政府的新文化政策》（1998）、《文化产业促进法》（1999）、《文化产业振兴五年计划》（1999）、《21世纪文化产业的设想》（2000）、《电影产业振兴综合计划》（2000）、《文化韩国21世纪设想》（2001）、《出版与印刷产业振兴法》（2002）等政策法规，通过优化环境、设立基金、构建网络和产业集群以及外向拓展，全方位支持文化产业。日本把文化产业定义为感性产业，包括内容产业、休闲产业和时尚产业，其中动漫产业全球领先，成为日本第二大支柱产业，日本也是世界上最大的动漫制作和输出国。①

在学术层面，英国、美国、澳大利亚等国的一大批学者把文化产业研究的深度与广度都推向了一个新阶段。一方面，对于学理的探究，文化产业的内涵、范围与门类，其生产、流通、消费等环节的特征，其创意主体、产业组织、发展环境、文化与产业、艺术与经济的关系，文化产业相对于其他产业的特点与相应的政策需求等，都是辨析的重点，也在论争中渐趋清晰。② 另一方面，对于实践的总结，形成了关于创意城市、文化产业集群、文化产业发展模式、创意管理的新理念与新经验，特别是文化产业在没落工业城市的复兴、贫民区的绅士化改造等领域的重要价值与成功案例，深刻影响了世界城市的发展取向。

这一时期，中国文化产业发展总体上全面跟进世界潮流，既注重政策的引领与导向，又推动学术研究与实践探索，在迅速学习西方的同时注重根据实际进行理论总结和政策调整，从而保持理念实时更新，实现产业快速增长。

文化产业不仅被地方政府提上议事日程，还进入国家战略。2000年10月，《中共中央关于制定国民经济和社会发展第十个五年计划的建议》提出"推动信息

---

① 陈恙明：《文化创意产业发展的国外经验与借鉴——基于政府作用的视角》，云南财经大学硕士学位论文，2013年，第17~27页。

② 刘友金、胡黎明、赵瑞霞：《创意产业理论的兴起与发展——纪念创意产业概念兴起十周年（1998~2008）》，《经济学动态》2008年第12期。

产业与有关文化产业结合"，"完善文化产业政策，加强文化市场建设和管理，推动有关文化产业发展"。这是中央文件首次使用"文化产业"的概念，标志着文化产业进入了国家发展战略视野。2002 年 11 月，党的十六大报告提出："积极发展文化事业和文化产业"，"完善文化产业政策，支持文化产业发展，增强我国文化产业的整体实力和竞争力"。这是党的全国代表大会报告中首次使用"文化产业"的概念，并首次对文化事业和文化产业进行了区分。此后的历届党代会报告都越来越突出地提到文化产业。2009 年 9 月，国务院正式发布《文化产业振兴规划》，旨在发挥文化产业在调整结构、扩大内需、增加就业、推动发展中的重要作用。2010 年 10 月，党的十七届五中全会正式提出"推动文化产业成为国民经济支柱性产业"的发展目标。与之相应，统计部门把文化产业纳入工作视野。2004 年 4 月，国家统计局印发了《文化及相关产业分类》，首次从政府统计的角度对文化产业的概念和中国文化产业的范围进行了权威界定；2005 年 1 月，国家统计局印发了《文化及相关产业统计指标体系框架》；2006 年 5 月，国家统计局首次发布了中国文化产业统计数据。

文化产业的研究进入快速发展期，文化部门与教育部门合力推进文化产业领域的科学研究与人才培养，设立高水平研究机构，建设文化产业学科，取得了明显成效。1999 年 12 月、2002 年 6 月，文化部分别与上海交通大学、北京大学共建国家文化产业创新与发展研究基地；2006 年 12 月，文化部命名清华大学、南京大学、南京航空航天大学、中国海洋大学、华中师范大学、云南大学等 6 所高等院校的文化产业研究机构为国家文化产业研究中心；2009 年 6 月，文化部与武汉大学共建国家文化创新研究中心。全国另有 60 余所高校或科研单位设置了专门的文化产业研究机构。2004 年 3 月，教育部批准在山东大学、北京广播学院、中国海洋大学和云南大学 4 所高校开设文化产业管理专业，授管理学学士学位；到 2014 年，全国共有 197 所高校开设文化产业相关专业。有数十所高校设置了文化产业方向的硕士点、博士点和博士后流动站。十余年间，文化产业领域聚集了越来越多的优秀人才，形成了专业的研究队伍。学者们不仅较大规模地介绍和引进西方相关理论，辨析文化产业概念和内涵，还特别注重结合国家重大战略需求，围绕"如何发展我国文化产业"这一主题展开探索研究，在文化体制改革、公共文化服务、文化发展战略、文化产业规划、文化产业竞争力、文化产业"走出去"等方面取得了突出成果。① 2000 年以来，以文化产业为主题的论文共有 2 万多篇，其中 CSSCI 刊源论文 1900 余篇。

对文化事业与文化产业进行切割，是文化体制改革过程中的重要节点，也是文化产业政策的全新起点。自 2002 年 11 月党的十六大报告明确提出文化事业与文化产业的区分后，文化事业沿着公益性方向，着眼于为民众提供基本公共文化服务，并逐步推出"四馆一站"免费开放、送戏下乡、送电影下乡、建设农家书屋等文化惠民的系列政策；文化产业则沿着市场化方向，实现了健康快速发展，2010 年以前，文化产业增加值年均增量在千亿元上下，2010 年以后年份的年均增量超过了 2000 亿元。

三、创新驱动与自主跃进

近年来，西方文化产业学界出现了两股新的思潮。一是对文化产业本身的反思与质疑，包括文化产业这一命题是否成立，其是否有不同于其他产业形态的充分独特性？对文化产业内涵的论争是否有意义，其核心层、相关层、外围层的划分是否有实践指导价值？文化产业与政治的关系，其意识形态特征与工具性是否有悖大众文化的消费理性？文化产业对于城市复兴的效用是否具有可持续性？二是对互联网和数字技术影响下文化产业走向的关注，如移动互联网对传统媒体的挑战、基于数字技术的新兴产业形态、互联网时代文化产业的产品质量与社会公正等。②

中国学术界也有对文化产业的反思，比如探讨文化产业反文化性等；③ 但更多的情况下并没有过多地关注文化产业的概念辨析与学理论争，而是着眼于推进文化产业实践发展的政策导向与路径探索。或许正是因为这种搁置争议、注重实效的思路，使得中国文化产业政策和实践反而避开了一些不必要的弯路。一方面

---

① 张培奇、胡惠林：《探索与发展的十年：十六大以来我国文化产业学术研究述评（上、下）》，《学术论坛》2013 年第 1、2 期。

② David Hesmondhalgh. The Cultural Industries, 3rd Edition. SAGE Publications Ltd, 2013.

③ 柏定国：《论文化产业发展中的"反文化性"》，《东岳论丛》2011 年第 3 期。

推出了一系列有针对性、实用性强的产业政策，并提出了诸多具有创新性的规划和措施，成为全球文化产业的新形态；另一方面激发了市场活力和社会力量，在文化产业实践领域全面突破，实现快速增长的同时创造了一些新业态，为全球文化产业提供了新样本。

我国持续释放政策利好，支持文化产业发展的政策频出。仅2014年就先后出台了《国务院关于推进文化创意和设计服务与相关产业融合发展的若干意见》《国务院关于加快发展对外文化贸易的意见》《文化部、中国人民银行、财政部关于深入推进文化金融合作的意见》《进一步支持文化企业发展的规定》《财政部、国家发改委、国土资源部、住建部、中国人民银行、国家税务总局、新闻出版广电总局关于支持电影发展若干经济政策的通知》《文化部、工业信息化部、财政部关于大力支持小微文化企业发展的实施意见》《文化部、财政部关于推动特色文化产业发展的指导意见》等一系列政策。在政策支持下，文化产业与相关产业融合发展趋势凸显；以资本为纽带，文化产业并购重组风云突变，以整合资源、突出主业、做大做强为重点，国有文化企业实力和控制力不断增强，涌现出一批总资产和总收入超过或接近百亿元的大型骨干文化企业。文化企业上市蹄疾步稳，截至2014年底，上市文化企业已达到45家，其中国有或国有控股文化企业31家，在证监会预披露的630多家拟上市企业中，文化企业有20多家，文化板块已成为A股市场的一股新兴力量。

在政策推动主体方面，逐步形成了较为灵活高效的协调机制。我国并没有像英国文化传媒和体育部(DCMS)这样统筹文化产业发展的政府部门。虽然文化部于1998年设置了文化产业司，但其业务范围远未涵盖文化产业全部内容；与文化产业相关的业务主管部门还有中共中央宣传部、国家新闻出版总署、国家广播电影电视总局、国家体育总局、国家旅游局等。为了更有效地发展"大文化"，将上述部门整合归并的呼声不断高涨，政府亦在谨慎推进。2013年3月，国务院新一轮机构改革，将原国家新闻出版总署和原国家广播电影电视总局的职责整合，组建国家新闻出版广电总局；在地方政府特别是市、县一级政府，文化、新闻出版、广电、体育等职能大多已合并为同一个局。在中央层面，连续多年推出多个与文化产业相关的政策文件，通常由一个部门牵头、多个部门协商沟通完成，协调机制较为通畅有效；而地方层面由于主管部门已相对归并集成，发展文化产业更为灵活高效。

在吸引国外先进经验并结合国内实际的基础上，我国文化产业政策逐步推出了具有创新性的文件，特别是克服了西方决策缓慢、执行困难的缺点，发挥政府在动员和协调各方力量方面的巨大优势，提出了具有宏观视野与全局战略的文化产业专项，其中较有代表性的为文化产业园区、文化产业走廊、文化产业带。

基于文化产业集聚的理论，结合已有的工业园区建设经验，我国在 21 世纪初开始建设文化产业园区。2004 年、2007 年，文化部先后启动了"国家文化产业示范基地""国家文化产业示范（试验）园区"的评选和命名工作，截至 2015 年 3 月，共有国家级文化产业示范园区 10 家，国家级文化产业试验园区 12 家，国家级文化产业示范基地 339 家。国家级园区和基地带动各地文化产业实体的发展和集聚，是一条较为有效的途径。2013 年，国家级文化产业示范（试验）园区内企业利润总额为 561.6 亿元，平均利润 40.11 亿元，比 2011 年增加了 138.9%，在税收、就业等方面都有不俗的业绩。①

文化产业基地是单个的生产经营单位，文化产业园区则是多个生产经营单位的聚集，范围再进一步扩大，则是将各个基地、园区连成一个有机的整体，形成文化产业带，或者文化产业走廊。文化产业走廊于 2014 年 3 月正式提出，文化部、财政部联合印发了《藏羌彝文化产业走廊总体规划》，这是我国第一个国家层面的区域文化产业发展专项规划，涉及川、黔、滇、藏、陕、甘、青等七省区，核心区域内藏、羌、彝等少数民族人口超过 760 万人，覆盖面积超过 68 万平方千米，文化旅游、演艺娱乐、工艺美术、文化创意等新兴业态为其重点发展领域。

与文化产业走廊紧密相关的新概念有两个，一是特色文化产业，二是文化产业带。特色文化产业是相对于中国东部地区以工业化标准化为特征的文化产业而言的，是指"依托各地独特的文化资源，通过创意转化、科技提升和市场运作，

---

① 数据来源：《国家级文化产业示范（试验）园区、国家文化产业示范基地 2013 年度总结报告》，苏丹丹：《国家文化产业示范基地（园区）：文化产业发展驱动力》，《中国文化报》2015 年 3 月 6 日。

提供具有鲜明区域特点和民族特色的文化产品和服务的产业形态"①。文化产业带则是在"文化线路"的基础上提出的，着眼于文化产业的同主题、跨区域、多业态融合。藏羌彝文化产业走廊是丝绸之路文化产业带的重要组成部分，重点发展特色文化产业，以突出和利用西部地区的民族文化和地域文化特色。文化部评选了2015年度重点支持建设的项目，其中有66个特色文化产业重点项目，24个藏羌彝文化产业走廊重点项目，26个丝绸之路文化产业重点项目。②

为了配套支持文化产业系列政策，促进文化繁荣与产业发展，中国政府设立了相关的财政专项资金，比如文化产业发展专项资金、国家艺术基金、国产纪录片及创作人才扶持项目、国家文化创新工程项目、国家动漫企业项目等中央资金，另有各地方政府的系列项目资金。

在持续三十多年经济快速增长的过程中，特别是近十年，中国企业界逐渐重视文化产业，在实践中由学习西方到推陈出新，创造了许多奇迹，以文化地产和文化旅游为代表。西方的以文化产业推动城市复兴理论，主要是指在工业衰落的城市，利用其原有的建筑，保存其具有时代印记的物品和风貌，整体改造成具有文化意味和历史记忆功能的博物馆等文化设施，同时配套相关的艺术空间和商业业态，以提高周边土地价值，并吸引附近和外地人来投资、旅游和消费。英国的加的夫、利物浦、格拉斯哥等就成为城市复兴的样板。中国的房地产商迅速领会了这一模式并运用到商业开发实践中，特别是在大中城市土地开发改造历史街区、老工业区时，注意保护其遗迹、物品，建设小型博物馆、纪念馆，同时注重周边社区建筑风格与其相适应，以文化品质的提升促进土地升值和住宅高端化。如上海的新天地、成都的二十四城，都是文化地产的典型案例，也是当地的新地标。在中国，文化旅游不仅适用于城市，更适用于风景区、乡村等广阔天地，学习借鉴迪士尼、民宿等经验，各地相继建设了主题乐园、特色古镇、美丽乡村等，以文化为导引形成了许多新的旅游吸引物，取得了良好的经济效益。如浙江乌镇、广州长隆公园、哈尔滨雪乡等，在传统景区之外另辟蹊径，大受游客追

①　《文化部、财政部关于推动特色文化产业发展的指导意见》，2014年8月8日。
②　《文化产业司关于公布2015年度特色文化产业、丝绸之路文化产业和藏羌彝文化产业走廊重点项目名单的通知》，2015年4月7日。

捧。中国还首创了山水实景演出这一新的旅游演艺形式，依托知名景区，以真山真水为舞台和背景，以当地文化为内容，进行季节性露天演出，如广西桂林的"印象·刘三姐"、湖南张家界的"天门狐仙·新刘海砍樵"、陕西临潼的"长恨歌"等，连演多年长盛不衰，每台剧目演出每年的收入达上亿元。

不执着于概念辨析，不完全模仿西方，中国政府通过强大的动员与协调力量，推动了文化产业的战略布局。国家文化产业示范园区、文化产业走廊、文化产业带等政策的出台，一方面在空间上突破了行政区划与区域分隔，有利于实现产业集聚与跨区域协作；另一方面在内容上突出地方特色与民族特色，有利于差异化发展，凸显优势，并与相关产业深度融合。

第二节　文化治理：理论、政策与实践

经济发展、社会变迁和文化建设相辅相成。如今，中国特色社会主义进入新时代，经济从过去的高速增长阶段进入高质量发展阶段。2020年中国如期全面建成小康社会，人民物质生活水平达到了新的高度，"满足人民日益增长的美好生活需要"成为治国理政的新目标。在此背景下，满足文化需求成为推动国家发展从依赖"量"的积累到实现"质"的飞越的新动能。

这一转变并非"前无古人"。20世纪末，西方新自由主义政策导致经济效益被过分推崇，尽管经济快速增长，社会矛盾却层出不穷，迫切需要文化为经济、政治、社会发展导航。与此同时，传媒技术的进步和商品化趋势推动文化产业兴起，人们不再单纯追求物质需求的满足，工业型经济逐渐向服务型经济发展。面对新形势和新局面，西方社会在理论和实践上进行了探索。治理理论成为20世纪90年代以来西方政治学界、公共管理学界热议的问题，文化研究发生了"葛兰西转向"，并出现了托尼·本内特（托尼·本尼特）这一文化治理理论的集大成者。[①] 西方主要国家分别形成了具有本国特色的文化治理模式。美国政府建立基金会体制，政府通过立法、参与国际公约对文化产业进行宏观干预；法国坚持中

---

① 张森：《文化治理：理论演进、西方模式与中国路径》，中国政法大学出版社2017年版，第19~22页。

央政府的绝对主导地位，由政府直接资助文化产业；英国呈现"市场主导"和"国家主导"的混合模式，形成"一臂之距"的文化治理机制。① 西方国家对文化治理的理论探讨和实践验证有重要的参考意义，可为中国建设社会主义文化强国提供借鉴。

"文化治理"将在学术研究和政策实践的交叉点上发挥积极作用，对这一命题本身的溯源和盘点具有基础性意义。本书旨在梳理中国近三十年来的文化治理研究，归纳其理论根脉，分析其在政策、实践层面的研究进路，并在文献分析的基础上，利用可视化科学文献分析软件 CiteSpace 做数据补充。

一、近三十年来中国文化治理研究的分布与热点

（一）文献分布

中文语境下的"文化治理"最早出现于 1994 年。近三十年来中国文化治理研究大致可分为三个阶段，分别体现了理论积淀、政策发力、实践融合等阶段性特点。

理论积淀期（1994—2013 年）。学术界引入和介绍西方"治理"和"文化治理"相关理论。在祖国大陆思想界，"文化治理"一词可追溯到 1994 年，何满子在《文化治理》一文中指出，"文化治理"旨在"抵制庸俗文化、坚持健康趣味"②。以"文化治理"为主题，在中国知网（CNKI）数据库的搜索结果中，相关学术期刊文献的最早发表时间为 2003 年；按所有字段、全时段搜索"文化治理"，在中文社会科学引文索引库（CSSCI）数据库中，相关文献最早出现在 2001 年。这说明在2000 年以前，文化治理还没有形成成熟的学术理论。2000 年左右，文化治理的概念开始见诸我国台湾学界的文献。③ 至 2014 年 1 月，CNKI 数据库和 CSSCI 数据库中，相关文献数分别为 70 篇和 16 篇。自 20 世纪 90 年代到 2013 年末，文化治理研究处于初期探索阶段，部分学者探讨了欧洲国家和我国台湾地区的文化治

①　张朋：《托尼·本内特文化理论研究》，山东大学出版社 2016 年版，第 4～5 页。
②　何满子：《文化治理》，《瞭望新闻周刊》1994 年第 9 期。
③　王前：《理解"文化治理"：理论渊源与概念流变》，《云南行政学院学报》2015 年第 6 期。

理发展情况。例如，郭灵凤分析了欧洲文化政策对文化治理体系转型的推动作用；① 李少惠等总结了西方公共文化治理机制；② 陈美兰以我国台湾地区"现代民歌"为例，梳理其文化治理脉络③。总体上，这一阶段的研究主要是引入和介绍西方文化治理理论和实践经验，进而形成对中国文化治理内涵、方式的思考。

政策发力期（2014—2018 年）。伴随着国家话语的提出，文化治理研究开始涉及文化政策的探索和评价。2013 年末，党的十八届三中全会首次提出"国家治理体系和治理能力现代化"，这为文化治理研究明确了宏观方向。作为国家治理体系的组成部分，国家文化治理体系和文化治理能力也要相应实现现代化。2013年以前，CNKI 数据库中关于文化治理研究的学术期刊年发文量最高不足 25 篇。但从 2013 年到 2014 年，一年间发文量迅速提高到 88 篇。选刊标准较高的 CSSCI数据库中，仅 2014 年一年的发文量就达到 25 篇。2014 年至 2018 年末，发文总量为 118 篇。这一阶段的研究方向百花齐放，既有对文化治理理论的阐释，也有对公共文化服务、国家文化政策的思考。祁述裕厘清国家治理与国家文化治理的关系，指出在文化管理向文化"善治"转变的过程中，中国实现国家文化治理建设的主要任务。④ 吴理财等总结了中国公共文化服务体系建设的历程，诠释了从文化统治、文化管理到文化治理的逻辑演进过程。⑤ 这一阶段的重点集中于分析文化治理在中国的实现路径。文化治理现代化、公共文化服务等关键词体现了从国家政策出发的研究视角。

实践融合期（2019 年至今）。基于理论引入和政策探析，文化治理研究进入实践融合阶段。2019 年，党的十九届四中全会指出："发展社会主义先进文化、

① 郭灵凤：《欧盟文化政策与文化治理》，《欧洲研究》2007 年第 2 期。
② 李少惠、余君萍：《西方公共文化服务体系综述及其启示》，《图书馆理论与实践》2012 年第 3 期。
③ 陈美兰：《台湾地区"现代民歌"的文化治理脉络（1970—1980 年）》，《福建论坛（社科教育版）》2010 年第 12 期。
④ 祁述裕：《国家文化治理建设的三大核心任务》，《探索与争鸣》2014 年第 5 期。
⑤ 吴理财、解胜利：《中国公共文化服务体系建设 40 年：理念演进、逻辑变迁、实践成效与发展方向》，《上海行政学院学报》2019 年第 5 期。

广泛凝聚人民精神力量，是国家治理体系和治理能力现代化的深厚支撑。"①
2020 年党的十九届五中全会提出到 2035 年建成文化强国的战略目标，党的十
九届六中全会再次强调发展社会主义先进文化，推动社会主义文化大发展大繁
荣。2020 年前后，文化治理研究的热度再次攀上新的高峰。2020 年，文化治
理研究 CNKI 学术期刊发文量为 223 篇，约为 2014 年发文量的 2.5 倍。2021
年截至 11 月，文化治理研究 CSSCI 数据库发文量为 117 篇。文化治理研究的
数量和质量都有了显著提升，乡村、社区、数字文化治理成为新的研究热点。
吴理财、解胜利重点从文化治理角度解释乡村振兴。② 王列生、刘厦静谈及社
区文化自治的问题及改进措施。③ 傅才武就"建设文化强国"政策目标提出中国
要把握好数字信息技术的机会窗口。④ 另外，亚文化的治理、"不良饭圈"的文化
治理、网络剧的文化治理等在研究中频频出现。⑤ 文化治理研究充分结合实践，
提炼经验并继续深入推进。

　　对文化治理领域发文机构的分析，可了解中国文化治理主要研究机构的分布
情况。表1-1列举了至 2022 年 3 月 19 日，CNKI 数据库中文化治理研究发文量前
10 名的机构，华中师范大学发文频次最高，河海大学的初始研究时间最早。各
研究机构的初始研究时间基本与学术期刊发文量反映的时间阶段一致。2014 年
前，南京、上海地区最早开始文化治理研究；2014 年至 2019 年，武汉、兰州、
云南等地纷纷加入，文化治理研究的队伍迅速壮大。从地域分布上，南方各高校
对文化治理研究的关注度相对较高。

①　《中共中央关于坚持和完善中国特色社会主义制度 推进国家治理体系和治理能力现代化
若干重大问题的决定》，《人民日报》2019 年 11 月 6 日。
②　吴理财、解胜利：《文化治理视角下的乡村文化振兴：价值耦合与体系建构》，《华中农业
大学学报(社会科学版)》2019 年第 1 期。
③　王列生、刘厦静：《论"社区舞蹈"及其在社区文化治理中的激活》，《山东大学学报(哲学社
会科学版)》2017 年第 6 期。
④　傅才武：《推进文化强国建设的重大战略设计》，《人民论坛》2020 年第 31 期。
⑤　胡冰清：《偶像产业的文化治理实践》，《湖南工业大学学报(社会科学版)》2021 年第 6 期。

表 1-1 中国文化治理研究发文机构概况（CNKI 数据库）

发文机构	发文频次	初始年	发文机构	发文频次	初始年
华中师范大学	47	2011	云南大学	23	2013
南京大学	37	2009	兰州大学	19	2012
武汉大学	28	2013	复旦大学	18	2010
河海大学	23	2005	中国传媒大学	17	2013
上海交通大学	23	2012	河南大学	16	2012

（二）研究热点

本书使用 CiteSpace 5.8.R3 版本，以文献较丰富和全面的中国知网（CNKI）数据库为数据来源，按主题"文化治理"检索中文文献，筛除会议、报纸、学位论文和资讯，从 2003 年 6 月到 2022 年 3 月 19 日最终合计文篇 1211 篇。

通过对研究热点的可视化分析，概括中国文化治理研究的重点议题。研究热点在文献计量学中可以通过关键词共现网络反映出来。吴晓秋、吕娜采用的分析方法是统计词语出现的频次，以及一组文献的关键词或主题词两两之间在同一篇文献出现的频率。[①] 戚晓明、陈俍宇利用 CiteSpace 软件以关键词（Keywords）为节点，调节可视化参数为（9，7，10），时间切片选择 2003 年至 2022 年，得到文化治理研究文献关键词共现图谱。图 1-1 的图谱显示：N = 474（节点有 474 个），E = 858（连线数有 858 条）。CiteSpace 关键词共现图谱中连线数大于节点数，说明关键词之间的联系较为紧密。[②]

由图谱可知，文化治理、国家治理、文化产业、乡村振兴是核心节点，公共文化、文化自信等也有较高的热度。文化政策、制度创新、现代化、治理体系等反映了文化治理研究与国家政策变化的相关性。由于关键词有部分意义重合，经归纳合并，从 2003 年到 2022 年，文化治理领域的研究热点主要包括国家文化治理、乡村文化治理、公共文化服务、文化产业。

[①] 吴晓秋、吕娜：《基于关键词共现频率的热点分析方法研究》，《情报理论与实践》2012 年第 8 期。

[②] 戚晓明、陈俍宇：《中国公共文化服务研究的前沿议题与未来展望》，《图书馆》2020 年第 8 期。

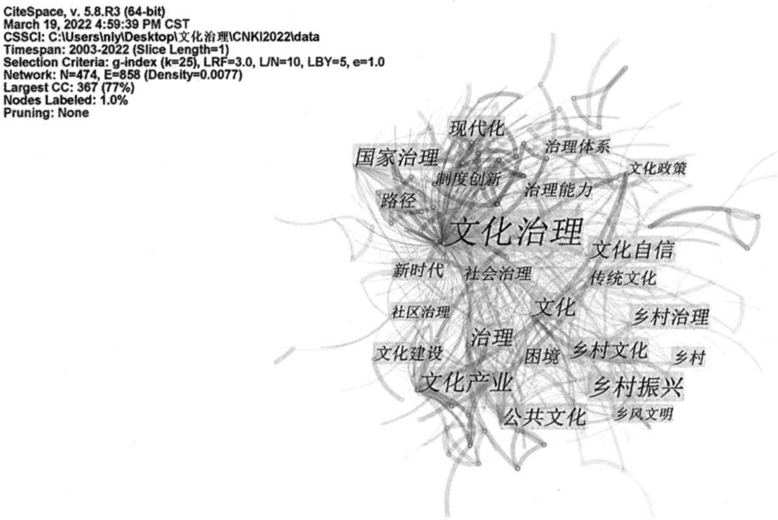
CiteSpace, v. 5.8.R3 (64-bit)
March 19, 2022 4:59:39 PM CST
CSSCI: C:\Users\nly\Desktop\文化治理\CNKI2022\data
Timespan: 2003-2022 (Slice Length=1)
Selection Criteria: g-index (k=25), LRF=3.0, L/N=10, LBY=5, e=1.0
Network: N=474, E=858 (Density=0.0077)
Largest CC: 367 (77%)
Nodes Labeled: 1.0%
Pruning: None
现代化
治理体系
国家治理
文化政策
制度创新
治理能力
路径
文化治理
文化自信
新时代
社会治理
传统文化
社区治理
文化
乡村治理
治理
文化建设
困境
乡村文化
乡村
文化产业
乡村振兴
公共文化
乡风文明

图 1-1　文化治理研究文献关键词共现图谱(2003—2022 年)

二、中国文化治理研究演进的三重维度

近三十年，中国学者从西方引入文化治理思想，主要存在文化治理领域、文化治理工具两条基本路径；继而在提升国家治理能力的框架下，文化治理理论被应用于国家政策的探讨，促进了系列推动文化发展繁荣的政策出台，并出现对文化政策的研究和效果评价；随后，文化治理从理论和政策层面走向行动，学界从文化治理实践中汲取经验，使文化治理思想更加本土化，并推动相应政策的调整。理论积淀、政策发力、实践融合三个阶段既体现历时性的焦点转移与战略推进，又承载共时性的内涵叠加与多元融合。

(一)理论积淀：文化治理的内涵、渊源与发展

文化治理是一种集理念、制度、机制和技术于一体的治理形式与治理领域。[①] 文化治理本身的多重性导致不同学者对其内涵的阐释各不相同。中国学界

① 祁述裕：《国家文化治理现代化研究》，社会科学文献出版社 2019 年版，第 34~35 页。

目前主要存在两种解释角度：其一，从宏观或微观的角度对文化治理涉及的范围进行整体划分，侧重文化治理的领域、治理对象和治理主体之间的关系；其二，从政治、社会、经济的角度区分文化治理的不同属性，关注文化治理的功能和实际效果。在第一种解释方式下，宏观的文化治理指的是一种价值观、意识形态的引导。文化治理以"文化认同"和"核心价值建构"为内核，强调文化的理念。①国家通过文化实现社会治理。微观上，具体的文化制度、文化政策和管理实践是文化治理的体现。第二种解释方式以吴理财为代表，指出文化治理在政治层面强调文化领导权的塑造，在社会层面与身份表征不可分割，在经济层面推动文化产业的消费。②

文化治理内涵的多元解释源自文化和治理本身的丰富层次，也与文化治理思想从西方传入中国的不同路径相关。20 世纪 80 年代以来，西方国家的政府从统一管理开始向多元治理转变。在文化领域，当时的伯明翰学派面临着文化主义和结构主义的二元对立：文化主义强调人的主观能动性，将文化视为一种特殊的生活方式；结构主义认为文化结构像语言结构一样复杂，突出意识形态的重要性。③ "葛兰西转向"打破了这一困境。基于宏观的角度，葛兰西指出大众文化并非统治阶级意识形态的下达或人民单方面创造的产物，"文化霸权"是通过"大众同意"的结果，文化实践对大众的有效引导是由于统治阶级对大众利益的关注，国家机器的功能得以发挥作用。④ 发展到福柯的"治理术"，治理对象对治理主体并不是简单地顺从，而是在接受的过程中实现自我反思，达成自我治理。福柯从更微观的角度看待权力与文化的关系，关注文化机制和机构，其"治理术"思想的特点主要体现在三个方面：治理的对象是人或人口；治理术是一组相互作用的权力关系；治理是一种得以让权力关系运作而不会招致反效果的技艺。⑤ 西方学

---

① 张鸿雁：《"文化治理模式"的理论与实践创新——建构全面深化改革的"文化自觉"与"文化自为"》，《社会科学》2015 年第 3 期。

② 吴理财：《文化治理的三张面孔》，《华中师范大学学报（人文社会科学版）》2014 年第 1 期。

③ 张森：《文化治理：理论演进、西方模式与中国路径》，中国政法大学出版社 2017 年版，第 16 页。

④ 饶翔：《知识分子与文化领导权——葛兰西的文化思想探要》，《兰州学刊》2009 年第 1 期。

⑤ 崔月琴、王嘉渊：《以治理为名：福柯治理理论的社会转向及当代启示》，《南开学报（哲学社会科学版）》2016 年第 2 期。

界，或侧重文化研究，或关注治理，直到托尼·本尼特从葛兰西和福柯的理论中汲取经验并推陈出新，形成治理性文化观。早期的本尼特继承葛兰西的思想，认为大众文化存在于统治阶级和被统治阶级之间，是双方联系和协商的场域。后来本尼特逐渐转向福柯的理论，关注实践，认为文化是一个社会治理领域，文化政策在其中起到了重要作用，文化既是治理的对象，又是治理的手段。① 作为治理对象，文化指向精神层面的道德、礼仪和生活方式等；作为治理手段，文化指向政府层面的体制机制等。

中国文化治理思想源自西方理论，最初由我国台湾地区学者王志弘引入本尼特的思想，从工具性角度界定文化治理的概念。王啸等回顾了文化治理概念从西方到我国台湾地区的理论背景。② 大陆学界对文化治理的阐释沿袭西方并呈现两种思路。一是将文化视为独立的领域，研究针对文化的治理政策和治理手段。祁述裕提出要健全文化市场体系，深化文化财税体制改革，等等。③ 景小勇认为文化治理是与经济、政治、社会、生态并行的治理方略，治理对象包括文化事业和文化产业。④ 二是将文化视为治理的手段，思考如何用文化的方式来治理。徐一超认为文化治理是宽泛的意识形态，存在于一切文化制度、政策和管理的实践中。⑤ 胡惠林等偏向葛兰西思想的学者则将文化治理视为解决当下发展问题的国家手段。⑥ 张鸿雁将文化治理理论与全面深化改革的实践结合讨论，认为文化治理是一种具有核心价值认同的治理机制。⑦

（二）政策发力：文化治理的实现方式

从政策层面探讨文化治理，即思考实现文化治理的行动原则、运作方式和具

---

① ［英］托尼·本尼特著，王杰等译：《文化、治理与社会：托尼·本尼特自选集》，东方出版中心 2016 年版，第 210 页。

② 王啸、袁兰：《文化治理视域下的文化政策研究——对改革开放以来的文化政策分析》，http://theory.people.com.cn/n/2013/0108/c40537-20131372.html，访问日期：2022 年 3 月 13 日。

③ 祁述裕：《国家文化治理现代化研究》，社会科学文献出版社 2019 年版，第 188~228 页。

④ 景小勇：《国家文化治理体系的构成、特征及研究视角》，《中国行政管理》2015 年第 12 期。

⑤ 徐一超：《"文化治理"：文化研究的"新"视域》，《文化艺术研究》2014 年第 3 期。

⑥ 胡惠林：《国家文化治理：发展文化产业的新维度》，《学术月刊》2012 年第 5 期。

⑦ 张鸿雁：《"文化治理模式"的理论与实践创新——建构全面深化改革的"文化自觉"与"文化自为"》，《社会科学》2015 年第 3 期。

体措施。学界对此的研究依旧沿袭两个思路："治理文化领域"从治理主体的角度出发，探讨国家、市场、社会三个主体如何在治理文化中发挥作用；"用文化实现治理"存在国际和国内两种研究视野，即从全球视野看中国文化治理现状，以及从本国视野总结中国文化治理发展的历史脉络。

　　将治理引入文化意味着国家、市场、社会共同参与文化建设，形成"三位一体"的治理体系。① 景小勇认为国家文化治理体系包括宏观的国家、市场、社会主体，以及派生的政府、事业单位、企业、社会组织(第三部门)与公民等具体主体。② 国家对市场、社会具有统领作用，是整个治理体系的"元主体"。③ 国家治理文化的目标是通过一系列治理方式传达意识形态、规范文化市场秩序、教育民众，形成协同互动的治理模式。中国进行全面深化改革、建立健全各种文化制度、满足公民的文化利益，在已有研究中被理解为狭义的文化治理，或称国家文化治理。④ 有不少研究提到构建公共文化服务体系，即在国家层面搭建能够保障民众基本文化权益的框架。相比国家主体对"治理"内涵的偏向，市场和社会主体更侧重"配合""参与"的方式。市场强调供需关系，其竞争性既能够提高文化产品的供给质量，也会由于逐利的目标使文化产业过度商业化，失去满足公共利益的意义。整体上，市场以其价格、竞争、供需机制激发文化创造力。具体到市场中的各类文化企业，国有、私有文化企业公平竞争，继续推进跨界融合，共同维护文化产业健康发展，是市场主体下文化治理的重要目标。⑤ 社会主体包括社会组织和公民。治理不仅是"自上而下"的意见传达，"自下而上"的反馈和协作也具有关键作用。传统体系中，公民不得不接受国家和市场提供的服务和产品。而在治理体系中，社会和公民的话语可以被看作一种为自己争取文化权益的反抗，让国家和市场了解自己的需求。这一过程中，通过社会主体的连接作用，文化治理体系的三大主体形成互动。

　　文化治理的理论研究是国家政策动向的反映。本书以标志着国家治理思想转

---

① 廖胜华：《文化治理分析的政策视角》，《学术研究》2015 年第 5 期。
② 景小勇：《国家文化治理体系的构成、特征及研究视角》，《中国行政管理》2015 年第 12 期。
③ 景小勇：《国家文化治理体系及政府在其中的地位与作用》，《人民论坛》2014 年第 14 期。
④ 刘忱：《国家治理与文化治理的关系》，《中国党政干部论坛》2014 年第 10 期。
⑤ 祁述裕：《推动文化管理向文化治理与善治的转变》，《人民论坛》2014 年第 11 期。

型的党的十八届三中全会为起点，整理了 2014 年至 2021 年中国文化领域的部分法律法规和政策。由表 1-2 可知，国家对文化法治建设、文物保护、传统文化、公共文化服务、文化市场、文化科技、产业融合等方面的重视程度不断提高。2019 年以前，国家重点关注文化事业和文化产业法律的完善，鼓励文化企业增添产业活力，推进基本公共文化服务均等化。2019 年以后，着重强调文化旅游、乡村振兴等产业的融合发展，对文物和非物质文化遗产保护的关注度提高，并探索数字技术给文化产业带来的机遇。总之，国家发挥文化治理中总揽全局的作用，并有意加强与市场、社会的联系，追求文化事业和文化产业的高质量发展。

　　文化治理是完善国家治理体系和治理能力现代化的重要方式，更是新时代增强民族文化自信和国家文化软实力的重要因素。经济全球化、政治多极化程度不断提高的趋势，使民族文化与世界文化、东方文化与西方文化的矛盾不可避免。[1] 文化软实力塑造了国家在人民心中和国际舞台上的形象，具有深刻的政治和外交意义。受到世界多元文化冲击时，中国需要增强本民族的文化认同意识，提高文化自信，审慎应对"文化霸权主义"等价值观念的威胁。树立社会主义核心价值观，加强精神文明建设，实质上是从中国传统文化中发掘国民的"身份意识"，对保护本国文化安全具有重要意义。视线回归国内，社会、经济体制的变迁使文化行业的管理结构不断演化。传统的文化行业受到计划体制的影响，呈现"树结构"的管理形态，以管办一体、高度权威为特点。[2] 伴随经济、技术的发展，并受到西方文化体制的影响，"树结构"开始向"树—果结构"转化，体现民本主义。[3] 当代中国文化发展的历史进程从偏重政治性、市场性进入文化治理阶段，国家从对文化资源的绝对主导转向治理主体多元化，由行政、法律或经济干预转向把文化领导寓于公共文化服务。[4] 国家文化产业管理体制、市场体系、公

---

　　① 邓纯东：《当代中国文化治理体系和治理能力现代化的理论反思》，《湖湘论坛》2018 年第 6 期。

　　② 傅才武、耿达、张立志：《国家文化行业：概念、范畴、功能及其工具性局限》，《江汉学术》2013 年第 5 期。

　　③ 张鸿雁：《核心价值文化认同的建构与文化治理——深化改革文化治理创新的模式与入径》，《南京社会科学》2015 年第 1 期。

　　④ 张良：《论国家治理现代化视域中的文化治理》，《社会主义研究》2017 年第 4 期。

共文化服务体系的调整均蕴藏了文化治理的思想。

表 1-2 中国重要文化政策(2014—2021 年)

领域	时间	发 布 机 构	政 策 文 件
文化法制建设	2015 年 4 月 24 日修订	第十二届全国人民代表大会常务委员会第十四次会议修订	《中华人民共和国广告法》(2015 年 4 月修订版)
	2016 年 11 月 7 日通过	第十二届全国人民代表大会常务委员会第二十四次会议通过	《中华人民共和国电影产业促进法》
	2016 年 12 月 25 日通过	第十二届全国人民代表大会常务委员会第二十五次会议通过	《中华人民共和国公共文化服务保障法》
	2019 年 12 月 13 日公开征求意见	文化和旅游部等	《中华人民共和国文化产业促进法(草案送审稿)》
文物保护	2016 年 3 月 8 日发布	国务院	《国务院关于进一步加强文物工作的指导意见》国发〔2016〕17 号
	2018 年 10 月印发	中共中央办公厅、国务院办公厅	《关于加强文物保护利用改革的若干意见》
	2019 年 12 月印发	中共中央办公厅、国务院办公厅	《长城、大运河、长征国家文化公园建设方案》
	2021 年 9 月印发	中共中央办公厅、国务院办公厅	《关于在城乡建设中加强历史文化保护传承的意见》
传统文化	2017 年 1 月 25 日发布并实施	中共中央办公厅、国务院办公厅	《关于实施中华优秀传统文化传承发展工程的意见》
	2017 年 4 月 28 日发布并实施	中共中央宣传部、文化部、财政部	《关于戏曲进乡村的实施方案》
	2021 年 8 月印发	中共中央办公厅、国务院办公厅	《关于进一步加强非物质文化遗产保护工作的意见》

续表

领域	时间	发 布 机 构	政 策 文 件
公共文化服务	2015 年 1 月印发	中共中央办公厅、国务院办公厅	《关于加快构建现代公共文化服务体系的意见》
	2017 年 1 月 23 日发布并实施	国务院	《"十三五"推进基本公共服务均等化规划》国发〔2017〕9 号
	2020 年 6 月 23 日发布	国务院办公厅	《公共文化领域中央与地方财政事权和支出责任划分改革方案》国办发〔2020〕14 号
	2021 年 3 月 8 日发布	文化和旅游部、国家发展改革委等	《关于推动公共文化服务高质量发展的意见》文旅公共发〔2021〕21 号
	2021 年 6 月 10 日发布	文化和旅游部	《"十四五"公共文化服务体系建设规划》文旅公共发〔2021〕64 号
文化市场	2014 年 8 月发布	文化部、财政部	《关于推动特色文化产业发展的指导意见》文产发〔2014〕28 号
	2016 年 4 月印发	中共中央办公厅、国务院办公厅	《关于进一步深化文化市场综合执法改革的意见》
	2018 年 2 月 26 日发布	财政部、中共中央宣传部	《中央文化企业公司制改制实施方案》财文〔2018〕6 号
	2021 年 6 月印发	中共中央办公厅、国务院办公厅	《关于深化国有文艺院团改革的意见》
	2021 年 8 月 17 日发布	国家发展和改革委员会、财政部、人力资源和社会保障部、文化和旅游部、国家市场监督管理总局、国家文物局、国家知识产权局、中央宣传部	《关于进一步推动文化文物单位文化创意产品开发的若干措施》文旅资源发〔2021〕85 号

续表

领域	时间	发布机构	政策文件
文化科技	2015年1月10日印发	国家旅游局	《关于促进智慧旅游发展的指导意见》
	2017年4月11日发布	文化部	《关于推动数字文化产业创新发展的指导意见》文产发〔2017〕8号
	2021年11月8日发布	国务院办公厅	《"十四五"文物保护和科技创新规划的通知》国办发〔2021〕43号
产业融合	2015年9月4日发布	国务院办公厅	《关于印发三网融合推广方案的通知》国办发〔2015〕65号
	2016年12月22日发布	国家旅游局、国家体育总局	《关于大力发展体育旅游的指导意见》
	2017年6月20日发布	农业部办公厅	《关于推动落实休闲农业和乡村旅游发展政策的通知》

(三)实践融合:文化治理的中国实践

实践是检验理论和方法的最终途径。文化治理旨在解决中国文化行业各个具体领域的突出问题。乡村文化治理、社区文化治理、民族文化治理,以及数字文化治理面临的挑战,是近年备受关注的议题。

乡村文化包括依托于村民主体形成的地方文化和依托于政府主体形成的公共文化。前者是乡村文化的活力源泉,后者是带动乡村文化适应时代发展的动力。在现代化和城市化的冲击下,作为文化物质载体的乡村正逐渐被城镇吞并,乡村精英流失严重。尽管中国政府做出了改变现状的尝试,如建设农家书屋、推动电影下乡、送戏下乡等,但本质上依旧是政绩导向的"授人以鱼"。组织主体一般是文化行政部门或其他具有宣传职责的机构,主要运作方式是政府购买公共文化服务，具体承接主体则是公办或民营的文化团队。① 乡村文化治理没有脱离传统管理的思路，文化产品不太符合人民需求，并且参与主体较为单一。对此，吴理财等从基层文化治理角度提出政府、企业和村民应建立协同供给模式，实现自治、法治、德治并行。② 刘彦武以嵌入性理论作为分析框架，从中观层面指出乡村文化、城市文化和中国共产党先进文化应形成耦合机制。③ 在微观层面，传统乡村文化是村民精神生活和日常生活的结合，应本着"授人以渔"的目标，通过村规民约等方式引导村民在实践中参与文化创造，实现自我管理。

与乡村文化治理相比，社区文化治理的范畴更小，已有研究多将其置于基层文化治理或公共文化服务的一部分，关注具体案例。王林以广西某村村委会选举为例，分析乡村旅游社区文化治理。④ 赵晓峰等考察了农民的社区认同感。⑤ 陈世香等分析了城市社区公共文化服务供给中的协同治理模式。⑥ 王列生认为社区文化治理是治理体系与治理能力现代化在文化上最直接现实和极具挑战的前沿领域。⑦ 从实践效果看，现有研究提到中国社区文化治理的创新性，通过发展社区文化产业，与互联网平台结合，加强居民参与感和社区管理水平。社区是文化治理的"最后一公里"，直接与人民群众挂钩，治理的关键在于创造一种社区文化生活方式，鼓励居民发挥自身的创造能力，提高幸福感。

民族文化治理主体之一为少数民族群众。由于一部分少数民族群众居住在边疆地区，民族文化治理研究除关注少数民族本身的文化需求变化外，还探讨了国家文化治理与边疆区域文化治理的关系，分析在"文化治边"过程中的国民文化

---

① 韩鹏云：《乡村公共文化的实践逻辑及其治理》，《中国特色社会主义研究》2018 年第 3 期。

② 吴理财、杨刚、徐琴：《新时代乡村治理体系重构：自治、法治、德治的统一》，《云南行政学院学报》2018 年第 4 期。

③ 刘彦武：《从嵌入到耦合：当代中国乡村文化治理嬗变研究》，《中华文化论坛》2017 年第 10 期。

④ 王林：《乡村旅游社区文化遗产的精英治理——以广西龙脊梯田平安寨村委会选举为例》，《旅游学刊》2009 年第 5 期。

⑤ 赵晓峰、付少平：《通过组织的农村社区文化治理：何以可能，何以可为——以农村老年人协会为考察对象》，《华中农业大学学报(社会科学版)》2013 年第 5 期。

⑥ 陈世香、黄冬季：《协同治理：我国城市社区公共文化服务供给机制创新的个案研究》，《南通大学学报(社会科学版)》2018 年第 5 期。

⑦ 王列生：《论社区文化治理的命题取向》，《文化软实力研究》2018 年第 3 期。

构建、国家意向构建、文化边疆构建等问题。① 从少数民族群众的视角，技术打破了时空界限，推动了信息传播，使少数民族对现代文化的渴望加强，同时认识到保护本民族传统文化的重要性。面对更加多元的文化需求，脱离行政体系的民族文化产业是满足文化需求的重要途径。② 从边疆文化与国家文化关系的视角，需要发挥意识形态的引导作用，提高教育水平，构建少数民族地区群众的国家文化认同。地方政府向少数民族群众提供完善的信息，帮助他们成为区域文化治理的主体，在认同的基础上提高文化建设的责任感，进而激发民族文化的活力。

数字文化治理是近年来随着数字技术在各个行业的深度融合而发展起来的研究方向。大数据、云计算、区块链等数字技术具有互联互通、信息共享的特点，它们为文化治理各个主体的沟通提供了平台支持，更容易促进文化治理模式的形成。数字文化治理尚没有明确的定义，其范围既涉及传统文化形态在新技术环境下的革新，又包括数字技术下涌现的一系列新文化样态。③ 已有研究多立足于前者，将数字技术视为一种新环境，研究在治理理念下公共数字文化的模式和评价。一方面，数字技术互动、互联、共享的特性为文化治理主体提供协作沟通的平台，促进文化传播，改善文化治理方式。另一方面，新技术也会涉及传统治理方式难以适应新兴文化产业的多样化、公众的数字文化素养参差不齐、数字民意在网络空间受到有意引导等问题。王淼等提出了解决当前困境的思路：理念上，需要突出多元化主体的共享性；模式上，需要优化智慧服务平台；评价上，需要设立公正全面的度量指标。④

三、中国文化治理研究的未来面向

基于中国文化治理研究的发展历程和实践情况，面对新的社会环境、政策环

---

① 马元喜、刘媚：《中国边疆文化治理的理论与实践研究》，《广西民族师范学院学报》2019年第5期。

② 陈路芳：《少数民族文化需求回应机制与文化治理》，《云南社会科学》2010年第4期。

③ 王淼、孙红蕾、郑建明：《公共数字文化：概念解析与研究进展》，《现代情报》2017年第7期。

④ 王淼、郑建明：《公共数字文化治理能力现代化基本构成及特征分析》，《图书馆》2018年第10期。

境和技术环境，需要继续思考工具性角度下的文化与治理如何平衡，探讨以多元主体参与为特点的文化治理模式如何实现，分析数字化趋势下文化治理如何与技术融合。

（一）理论创新：寻找文化与治理的交汇点

文化包括物质文化和精神文化，呈现的是一种自发形成的文化状态，治理对象应当是整个社会环境。① 治理作为一个政治概念，自古有管理统治的意思。如果将文化视作治理对象，文化治理的内在逻辑就成为"治理精神文化"，这显然违背了治理的初衷。文化治理不是指权力思维下控制"意识形态"的过程，而是指针对文化事业和文化产业现状做出的改善，需要谨慎对待文化与治理的关系。

回顾中国的文化治理研究，文化政策对其有直接的影响，多偏向从政治角度出发的分析，强调治理的工具性。但脱离价值理性的治理终将沦为阶级统治的工具，对此，需要发挥文化本身的民本性、多元性来克服单向性、片面性问题。② 但不容忽视的是，文化蕴藏着丰富的精神价值和高度导向性，文化产业仅是文化的物质载体。治理由管理发展过来，隐含了天然的控制性，而文化治理的政治、经济、社会面孔相互交织重叠，呈现多元样态。③ 表面上治理的是文化产业，实际上会借此载体对社会文化产生重要影响。一旦治理的方法和程度把握不当，会导致文化治理成为政策输出，无法形成主体多元的协同治理模式，更无法满足人民的文化需求。基于理论视角，学界已在理论积淀和政策发力阶段对"文化"和"治理"的关系进行深入探索，但如何平衡双方本身的文化精神属性与治理特性，仍需要进一步思考。

（二）政策创新：提高文化治理的公众参与度

"为了避免基于国家利益原则的早期法规形式的强制逻辑，新形式的文化治理模式以尊重个体（或共同体）的自由和自主作为影响社会的手段，寻求远距离

---

① 竹立家：《我们应当在什么维度上进行"文化治理"》，《探索与争鸣》2014年第5期。
② 施雪华、禄琼：《当前中国文化治理的意义、进程与思路》，《学术界》2017年第1期。
③ 吴理财：《文化治理的三张面孔》，《华中师范大学学报（人文社会科学版）》2014年第1期。

和并不直接地支配个体，鼓励个体采取积极行动，达成自我转变和自我调控的目的。"①托尼·本尼特关注个体自我治理的思想给当下文化治理提供了思路。政府可以与公民保持一定距离，相对温和地介入其社会生活，通过文化活动等激发公民的个体转变以实现治理的效果。学界在政策层面的研究多从政府的角度、治理的视野分析应该如何加强主体参与，而缺少从民众视角解读当前民众对文化治理的理解和态度，即文化治理对个体自我治理的影响。如何从政治话语下的文化治理迈向民众认可的文化治理，需要学者继续深入思考，反映在现实中，即中国地方文化治理的公众缺位问题，尤其体现在乡村文化治理上。大批年轻人涌向城市，越来越多的乡村出现"空心化"，留守的老人、儿童只有先满足物质生活条件才能谈文化。这类群体本身文化素养不高，也缺乏文化自觉意识，几乎没有能力表达自己的需求。如何激发社会主体参与文化治理的积极性，通过治理实现民众自我提升，值得我们进一步思考。

（三）实践创新：把握技术对文化治理的支撑

随着新一轮科技革命和产业变革的推进，数字技术成为经济增长和社会发展的关键力量，大数据、人工智能、区块链等技术深入日常生活。平台化、互动性、去中心化是数字技术与文化产业融合后呈现的新特点。不论是文化产业的生产，还是个体、组织的关系治理，都受到技术变革的冲击。社交媒体、音视频平台等新兴业态是传统文化治理未曾涉及的内容，需要积累和学习数字文化产业治理的经验。数字技术的特点使文化治理主体之间更容易形成共同治理的网络结构，并通过竞争与合作提高治理效率。② 另外，数字技术为文化治理效果的监督提供了保障，有必要充分利用大数据平台，建立全方位、多层次、立体化监管体系，实现覆盖全过程、全领域的监管。公众利用数字平台直接反馈自己的意见，使治理主体之间更直接、便捷地完成双向互动。中国学界对数字文化治理的研究尚在初步探索阶段，多以解析公共数字文化的内涵为主题，且关注对象集中在图

---

① [英]托尼·本尼特著，王杰等译：《文化、治理与社会：托尼·本尼特自选集》，东方出版中心 2016 年版，第 472~473 页。
② 倪菁：《多中心治理视角下的数字文化治理体系》，《新世纪图书馆》2017 年第 12 期。

书馆。基于实践的视角，数字技术的广泛应用为更好地实现中国文化治理体系和治理能力现代化提出了新的考验。

本节从理论、政策与实践三个维度回顾了近三十年中国文化治理研究的脉络和趋向。实现文化治理是一个复杂的过程，包括对西方文化治理理论的吸收和本土化创新。中国学界紧跟理论和政策热点，在学习借鉴西方理论的同时，融入对政治话语的解读，与国内技术、经济、社会发展情况密切相关。中国的文化治理模式主要意味着促进政府职能转变，鼓励多元主体参与。立足中国国内，文化治理应深入了解民众需求，加强技术融合，以高质量的公共文化服务提高民众文化素养和参与治理的能力；放眼国际，我国应积极参与国际文化事务，展现中国文化治理模式的优势，树立中国文化大国的形象。作为西方学术思潮的种子，文化治理在我国落地生根，最终将回馈给世界更具创新性的中国答卷。

在全面建设社会主义现代化国家的新征程中，[1] 文化治理将发挥建设性作用，主要在三个层面凸显其积极意义。一是动员广泛的文化参与主体，助力文化强国建设。在政策引领下，鼓励和吸引企业、事业单位、社会团体、个人参与到文化事业和文化产业，发挥多元治理主体的潜力与合力。二是将文化作为一种治理方式，助力国家治理现代化。通过凝聚国家文化认同、提升文化软实力、优化自我治理等柔性方式，为国家治理提供文化支撑与方法创新。三是支持文化多样性，助力全球治理体系改革和建设。通过跨国文化交往来增进了解、彼此尊重，促进文明交流互鉴，推动求同存异、达成共识，在国际事务中呼吁和践行多边主义，助推共商共建共享的治理机制构建，参与全球治理并积极作为。在上述三个层面的战略规划、政策制定、项目实施和问题应对等诸多环节，都需要深入精到的研究。文化治理研究将在这一伟大的历史进程中进一步拓展，其广泛性、针对性、实践性、综合性等特征，其主体、向度、机制等要素之间的相互关系，其作用模式与内在机理等问题，值得更多学者关注和探索。文化治理研究的理论、政策与实践，在三十余年深厚积累的基础之上，将在新时代新征程迈上更宽广的舞台，取得更丰硕的成果，展现更迷人的风采。

---

[1]　习近平：《高举中国特色社会主义伟大旗帜 为全面建设社会主义现代化国家而团结奋斗》，《人民日报》2022 年 10 月 26 日。

第三节　文化产业学科：历史脉络与发展进程

文化产业是市场经济条件下繁荣发展社会主义文化的重要载体，是满足人民群众多样化、多层次、多方面精神文化需求的重要途径，也是推动经济结构调整、转变经济发展方式的重要着力点。文化产业学科是以内容为基础，以科技为载体，以创意为核心的跨学科、跨领域、跨行业的创新知识集成。①

我国文化产业起步较晚，但潜力巨大，发展后劲十足。国家统计局有关数据显示，2019 年全国文化及相关产业增加值为 44363 亿元，比上年增长 7.8%（未扣除价格因素），占 GDP 比重为 4.5%，比上年提高 0.02 个百分点。② 文化及相关产业是当之无愧的朝阳产业，它的发展离不开人才支持与学科奠基。追溯文化产业学科的发展脉络、关注文化产业学科的历史进程，有利于推动文化产业学科体系的建设。

一、学科开创与发展历程

我国文化产业学科的开班历程不长，最早可追溯到 1993 年，2004 年正式开设文化产业学科本科专业，2012 年 9 月文化产业管理专业由试办专业转为正式专业。把握文化产业学科重要的历史时间节点，梳理其发展路径，能进一步理解该学科的内涵与意义。

（一）文化产业学科的发展历程

1993 年，中国第一个以"文化经济"为专业方向的四年制本科专业"文化艺术事业管理"在上海交通大学成立，标志着文化经济学的理论研究与学科建设进入了中国学术界的视野和高等教育领域。③

2000 年，文化产业方向的硕士点在北京大学等高校开始设立。④ 2004 年 3

---

① 皇甫晓涛：《文化产业学科建设与认知科学的理论创新》，《山东艺术学院学报》2015 年第 3 期。
② 《2019 年全国文化及相关产业增加值占 GDP 比重为 4.5%》，《中国信息报》2021 年 1 月 6 日。
③ 范周等：《言之有范：变革时代的文化思考》，知识产权出版社 2020 年版，第 30~50 页。
④ 向勇：《学科范式的转换与身份认同的构建——文化产业学科建设的目标与对策》，《学术月刊》2010 年第 8 期。

月，教育部下发《关于公布 2003 年度经教育部备案或批准设置的高等学校本专科专业名单的通知》，正式批准在山东大学、中国传媒大学(时为北京广播学院)、中国海洋大学和云南大学四所高校中首先开设文化产业管理专业，授管理学学士学位。这标志着文化产业管理专业的正式设立。① 2006 年，南京大学等高校开设了文化产业研究的博士点。②

2009 年 7 月 22 日，国务院原则通过了国家文化产业发展纲要，改变了过去把文化产业划到文化事业里的局面。③ 2011 年，文化产业正式纳入国家本科教学目录，④ 2012 年 9 月，教育部印发《普通高等学校本科专业目录(2012 年)》等文件，规定文化产业管理从试办专业转为正式专业，归属到工商管理门类，授管理学或艺术学学士学位。文化产业管理专业发展的历史流程图如图 1-2 所示。

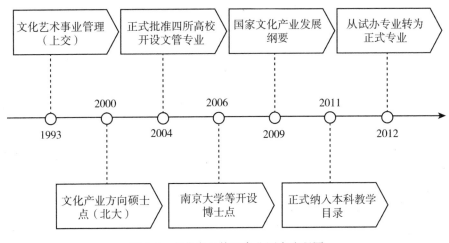

图 1-2　文化产业管理专业历史流程图

① 张月月：《"互联网+"背景下文化产业学科建设的发展策略探析》，《新闻研究导刊》2020 年第 5 期。
② 向勇：《学科范式的转换与身份认同的构建——文化产业学科建设的目标与对策》，《学术月刊》2010 年第 8 期。
③ 范周：《文化产业的振兴催生文化产业学科的发展》，《深圳大学学报(人文社会科学版)》2010 年第 5 期。
④ 刘静、惠宁：《新中国成立 70 年以来文化产业的演变、特征与经验》，《西南民族大学学报(人文社会科学版)》2020 年第 2 期。

（二）文化产业学科的发展现状

截至 2020 年 6 月，全国开设文化产业管理学科（含本、硕、博）的高校共 213 所，其中包括 33 所"双一流"高校，29 所"211 工程"高校，10 所"985 工程"高校。其中 10 所"985 工程"高校分别为：北京大学、同济大学、上海交通大学、南京航空航天大学、南京大学、山东大学、中国海洋大学、武汉大学、中南大学、四川大学。含学位点 263 个，其中开设本科学位点的高校共 197 所，开设硕士学位点的高校共 39 所，开设博士学位点的高校共 21 所。其中，山东省最多，共开设学位点 24 个，含本科学位点 14 个，硕士学位点 7 个，博士学位点 3 个；其次为北京市，共开设 22 个学位点，含本科学位点 15 个，硕士学位点 4 个，博士学位点 3 个；再次为四川省，共开设 17 个学位点，含本科学位点 13 个，硕士学位点 3 个，博士学位点 1 个。西藏自治区与新疆维吾尔自治区开设学位点较少，均只开设 1 个学位点；海南省、青海省与宁夏回族自治区暂未开设文化产业管理学科学位点。

二、学科来源与发展趋向

我国文化产业管理学科自 2004 年首设起，至今已发展了 17 年，专业建设初显成效，人才培养初具规模。要进一步挖掘文化产业学科的内涵，需厘清各高校开设的文化产业管理专业的所属学院、一级学科、授予学位以及导师的研究领域这四者之间的关系。

（一）文化产业学科的来源

从学科属性出发，文化产业管理学科高度融合了经济学、管理学、艺术学、人文学等学科的内容，形成了与文化产业、文化事业、文化旅游、文化创意、文化政策等领域高度相关的学科体系，是符合新时代社会需求的交叉学科。要研究文化产业学科作为交叉学科的理论内涵，可以从各高校文化产业管理专业的所属学院、一级学科、授予学位、研究领域四个角度出发展开讨论。

1. 各阶段文化产业管理专业所属学院

各高校依据自身办学特色，将文化产业管理专业划分到不同的学院下，较多地将其列入管理类、经管类、历史类、新闻传播类、人文类、旅游类、法学类、独立文化产业学院等，且本科阶段、硕士阶段、博士阶段的学位点均有不同的划分标准。

（1）本科阶段所属学院

统计官网公开文化产业管理专业所属学院数据的 189 个本科学位点，其中仅 20 个学位点设有专门的文化产业及其相关学院，占总数的 10.58%。最多的是将文化产业管理专业归属于管理类学院（含工商管理、公共管理），共 34 所，占总数的 17.99%；其次是新闻传播类学院，共 25 所，占总数的 13.23%；再次是历史类与人文类学院，各有 22 所，均占总数的 11.64%，法学类学院数量最少，仅 2 所高校，占总数的 1.06%。

（2）硕士阶段所属学院

统计官网公开文化产业管理专业所属学院数据的 39 个硕士学位点，一共涉及 49 个不同的学院。最多的是将文化产业管理专业归属于新闻传播类学院，共 10 所，占总数的 20.41%；其次是专门的文化产业及其相关学院，共 8 个，占总数的 16.33%；再次是文学类、艺术类、商学院，各有 6 个，分别占总数的 12.24%；公共管理类学院数量最少，仅 1 个，占总数的 2.04%。

（3）博士阶段所属学院

统计官网公开文化产业管理专业所属学院数据的 20 个博士学位点，最多的是将文化产业管理专业归属于专门的文化产业及其相关学院，共 7 个，占总数的 35%；其次是文学类与新闻传播类学院，各有 3 个，分别占总数的 15%；再次是管理类学院，共 2 个，占总数的 10%；经管类、历史类、人文类、商学院、艺术类学院的数量最少，各 1 个，分别占总数的 5%。

2. 各阶段专业的一级学科与授予学位

文化产业管理专业作为一门新兴的交叉学科门类，其一级学科归属以及专业授予学位暂无统一的标准，各校依据自身的特色将其归编到不同的学院，隶属于不同的一级学科，并依据学院特色授予特定的专业学位。各阶段文化产业管理专业的一级学科与授予学位是两个息息相关的数值，可将二者一并进行比较分析。

（1）本科阶段一级学科与授予学位

统计官网公开文化产业管理专业一级学科数据的 182 个本科学位点，最多的是将文化产业管理专业划分到工商管理学科下面，共 160 个，占总数的 87.91%；其次是划分到公共管理学科下面，共 17 个，占总数的 9.34%；再次是划分到新闻传播、艺术理论、艺术学、中国史、中国语言文学下面，各 1 个，分别占总数的 0.55%。

统计官网公开文化产业管理专业授予学位数据的 188 个本科学位点，最多的是授予文化产业管理专业管理学学位，共 179 个，占总数的 95.21%；其次是授予艺术学学位，共 4 个，占总数的 2.13%；再次是授予文学学位，共 3 个，占总数的 1.60%；授予历史学学位的最少，共 2 个，占总数的 1.06%。

（2）硕士阶段一级学科与授予学位

统计官网公开文化产业管理专业一级学科数据的 41 个硕士学位点，最多的是将文化产业管理专业划分到工商管理学科下面，共 10 个，占总数的 24.39%；其次是划分到公共管理学科下面，共 7 个，占总数的 17.07%；再次是划分到艺术学理论、新闻传播学下面，各 6 个，分别占总数的 14.63%；划分到农业推广与考古学下面的较少，各 1 个，分别占总数的 2.44%。

统计官网公开文化产业管理专业授予学位数据的 41 个硕士学位点，最多的是授予文化产业管理专业管理学学位，共 19 个，占总数的 46.34%；其次是授予文学学位，共 10 个，占总数的 24.39%；再次是授予艺术学学位，共 7 个，占总数的 17.07%；授予法学和农学学位的最少，各 1 个，分别占总数的 2.44%。

（3）博士阶段一级学科与授予学位

统计官网公开文化产业管理专业一级学科数据的 21 个博士学位点，最多的是将文化产业管理专业划分到中国语言文学学科下面，共 4 个，占总数的 19.05%；其次是划分到工商管理、艺术学理论、管理科学与工程学科下面，各 3 个，占总数的 14.29%；再次是划分到公共管理、中国史学科下面，各 2 个，分别占总数的 9.52%；划分到考古学、图书馆情报与档案管理、文学、新闻传播学下面的较少，各 1 个，分别占总数的 4.76%。

　　统计官网公开文化产业管理专业授予学位数据的 21 个博士学位点，最多的是授予文化产业管理专业管理学学位，共 9 个，占总数的 42.86%；其次是授予文学学位，共 6 个，占总数的 28.57%；再次是授予历史学、艺术学学位，各 3 个，分别占总数的 14.29%。

　　3. 导师概况与研究领域

　　随着文化产业行业的蒸蒸日上以及文化产业学科的日渐成熟，对该学科的师资力量也有了更高的要求。出于不同高校的认识与把握的不同，各高校对该专业的定位也有所差别，聘请的师资也大多来自哲学、文艺学、历史学、经济学、管理学等领域，而非单一固定的某一专业。这种做法容易形成在原有专业背景下的思维定式，不一定能够发挥不同专业的最大整合优势。①

　　以开设硕士学位点的 39 所高校为例进行分析，统计各院校官网收录的师资名册，共查阅到的在职教授与副教授共 522 人，其中教授有 229 人，占全部师资比重的 43.87%；副教授有 293 人，占全部师资比重的 56.13%；在职教授中的博士生导师有 64 人，占全部师资比重的 12.26%。

　　以博士生导师的毕业专业（取最高学历）为准，分别囊括了：哲学、管理学、历史学、经济学、汉语言文学、比较文学与世界文学、英语、遥感与信息工程、考古学等专业。从官网公布的教师个人简历中的关键词来看，博士生导师的研究领域多集中在文化产业、文化经济、文化创意、文化政策、文化遗产、文化法上。

　　对中国知网上有关文化产业研究数据进行文献的可视化分析，得出：截至 2021 年 2 月 1 日，涵盖整个数据库包括期刊、报纸、年鉴、学位论文等，检索结果共 99679 篇，其中主要主题词分布中文化产业最多，共 13459 篇；其次是文化产业发展，共 5353 篇；再次是文化创意产业，共 3020 篇。对比以上数据，中国知网刊载的论文与博士生导师的研究方向有一定的重合度，即文化产业、文化创意、文化遗产、文化政策为该领域近年来的研究热点。（见图 1-3）

　　对中国知网上收录的 99679 篇论文的作者与其所在单位进行可视化分析，如

　　① 杜超：《文化产业管理：专业与学科建设冷思》，《中国文化产业评论》2008 年第 2 期，第 197 页。

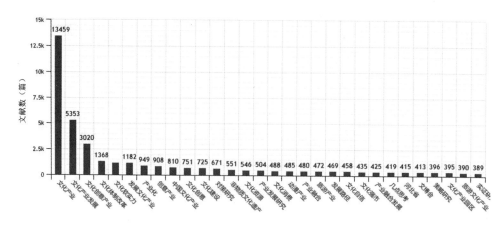

图 1-3 知网主题词分析

图 1-4 所示。其中发文篇数超过 100 篇的有中国传媒大学的范周教授（127 篇），北京大学的陈少峰教授（114 篇）；发文篇数为 70~100 篇的有中共中央党校的范玉刚教授（99 篇），南京大学的顾江教授（80 篇），中国人民大学的金元浦教授（79 篇），上海交通大学的胡惠林教授（73 篇）；发文篇数为 60~70 篇的有武汉大学的傅才武教授（67 篇），北京大学的向勇教授（66 篇）。发文数量较多的教授均是文化产业领域具有权威性与话语权的学者。

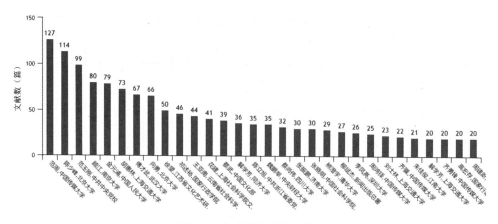

图 1-4 作者及其所在单位

（二）文化产业学科的发展趋向

探讨文化产业学科的发展方向，不能脱离对各开设文化产业管理专业的高校的设立时间、招生人数以及培养方向的分析，从中可以把握文化产业学科发展的总体脉络以及走向，并可对未来该专业的热度以及契合社会需求的程度进行合理的评估与分析。

1. 各阶段文化产业管理学科的设立时间

在已公开文化产业管理专业设立时间的 129 个本科学位点中，最早开设的是上海交通大学，于 1993 年在文化艺术事业管理专业下设文化经济方向；其次是天津农学院，于 2001 年在公共事业管理下设文化产业管理方向；再次是中国传媒大学、浙江农林大学、云南大学分别于 2003 年开办文化产业管理、文化产业管理（茶文化）、文化产业管理专业；到 2004 年国家正式批准文化产业管理专业后，又有中央财经大学、山西财经大学、华东政法大学、江西财经大学、山东大学、中国海洋大学、山东艺术学院、南京师范学院 8 所高校纷纷开设文化产业管理专业；到 2020 年，湖南应用技术学院开设文化产业管理专业。统计各高校开设文化产业管理专业本科学位点年份，最集中的是 2011 年，共 27 所；其次是 2008 年，共 15 所；再次是 2014 年和 2015 年，分别有 9 所高校开设文化产业管理专业。

在已公开文化产业管理专业设立时间的 18 个硕士学位点中，最早开设的是上海交通大学，于 1999 年开设文化产业管理专业硕士点；其次是南京艺术学院，于 2003 年开设文化产业管理专业硕士点；再次是山西财经大学，于 2004 年开设文化产业管理专业硕士点；中国海洋大学与山东财经大学开设文化产业管理专业硕士点较晚，均在 2013 年才开办。统计各高校开设文化产业管理专业硕士学位点年份，最集中的是 2006 年和 2008 年，各 3 所；其次是 2005 年和 2009 年，各 2 所；再次是 1999 年、2003 年、2004 年、2007 年、2011 年、2012 年，各有 1 所高校开设文化产业管理专业硕士学位点。

在已公开文化产业管理专业设立时间的 11 个博士学位点中，最早开设的是上海交通大学，于 1999 年开设文化产业管理专业博士点；其次是南京艺术学院，于 2003 年开设文化产业管理专业博士点；再次是中国传媒大学、南京大学、华中师范大学，于 2006 年开设文化产业管理专业博士点；深圳开设文化产业管理专业博士点较晚，到 2018 年才正式设立。统计各高校开设文化产业管理专业博士学位点年份，最集中的是 2006 年，共 3 所；其次是 2008 年和 2009 年，各 2 所；再次是 1999 年、2003 年、2015 年、2018 年，各有 1 所高校开设文化产业管理专业博士学位点。

2. 近年来文化产业管理专业招生情况

据已公开招生人数的院校数据显示，文化产业管理学科本科专业近年来招生情况如下：2017 年招生 5352 人，2018 年招生 5770 人，2019 年招生 4842 人；硕士招生情况如下：2017 年招生 520 人，2018 年招生 568 人，2019 年招生 591 人；博士招生情况如下：2017 年招生 98 人，2018 年招生 74 人，2019 年招生 84 人。

如上分析，各阶段近年来招生差异不大，并无特别大的涨幅或跌幅。本科学位点在 2018 年招生达到峰值，2019 年稍有下降，平均值在 5321 人；硕士学位点从 2017 年到 2019 年处于稳步上升阶段，平均值在 559 人；博士学位点招生情况基本持平，平均值在 85 人。

3. 文化产业管理专业的人才培养方向

统计各开设文化产业管理专业院校的招生简章信息，提取专业培养方向的关键词，其中本科培养方向以文化产业、文化事业、文化创意、文化旅游、经营策划、文化产品、会节会展、文化遗产为主；硕士培养方向以文化产业、文化创意、艺术管理、文化遗产、经营策划、文化政策、文化品牌、文化旅游为主；博士培养方向以文化产业、文化创意、文化传播、文化遗产、文化政策为主。

各阶段学位点对学生的培养多集中在文化产业、文化经济、文化旅游、文化传播、文化政策方面。这五个方面不仅是各高校对文化产业学科的重点培养层面，也是我国文化产业学科的前沿话题。高校文化产业管理学科正在向着社会需求的热门议题和时代聚焦的热点话题靠拢。

三、学科特色与专业优势

我国文化产业的发展与西方发达国家相比起步稍晚，整体文化市场的构建与行业法律法规的设置都有待提高。我国既是文化资源大国，也有着强大的文化市场储备力量，但需更进一步整合利用现有资源，整体上提高文化产业的发展高度。总结西方文化产业与文化产业学科的发展历程，与我国的实际情况进行比对，并结合我国现有的战略目标与社会需求，可归纳出我国文化产业学科的特色与专业优势。

（一）国外文化实践与产业设置学科概况

1947 年由法兰克福学派的代表人物马克斯·霍克海默与西奥多·阿多诺首次提出并使用了"文化产业"这一概念。① 1979 年日本学者松下公人出版《新文化产业论》，1989 年范作申翻译此书成为我国最早以"文化产业"为题的译著。② 20世纪 80 年代，布尔迪厄在题为"资本的形式"的文章中将文化资本与经济资本、社会资本并称为资本的三大基本形态。③ 至此，文化产业的理论方法基本形成，文化产业学科的建设也应运而生。

1. 美国：理论结合实践

美国 2017 年文化产业总值达 8770.8 亿美元，同比 2016 年增长 5.3%，④ 成为美国名副其实的国民经济支柱性产业。据清华大学新闻与传播学院副教授杭敏对国外文化产业学科发展情况的分析报告显示，美国的文化产业学科主要按照内容、管理与周边学科三个层次进行分类教学；在教学特色上有着明显的地域特色，招生具有层次性，教育培训实务导向明显；在学科建设上理论技术与实践经验并重，推动应用型文化产业学科的建设模式。⑤

2. 英国：培养方式灵活

英国是第一个将文化创意引入政府工作报告的国家，英国艺术与文化产业

---

① ［德］马克斯·霍克海默、［德］西奥多·阿多诺著，渠敬东、曹卫东译：《启蒙辩证法　哲学断片》，上海人民出版社 2020 年版，第 121 页。

② 宗祖盼、李凤亮：《论中国文化产业观念的发生》，《学术研究》2019 年第 1 期。

③ 李书文：《论文化产业研究的多学科视角》，《东岳论丛》2010 年第 2 期。

④ http:www.bea.gov/news/2020/arts-and-cultural-production-satellite-account-us-and-states-2017，访问日期：2020 年 11 月 9 日。

⑤ 杭敏：《国外文化产业学学科建设模式研究》，《现代传播》2015 年第 7 期。

2020 年总值达 3185 万英镑，占 GDP 总值的 1.6%。① 依照英国本国的特点，英国文化产业学科主要集中在传播学院、艺术学院与文化学院；在教育过程中形成了培养周期短、培养方式灵活、注重产学研结合、重视实践环节的教学特点；在学科设置上大致可分为经营应用类、文化素养培养类、政策理论研究类。②

3. 日韩：动漫产业与文化立国

日本文化产业规模已经超过本国传统的电子产业与汽车产业，在动漫产业发达的日本，从小学到大学均设有动漫、绘画及相关的管理与经营类课程与专业，为文化产业的培养提供了大量的后续人才。1998 年韩国正式提出了"文化立国"的战略口号，将文化产业作为 21 世纪发展韩国国家经济的战略性支柱产业来培育；在 2013 年，韩国的文化产业出口总额达到了 50 亿美元，合人民币 310 亿元左右，文化产业已占韩国 GDP 的 15%，达到了史无前例的高比例。③ 韩国文化产业学科是以对既有专业进行转型为主流建设的，侧重于培养活跃于该领域的人才。④

（二）我国文化产业学科与社会需求的关系

我国文化产业学科的建设与社会的发展需求息息相关，与国家的政策号召紧密相连。一方面，文化和旅游部的正式成立给文化产业学科带来了新的契机；另一方面，教育部推出的新文科计划为文化产业学科的发展开辟了新的天地。

1. 文化和旅游部的成立

2018 年，根据党的十九届三中全会审议通过的《中共中央关于深化党和国家机构改革的决定》《深化党和国家机构改革方案》和第十三届全国人民代表大会第一次会议批准的《国务院机构改革方案》，中华人民共和国文化和旅游部正式成立。文化和旅游部的组建，使文旅深度融合成为新时代的战略课题，复合型高端

---

① https://commonslibrary. parliament. uk/research-briefings/cbp-9018/，访问日期：2020 年 11 月 9 日。

② 范伟坤：《文化产业学科建设刍议》，《大众文艺》2020 年第 13 期。

③ 黄桂田主编：《文化与产业：中国产业与文化变迁的因应之道》，北京大学出版社 2017 年版，第 257 页。

④ 李永求：《韩国文化产业学科建设述略》，《光明日报》2011 年 8 月 30 日。

文旅管理运营人才的需求和产学研融合研究的需求迫在眉睫。文化产业管理既离不开文化，也离不开产业，还离不开管理，是多门学科交叉融合的产物。目前我国已有23所高校开设文化产业管理（文化旅游方向）专业。这一专业的设定契合了我国文化旅游发展的步伐，也满足了市场带来的需求，填充了文旅深度融合研究领域的空白。

2. 新文科计划与交叉学科的设立

2018年5月教育部推出"新文科计划"。2020年8月教育部拟将交叉学科增列为第14个学科门类。"新文科"试图找寻人文社会科学与理、工、农、医等自然科学的渗透与拓展。文化产业管理专业不仅融合了艺术学、历史学、管理学、经济学、传播学等学科，还与自然科学交叉融合，形成数字人文、医药文化、农业文化等"文化+"的学科模式，其学科中内含的融合创新思维，有着天然的学科交叉的优势，可为交叉学科和"新文科"的设置探索全新路径，同时也为文化产业学科在未来的发展奠定了新的高度。

四、学科短板与发展策略

从2004年教育部正式批准文化产业专业的成立起，国内高校掀起了研究文化产业管理的浪潮。文化产业管理专业从本科、硕士到博士的人才培养层次逐步确立，国家文化产业研究中心、国家文化产业研究示范基地、国家文化创新研究中心、文化和旅游研究基地等的设立，为文化产业智库建设打下了良好基础。但文化产业学科的短板也较为明显。

（一）文化产业学科的短板

文化产业学科的发展困境主要包括学科归属不明确、独立学院开设较少、培养模式未与生产契合等，这三点成为文化产业学科发展的症结所在，在文化产业学科的发展过程中，势必要主动应对这三大短板。

1. 文化产业管理专业学科归属不定

文化产业管理专业虽然在2011年已由试办专业转为正式专业，但从学科目录的角度来看，在2011年4月教育部发布的《学位授予和人才培养学科目录

(2011 年)》里，"文化产业"或"文化产业管理"仍未列入学科目录。① 官方缺少对文化产业学科的定性评价，容易导致文化产业学科归属繁杂不一。只有对文化产业管理专业的学科归属有了明确的定义，才有助于各高校与研究机构对文化产业展开专业的理论研究，推动文化产业学科理论建设的发展。

2. 各学位点开设的文化产业管理独立学院较少

在开设文化产业管理专业的 213 所高校(含本、硕、博学位点)里，10 所设有文化产业学院，6 所设有文化创意学院，4 所设有文化、艺术管理学院。挂靠其他学院较为普遍，其中管理类 28 所，历史类 26 所，新闻传媒类 25 所，人文类 22 所，另有 66 所分属经济、旅游、法学等。各高校是根据自身特点对文化产业学科进行的归类，并引导学生朝高校擅长的培养方向发展。但这一做法直接导致了文化产业管理专业的范围过宽，未能提供一个明确的研究方向，使得专业更像是一盘"大杂烩"，而缺少了专业自身的特性。

3. 人才培养过程中缺少实践环节

在对公开文化产业管理专业招生简章以及课程安排的院校进行分析的过程中，发现多数高校强调对理论知识的学习，对学生毕业的评估也以论文为主，而缺少了实践的过程。文化作为新的生产要素优化市场资源配置，② 形成了文化产业的概念与文化产业学科的理论，文化产业学科的发展必然不能脱离生产而空谈理论。中南大学文学院教授柏定国认为："文化产业人才不是学校独立培养出来的，而是企业培养出来的，是岗位培养出来的，是社会培养出来的。"③目前我国的文化产业学科体系，尤其对比西方强调理论与实践的结合而言，缺乏了实践的锻炼，容易使人才培养陷入单一化的窘境。

(二)文化产业学科的发展策略

文化产业在社会生活中的地位越来越重要，文化产业学科也日益走进人们的

---

① 李志雄:《文化大发展背景下"文化产业"学科体系的建构》,《现代传播》2012 年第 5 期。

② 皇甫晓涛:《文化产业学科建设的基础理论研究与当代人文社会科学的重构》,《学术月刊》2010 年第 3 期。

③ 柏定国:《文化产业学科应以意义重建为旨归》,《福建论坛(人文社会科学版)》2011 年第 2期。

视野，与此同时，文化产业学科的短板也暴露了出来。对此，本书提出文化产业未来发展的三条策略，包括成立文化产业管理专业一级学科、明确培养方向、推动产学研融合三大点。

1. 尽快成立文化产业管理专业一级学科

文化产业管理专业作为一门融合了多学科基础理论的综合性交叉学科，很难将其归纳到传统的一级学科中。基于此，建议加紧推进文化产业管理专业一级学科的建设，一方面，完善一级学科下的二级建制，下设文化产业理论、公共文化、文化旅游、文化经济、文化遗产、文化科技、文化金融等二级学科；另一方面，鼓励有资质的高校和科研机构根据自身优势自主设置二级学科，实现个性化发展，形成特色化专业。

2. 明确培养方向，同时积极发挥地域优势

首先需要改变文化产业管理专业培养方向纷杂的局面，在文化产业管理专业下设不同的培养方向，使师生自主选择喜好的方向进行学习与研究。一方面，可参考设立教师工作室制度，在进行专业知识教学的同时，由教师指导学生在工作室进行适当的创新创业；[1] 另一方面，各高校需主动发挥地域优势，融合当地的特色文化，打造有吸引力的文化产业管理专业，如：浙江农林大学利用杭州的茶文化，打造了特色的文化产业管理茶文化方向；云南大学利用多民族融合的优势，打造了特色的民族文化产业研究。

3. 多方联动，形成文化产业学科多级动能

文化产业学科的发展不能只是高校本身的摇旗呐喊，文化产业管理专业从生活中而来，也要走到生活中去。政府、高校与企业均有着不可推卸的责任，应一同形成文化产业学科发展的多级动能，建议搭建政府、高校、企业的融合平台机制，合力形成政产学研一体的发展体系。一方面，政府决策层制定文化产业利好政策，高校加紧研究产业发展趋势，企业明确靶向促使研究成果落地；另一方面，呼吁各级人大代表、政协委员关注文化产业发展的实际情况与现实需求，就文化产业学科建设与事业发展提出针对性议案。

---

[1]　李海亭：《关于高校文化产业专业学科建设与教学模式改革的思索》，《高等教育研究》2010年第4期。

自 2004 年我国正式设立"文化产业管理"本科专业以来，该学科的发展势头非常迅猛，同时也暴露出不少问题。在新文科发展与交叉学科设置的历史机遇中，若能把握文化产业学科的发展势头，与交叉学科的设立紧密相连，文化产业学科建设将走向新的高度。

第二章

文物活起来

第一节　文物合理利用：知识图谱解读

文物保护与利用是我国文物事业发展的重要议题，长期以来，文物工作贯彻"保护为主、抢救第一、合理利用、加强管理"①的指导方针，文物的合理利用一直被视为文物工作的重要组成部分。近年来，习近平总书记"让文物活起来"的文物工作思想在全社会获得广泛响应，让文物活起来、加强文物利用，成为新时代文物工作者的使命和担当。2018年出台的《关于加强文物保护利用改革的若干意见》是新中国成立以来第一份专门针对文物保护利用改革并以中办、国办名义印发的中央政策文件，从国家战略高度强调了文物合理利用、服务社会经济发展大局的重要性。文物部门、地方政府也出台了一系列推进文物合理开发利用的政策文件，鼓励相应的实践探索。2022年7月，全国文物工作会议提出了新时代文物工作方针："保护第一、加强管理、挖掘价值、有效利用、让文物活起来。"

学界围绕文物合理利用的主题研究积累了众多成果，学者们针对文物开发利用实践中表现出的不同问题，在案例分析的基础上提出了开发利用的新理念、新途径，这些研究在整体上形成一定规模，然而遗憾的是，尚没有基于已经出现的

---

① 文物工作十六字方针，见于《中华人民共和国文物保护法》(2002年修订)第一章第四条，是经原有的文物保护法修订后增加的条款。

文献研究成果的科学计量分析。本书将 CiteSpace 作为分析工具，尝试对这一领域研究文献进行计量分析和可视化图谱绘制，呈现文物合理利用研究的历史进程、研究现状和发展趋势，通过主题聚类的知识图谱解读，探测文物合理利用研究的前沿与热点，为文物工作者和参与爱好者深入研究探索提供参考。

一、研究方法与数据来源

（一）研究工具

随着信息技术的发展，知识学科领域开始广泛运用文献计量研究方式，对特定领域学术研究成果进行探测，知识图谱可视化作为文献计量学的新方法在我国获得日益广泛的应用，其中以 CiteSpace 软件的运用较为常见。CiteSpace 是大连理工大学陈超美教授开发的科学知识图谱绘制软件，软件设计基于库恩的科学发展模式理论、普莱斯的科学前沿理论等，力图呈现学科研究领域知识产生、积累、变革、分化的演进历程，同时通过节点文献标注和聚类分析凸显学科知识的结构网络，将某一学科知识演进的来龙去脉集中展现于知识图谱之中。

目前应用 CiteSpace 的论文多集中于管理学和信息科学领域，如图书情报与档案管理、管理科学与工程等。笔者认为，CiteSpace 以其强大的文献信息批量读取和图谱绘制功能，在人文社科领域同样有着广阔的应用价值。因此，本书选用 CiteSpace 作为分析工具，对文物利用方面的学术研究成果进行探测，以求清晰直观地把握这一主题方向上的学术研究进程、现状与趋势，探求文物利用理论与实践的重点关注领域和前沿知识，为此领域进一步深化研究提供参考和借鉴。

（二）数据来源

本节探讨文物合理利用中的"文物"概念包含可移动文物与不可移动文物，大致对应于文化遗产中的物质文化遗产范围，因而检索词使用"文化遗产 or 文物"，同时在标题中包含"开发 or 利用"。在检索结果中排除"非物质"和"无形"

文化遗产的有关文献。① 为确保文献数据内容的学术性和规范性，检索文献仅来源于中国知网里的核心期刊和 CSSCI 数据库，按上述检索条件初步得到 834 条文献结果，通过手动筛选整理，去除期刊会议征稿、卷首语和其他无关条目，最后得到 694 条有效文献。

二、知识图谱绘制与分析

利用 CiteSpace 软件对检索结果中的文献进行处理，由于文献中最早一篇发文时间为 1990 年，所以将时间范围设置为 1990—2019 年，时间切片为 1，阈值选择 top30，分别以时间分布、研究机构、关键词、突现词为分析对象，运行 CiteSpace 软件绘制出相应的知识图谱，通过不同层面对知识图谱的解读，捕捉文物合理利用领域学术研究的重要信息。

（一）文物合理利用研究的时空分布图谱

本书通过对所得文献数据进行初步统计，形成了文物合理利用领域研究的基本认识。图 2-1 给出 1991 年至 2019 年文章发表数量情况，从中可以看出文物合理利用的研究在 2000 年之前寥寥无几，"重保护、轻利用"是一段时期内文物事业的主导思想，也抑制了学术研究领域对文物开发利用的关注。2000 年至 2001 年

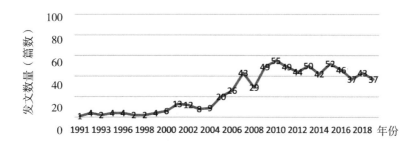

图 2-1　文物合理利用研究发文数量(1990—2019 年)

①　关于"文物"的概念可参照《中华人民共和国文物保护法》(1982 年)第一章第二条；"文化遗产"概念可参照《国务院关于加强文化遗产保护的通知》(2005 年)中的相关定义。

小有突破，这一时期大规模的城市建设与经济开发是社会发展的主旋律，尤其西部大开发作为事关国民经济全局的重要战略，对区域文化遗产保护与开发利用提出新的要求，亟待寻求文物资源在保护中发展、发展中保护的有效途径。这之后文物合理利用的相关研究一路攀升，2007年出现一个小高峰，因旅游产业的迅猛发展给文化遗产保护利用带来挑战，不少文章针对旅游开发中文化遗产资源利用与管理的问题提出对策。文物资源开发利用的研究在2010年出现峰值，该年发文55篇，之后文献发布数量大致保持平稳，2010—2019年，每年平均发文45篇，随着文化遗产分类体系的成熟，不同类型的文化遗产价值得到重视，针对不同类型文化遗产资源开发与利用的探讨更为丰富多元。

为了解国内重点关注文物合理利用的学术团体和机构，本书对各研究机构发文数量进行了统计，图2-2呈现了发表文献数量最高的9个机构。沈阳师范大学旅游管理学院在文献数量上以较大优势排名第一，中国科学院两个机构共发文数量名列前茅，广东工业大学建筑与城市规划学院发文数量紧随之，其他机构发文数量相当，文化遗产传承和文物活化利用在城市规划设计、历史文化、旅游管理等多个领域的学术机构受到广泛重视。

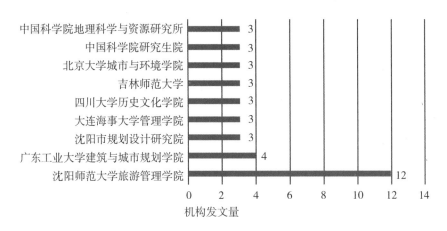

图2-2 文化遗产合理利用研究的高产发文机构

(二)文物合理利用研究的主题知识图谱

关键词是文章内容的高度概括，关键词频次和关键词中心性是了解某研究领域主题和热点的重要依据。以关键词共现为基础的聚类分析有助于识别研究领域的网络结构和知识群组，通过 CiteSpace 绘制出文物合理利用研究的相应图谱将帮助获取其研究历程和前沿热点等信息。在 CiteSpace 中将网络节点设置为关键词（keyword），聚类词来源为标题（title）、摘要（abstract）、作者关键词（author keywords）和增补关键词（keywords plus），提取每个时间切片中出现频次最高的 50 个关键词，得到图 2-3 所示关键词共现图谱，由 79 个节点、149 条连线构成，图中圆环代表关键词节点，关键词出现次数越多，在图谱中的节点就越大。

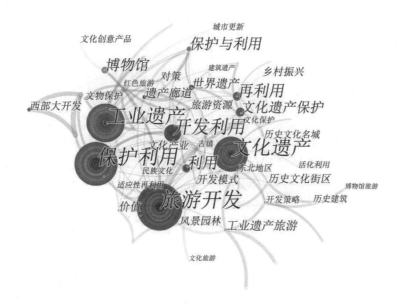

图 2-3　文物合理利用研究关键词共现图谱

1. 研究热点与前沿解读

从 CiteSpace 绘制出的关键词图谱（图 2-3）中可以看出，文化遗产利用领域出现频次较高的关键词有"旅游开发""保护利用""工业遗产""开发利用""再利用""博物馆""遗产廊道""世界遗产"等，表明这些主题在文化遗产开发利用的研究中获得了较多关注，积累了较多成果。表 2-1 排列整理了出现频次较高的关键词，可以看出文物合理利用研究已广泛关注到不同类型的物质文化遗产资源，工业遗产、遗产廊道、历史文化名城、历史文化街区和村镇、博物馆等多种类型的遗产资源都已进入学界研究的视野范围。这一研究进程与文化遗产类型的不断丰富拓展息息相关,2005 年《国务院关于加强文化遗产保护的通知》第一次以"文化遗产"为题名发出文件,对文化遗产的内涵和外延做了明晰的表述,对物质文化遗产的类型也做出了更为细致的划分,极大地丰富、提升了传统的"文物"概念。从表 2-1 中的关键词中心性来看,排名最高的三个节点关键词分别是"旅游开发"(0.54)、"文化遗产"(0.38)、"保护利用"(0.37),这表明在文化遗产的保护利用中,旅游开发是探讨最多也最为普遍的一种开发利用方式。正如现实情况一样,许多重点文物保护单位和博物馆已成为地方旅游产业特色品牌和重要依托。

表 2-1 文化遗产合理利用研究文献高频关键词(1990—2019 年)

频次	中心性	关键词	频次	中心性	关键词
87	0.54	旅游开发	8	0.03	文化产业
85	0.37	保护利用	7	0	西部大开发
72	0.38	文化遗产	7	0.05	风景园林
72	0.35	工业遗产	7	0.07	历史文化街区
46	0.18	开发利用	6	0	文物保护
27	0.09	再利用	6	0.03	历史文化名城
24	0.07	利用	5	0.14	开发策略
21	0.02	保护与利用	5	0.07	东北地区
20	0.06	博物馆	5	0	历史建筑
16	0.27	文化遗产保护	5	0	文化创意产品
12	0.01	遗产廊道	4	0	文化保护
11	0.03	世界遗产	4	0.02	红色旅游
10	0.13	工业遗产旅游	4	0	城市更新
9	0.11	价值	4	0	民族文化

续表

频次	中心性	关键词	频次	中心性	关键词
8	0.06	旅游资源	4	0.01	古镇
8	0.07	开发模式	4	0	适应性再利用
8	0.01	对策	4	0.01	活化利用
8	0	乡村振兴			

突现词提取了短时间内出现频率较高的关键词，根据突现词的迸发时间可以探知一段时间内文物合理利用研究领域的前沿热点与变化趋势。根据图 2-4 所示，"旅游开发""西部大开发""世界遗产""博物馆"是突现最强的四个关键词，其中"旅游开发"集中突现于 2000—2006 年，"西部大开发"突现于 2001—2007年，"世界遗产"突现于 2007—2010 年，"博物馆"的突现时间是 2018—2019 年。由此观之，文物合理利用的研究热点从文物旅游开发和西部大开发中文物资源的保护利用，转而推向以世界遗产为目标对象的开发利用研究，目前文物利用的研究热点聚焦于博物馆馆藏资源的合理开发利用。这也从客观上印证了博物馆作为我国可移动文物的保护平台，在让文物活起来的新兴事业中受到了前所未有的关注，正如国家文物局刘玉珠局长在《让文物活起来大有可为》的讲话中强调道："与科技联姻、与创意嫁接、与旅游相融、与消费结合，博物馆热了，'萌萌哒'文创产品火了"①。

图 2-4　文物合理利用研究关键词突现率

———————

① 刘玉珠：《让文物活起来大有可为》，《人民日报》2019 年 12 月 28 日。

2. 研究主题聚类解读

在关键词共现基础上绘制出的关键词聚类图谱(图 2-5),识别出文献中五个规模较大的研究主题聚类,分别是遗产廊道的开发利用、建筑遗产的再利用、大遗址的保护利用、文创产品的研发设计、文物保护与开发利用的矛盾。从时间线图谱(见图 2-6)上看,遗产廊道开发利用研究起步相对较晚,开始于 2007 年之后;建筑遗产再利用的研究虽然出现较早,但其中针对工业遗产的改造利用研究也起始于 2007 年左右;大遗址开发利用与文物保护较早与旅游开发产生紧密联系,因而这两个聚类研究开始于 2000 年前后。

图 2-5 文物合理利用研究关键词聚类图谱

聚类 0 由遗产廊道开发利用相关的主题文章聚合而成,除了遗产廊道之外,还关注线性文化遗产、文化线路、绿道景观等与之相近的文化遗产载体的开发利用情况。这一遗产类型因其在空间分布、资源组合、价值理念各方面的独特性引起了业界和学者的纷纷探讨,在传统文化交流线路、近现代交通运输线路、历史城墙边防等具体文化遗产线路的开发利用上各有分述,其中尤以京杭运河、古城墙、唐蕃古道等遗产的开发实例研究较为多见。

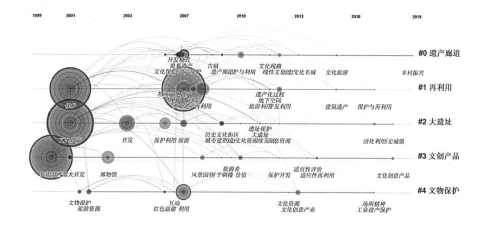

图 2-6 文化遗产合理利用研究时间线图谱

聚类 1 以建筑遗产再利用为主题，着力探讨经济发展转型升级与结构调整过程中，因失去原有功用而被弃置的工业遗产建筑和工业老区，力图在区域经济发展与城市复兴的时代背景下重塑工业遗产价值，以适应性、适宜性为原则探求发挥工业遗产多重价值功能的多种途径。值得一提的是，在旧工业厂房的改造、更新和利用过程中，场所精神的深入探寻和恢复重构受到特别关注。此外，由于国外工业遗产保护利用起步较早，在理论与实践方面为中国工业遗产改造与利用提供了经验借鉴，对国外经验的本土化研究也是这一主题聚类的题中之义。

聚类 2 研究大遗址的开发利用，强调大遗址在城乡建设、农民生产、生活和盗掘文物犯罪等威胁下的保护困境，指出大遗址在保护管理与开发利用中面临的困难与挑战，不少篇目剖析了大遗址公园和遗址博物馆等保护利用模式在维护大遗址原真性上展现的各自特性。此外，一些文章在大遗址与周边社会空间关系以及土地利用管理方面展开了详细论述。

聚类 3 聚焦基于文物资源的文创产品研发与设计，它与单一的产品开发有别，这一主题研究从整体层面上讨论了从文化遗产资源到文化遗产产品的开发利用，为构建立体全面、丰富多样的文化产品和服务体系奠定了基础。就文化旅游产品开发而言，文化遗址类旅游产品、古城古村类旅游产品、文化演艺类旅游产品和文化旅游纪念品等都在长期持续的研究视野之列。就文创产品的开发来说，与博物馆文创产品开发有关的研究获得了新的关注，在馆藏资源的价值发掘、博物馆市场营销、产品研发设计、运作模式等方面展开了讨论。

聚类 4 反映了文物保护与开发利用之间的矛盾，关注经济快速发展和文化遗产旅游给文物保护事业带来的冲突与挑战，文化遗产旅游中资源的过度开发和不合理利用成为急需解决的问题，该主题研究就如何处理文物保护同经济建设之间的关系，发挥文物资源优势，实现可持续性发展，提出了合理化的对策建议。特别是在西部大开发战略实施进程中，经济发展与文物保护之间的矛盾表现得尤为突出，如何在确保文物安全的基础上，发挥民族地区文化资源优势，这一亟待解决的问题在西部大开战略提出之初就引发了众多探讨。

本节基于 CiteSpace 知识图谱绘制工具对中国文物合理利用的研究主题进行了文献计量分析与图谱解读，识别文物合理利用研究领域的演化进程、研究热点、主要研究机构以及高频关键词和主题聚类，对中国文物合理利用研究的整体现状有所认识。通过前述分析发现，现有研究主要集中于遗产廊道的开发利用、建筑遗产再利用、大遗址保护利用、文创产品研发设计、文物保护与开发利用矛盾等主题，相关的探究热点曾聚焦于文物与旅游开发和西部大开发进程中文物资源的保护利用，而博物馆馆藏资源的合理开发利用是近两年备受关注的话题。

就现有学术机构对文物利用的研究而言，持续稳定地在这一领域投入关注的学术团体还不够多。从学科背景来看，大多文章来源于旅游管理学院、城市规划学院、历史文化学院等研究机构，文物合理利用的研究也因此多从旅游管理、规划设计、产品开发等视角展开讨论，其他领域学术机构的参与程度不高。未来文化遗产合理利用的深入研究有待于学者们从多个视角和学科理论进行积极探索和有益尝试，全方位多层面的研究参与将为文化遗产利用领域的探讨注入新的活力，从公共管理、法律解读、经济等学科背景切入，或可成为文化遗产利用研究的有益补充。

纵览文物合理利用研究文献发现，现有成果偏重实践和案例研究，多为经验总结、模式提炼和对策建议，有关理论基础的探讨较为薄弱，资源属性、产权制度、价值分析等方面的理论探索建树不多，在文物合理利用的理论研究方面还有较大的探寻空间，理论基础的深入剖析将为文物合理利用的实践和研究提供坚实的依据和指导。

此外，文物保护利用改革的重点难点在于顶层设计、制度创新和精准管理，文物保护利用水平的大力提升有赖于文物保护利用法律制度的完善、文物保护利用体制机制的改革、文物利用政策的顶层设计、文物资源资产的管理等，这些至关紧要的问题也正是文物合理利用研究较为乏力的方面，有待于在今后的研究中加强对这些问题的关注力度，进一步为实现文物保护利用和文化遗产传承工作贡献力量。

第二节 博物馆文创：历史渊源与发展动力

近年来，博物馆文化创意产品研发受到国家文物主管部门的高度重视和大力倡导①，《国家文物事业发展"十三五"规划》中，开发博物馆文化创意产品被作为"让文物活起来"的一项重要举措提出来，明确到 2020 年的目标是——"打造50 个博物馆文化创意产品品牌，建成 10 个博物馆文化创意产品研发基地，文化创意产品年销售额 1000 万元以上的文物单位和企业超过 50 家，其中年销售额2000 万元以上的超过 20 家"。② 在国家政策推动和各文博单位的积极探索下，我国中央级、省级和副省级城市所属博物馆大多开展了文化创意产品开发实践。但与国际上具有丰富经验的博物馆相比，国内博物馆文化创意产业总体还处于探索起步的初级阶段。地方博物馆文创产品的开发虽然取得了一定成效，但是还存在着东部地区与西部地区、省级与市级博物馆之间发展不平衡的问题。究其原因，我国绝大多数国有博物馆处于事业单位管理体制下，过于强调作为公益性文化机构的事业性质，在经费来源上依赖国家或地方财政拨款，缺乏利用馆藏资源从事市场活动的经营理念。观念和思维的制约导致一大批博物馆对自身价值认识不足，在新时代赋予的使命面前担当不够，面临机遇与挑战失却机敏。本书以近年

---

① 参见《国家文物博物馆事业发展"十二五"规划》、2015 年颁布施行的《博物馆条例》、2016年文化部等四部委联合印发的《关于推动文化文物单位文化创意产品开发若干意见的通知》等。

② 参见《国家文物事业发展"十三五"规划》。

来国家及文博事业主管部门对文创产品开发的大力倡导为契机，以博物馆自身发展的历程为脉络，基于博物馆在不同发展时期功能与职责的演变延伸，立足博物馆学和文化政策学的研究成果，为博物馆文化创意产品开发寻求渊源与合理性，重塑博物馆自我价值与时代使命，以期改变博物馆墨守成规的传统思维，树立有利于博物馆持续健康发展的自觉意识。

一、非营利属性：文创经营的原则与约束

国际博物馆协会（ICOM）把博物馆定义为非营利机构，我国也将博物馆列为公益文化事业单位，明确了博物馆不以营利为目的的基本属性。[①] 近年来，随着市场经济的迅猛发展和产业结构的深刻变化，国际上一些博物馆纷纷引入市场营销的理论和方法，开发文化创意产品并从事经营活动。经济领域的营销观念引入公益性质的博物馆，引发了博物馆学界和公众的质疑与争论，焦点集中于博物馆是否应当开展经营活动。实际上，非营利组织借用市场营销手段已是全球通行的做法，在理论上也较为成熟，能否从事市场经济活动不是非营利组织营销理论探讨的重点，开展何种内容的市场活动，如何分配经营收益，确保组织公益目标达成而不受损害，这些问题的讨论才是非营利组织营销学者费心着墨之处。博物馆作为特定类型的非营利机构，并不排斥借鉴市场经济的运作方式，正如宋向光在《博物馆"非营利"机构性质谈》一文中指出，"非营利"只是强调了博物馆的基本性质，并不是对博物馆运作方式的具体规定。[②] 市场活动并不一定导致对博物馆非营利性质的危害，这里要关注的是博物馆文化创意产品开发经营的约束问题，即博物馆如何处理非营利属性和营利活动的关系、如何协调公益事业与市场运营的关系。为保障非营利性质和公益目标的实现，博物馆在从事文化创意产品开发经营活动时应遵循两大原则。

[①] 我国文化部 2005 年出台的《博物馆管理办法》指出："博物馆是指收藏、保护、研究、展示人类活动和自然环境的见证物，经过文物行政部门审核、相关行政部门批准许可取得法人资格，向公众开放的非营利性社会服务机构。"国务院 2015 年颁布的《博物馆条例》指出："博物馆是指以教育、研究和欣赏为目的，收藏、保护并向公众展示人类活动和自然环境的见证物，经登记管理机关依法登记的非营利组织。"

[②] 宋向光：《博物馆"非营利"机构性质谈》，《中国博物馆》2000 年第 4 期。

（一）以取得社会效益和实现博物馆使命为最终目的

博物馆文化创意产品开发虽然是带有经营性质的市场活动，但与其他以利润最大化为追求目标的商业行为有着本质区别。以社会服务的公益目标为宗旨，始终将社会效益放在首位，是博物馆从事市场活动的重要原则。美国营销学家科特勒（P. Kotler）认为博物馆市场营销以满足观众需求为导向，不断探索、创新多种功能与服务，以达到博物馆与观众的双赢。[1] 博物馆开发经营文化创意产品，应当服务于博物馆的使命和宗旨，避免因忙于经营创收而降低公益服务质量。文化创意产品研发要以馆藏资源为基础，使其成为博物馆藏品内涵和思想内容的延伸与载体，以此强化博物馆社会教育与文化传播等职能，进而通过文化创意产品的销售和传播树立博物馆形象、突出博物馆品牌，面向社会提供优质产品和服务。

（二）禁止利益分配，经营所得投入博物馆公益事业

既然文化创意产品作为博物馆社会服务的延伸具有合理意义，那么探讨如何处理文化创意产品经营收益，就成为坚守博物馆非营利性质的关键。根据美国国税局税收代码501c（3）认定的关于公益组织的申请条件，组织收益不能为私人股东分红，净收益必须用于慈善、教育或休闲目的。[2] 我国关于非营利组织免税资格的认定中，也包含了对组织收益的用途、分配等限定条款，出资人不享有财产权，取得的收入除合理的薪金支出外，应全部用于登记管理核定的公益性目标。[3] 以此为参照，非营利性质的博物馆可以通过经营文化创意产品盈利，但其收益不得向博物馆举办者进行利润分配，只能进一步用于开展博物馆公益活动和博物馆文化事业的发展，例如用于增加馆藏购置经费，扩大与博物馆收藏定位相关的馆藏资源；加大对博物馆公共教育的投入，支持博物馆开展更多受

---

[1]　［美］尼尔·科特勒、［美］菲利普·科特勒著，潘守勇译：《博物馆战略与市场营销》，北京燕山出版社2006年版，第354~357页。

[2]　参见美国国家税务局官网，https://www.irs.gov/，Exemption Requirements-501c（3）Organizations，访问日期：2018年8月12日。

[3]　参见财政部、税务总局2018年2月7日发布的《关于非营利组织免税资格认定管理有关问题的通知》（财税〔2018〕13号）。

欢迎的公众教育活动；为扩建或更新馆舍提供资金支持，改善博物馆环境以提升观众体验。博物馆研发文创产品并在经营活动中获取报酬，并不违背博物馆的立馆宗旨，而是为博物馆进一步扩大公益事业夯实基础。

二、没有围墙的博物馆：社会化趋势的表达

博物馆的建立与发展有其漫长的历程，不同历史时期的博物馆有着不同的价值定位，履行着不同的职责。博物馆在历史发展中不断推动社会化进程，在开放程度上经历了私人秘藏阶段、向社会上层开放阶段和面向社会公众开放的阶段。在工作重心上，博物馆经历了以藏品保护为中心，到以教育研究为中心，再到以观众为中心的持续社会化的推进过程。可以说，借助博物馆文化创意产品，"没有围墙的博物馆"概念得到了真正的表达与实现。

（一）博物馆扩大社会开放层面

博物馆萌发于欧洲贵族的私人收藏，"这时的博物馆还只是特权阶级的活动场所，他们总是与'奇珍异宝'联系在一起，帝王在此显示自己的权利，教会在此释放神的力量，贵族在此展示自己的财富，贵夫人也在此炫耀自己的时装"①。欧洲文艺复兴时期出现了搜求、研究古物的热潮，古希腊、古罗马的古典遗物受到重视，博物馆不仅保存古物，而且对古物进行了研究。这一时期对藏品的收集、交流和展示仅为上流社会服务，离现代意义上的博物馆还相去甚远；发端于17世纪中叶的英国资产阶级革命开启了欧洲各国资产阶级革命的高潮，法国大革命期间，王室宫殿卢浮宫被改为博物馆对外开放，原本收藏在皇宫中的大量艺术珍宝以国家收藏的面貌展示于众。此后，欧洲各国纷纷建立了对外开放的国家博物馆。这一阶段的博物馆尽管秉承资产阶级革命民主与平等的精神向公众开放，但它极力塑造自身艺术殿堂、知识圣殿的神圣地位，令普通民众望而却步；② 当代博物馆在扩大开放程度上做出了更多努力，市场营销学被引入，加深博物馆与社会大众的交流，在旅游城市的机场、酒店、商店等公共场所随处可见

---

① 刘克成：《到博物馆去》，《建筑与文化》2007年第2期。
② 苏东海：《博物馆演变史纲》，《中国博物馆》1988年第1期。

介绍博物馆的免费刊物和宣传册页，博物馆的参观者不再被当作被动的观众，而是被鼓励发表对博物馆的看法和建议，在博物馆决策中开放一席之地。

（二）博物馆定义延伸及功能演变

国际博物馆协会自成立以来就在努力寻求为博物馆制定适当的定义，几乎每一届都对博物馆的定义展开商议探讨。① 1946 年 11 月，国际博物馆协会成立时在全体大会章程中提出："博物馆是指为公众开放的美术、工艺、科学、历史以及考古学藏品的机构，也包括动物园和植物园。"这次定义重在强调博物馆身份认定中收藏和常设陈列的必要性；20 世纪 60 年代多元文化主义盛行，受其影响，国际博物馆协会于 1962 年将博物馆定义为："一种为公众兴趣而设置的永久性机构，旨在通过各种方法对公众展示具有娱乐性、知识性而且具有文化价值的器物和标本：诸如艺术、历史、科学和技术方面的收藏，以及植物园、动物园和水族馆，以达到保存、研究和提高之目的。"其要义在于凸显"公众兴趣"和"娱乐性"，从中可见博物馆的社会化意识有了明显提高；1974 年丹麦哥本哈根全体大会进一步给出较完整的定义："博物馆是一个为社会和社会发展服务，不以营利为目的的永久性机构，它向公众开放，以研究、教育、欣赏为目的，征集、保存、研究、传播和展出人类及人类环境的物证"。这里与前述定义有了重大调整，原来作为目的的保存、研究变成了博物馆的工作方式与手段，以有助于达成博物馆教育、欣赏等社会服务的最终目的，此次定义所表达的"为社会和社会发展服务"的定位，将博物馆从自我封闭引向开放；现今通行的博物馆定义是 2007 年的修订成果，② 在基本沿袭 1974 年定义的基础上，将"教育"调整到博物馆业务的首位，取代多年来将"研究"置于首位的认识。③ 这一语序表述的调整反映了博物馆

---

① 国际博协大会每三年举行一次，是国际博协的最高权力机构，大会主题的选择和研讨反映了业界的共同关注和最新研究成果。国际博协多次在其大会章程中对博物馆定义进行讨论和修改，此处仅列举几次重要的修改。

② 国际博物馆协会 2007 年通过的定义为："博物馆是一个为社会及其发展服务的、向公众开放的非营利性常设机构，为教育、研究、欣赏的目的征集、保护、研究、传播并展出人类及人类环境的物质及非物质遗产。"参见国际博物馆协会第 21 届全体大会通过的大会章程。

③ 宋向光：《博物馆定义与当代博物馆的发展》，《中国博物馆》2003 年第 4 期。

对社会责任的强调，也表达了博物馆在工作中更加关注公众的价值取向。

（三）文化创意产品是实现博物馆社会化的有效途径

随着人们对博物馆认识的不断深化，博物馆自身也在努力寻找与时代相谋和的社会价值定位，正是历史发展过程中的时时自省与突破，使博物馆走上了可持续发展的道路。无论是公众开放程度上的扩大，还是博物馆定义的屡次修改，都凸显了博物馆以公众为取向不断推进社会化的发展脉络，当代博物馆的发展将会延续社会化的趋势。传统博物馆以征集、保护藏品为重任，大部分藏品被束之高阁，长期给大众的印象是严肃、高贵，被贴上高雅艺术的标签，陷入"孤芳自赏"的被动处境，博物馆与大众之间的距离渐行渐远，也无法更好地履行传播文化、社会教育的使命。当代博物馆的任务是重塑自身价值，强化时代使命感与责任担当，除了维持传统的征集、保存、研究与展示功能外，更致力于满足多数观众的兴趣与需求。文化创意产品作为馆藏资源的衍生，蕴藏着文物的文化内涵和历史信息，借由文化创意产品，可以将博物馆的气质形象与文物相关的内容传达给大众。同时，结合创意设计和时尚潮流的文化创意产品突出了文物的当代价值，使馆藏文物活起来，走进千家万户。博物馆创意产品扮演着大众与博物馆之间的"桥梁"的角色，践行了"没有围墙的博物馆"这一理念，它所蕴含的意义不单是打破馆内馆外的空间限制，更是拉近历史与当代生活、重建物品与社会关联的载体，一如历史上这些物品曾经鲜活而有温度。把文化创意产品带回家，让观众真真切切地感受到博物馆与自己生活发生着关联，这正是与公众建立紧密联系、扩大博物馆社会化的重要途径。

三、博物馆最后一个展厅：公益事业的内在要求

文化创意产品开发经营是博物馆工作的有机组成部分，有助于更好地达成博物馆公共教育和文化传播职能。持续有效的传达和扩大社会影响，是当代博物馆的职责所在，博物馆藏品汇聚了中华传统文化中的精华，文化创意产品正是博物馆弘扬优秀传统文化的最佳载体。各种形式的文化创意产品将博物馆与民众生活相连接，将独特的参观体验渗透到日常生活中，观众与博物馆的交流仍在持续。

文创产品在生活中频频出现，也让更多潜在的参观人群了解认识博物馆，促进了博物馆文化传播功能的发挥；文化创意产品在社会教育目标上也发挥着重要作用，人们在驻足浏览和欣赏把玩文创产品的同时，历史、工艺、审美等知识在无形中传递，从这个意义上说，文创商店和博物馆展厅发挥着同样的作用，成为博物馆的展厅之一。公众选购文创产品的行为在一定程度上表达了对博物馆的认同和对参观体验的满意度，欣赏、把玩、挑选等活动为参观者的自我表达提供机会，增强了观众的主动性与参与感。总之，为博物馆商品买单的消费者越多，意味着博物馆文化传播的功能越强，博物馆普及文化知识的能力越深厚。开发多种品类和价位层次的文创产品，是拓展博物馆文化传播渠道，延伸博物馆教育功能的重要手段。

除了在公共教育和文化传播方面发挥着重大作用，文创产品经营所得可以提升博物馆自身的造血能力，为博物馆公益事业健康、可持续发展提供资金补充。目前大多数公立博物馆的运行经费仍然主要依赖政府拨款，来源单一，增量非常有限，不能满足长远发展的需要。面对资金困境，博物馆开发销售文化创意产品能获得一定的经济收益，对于解决事业发展资金困境、减轻对财政拨款的依赖具有现实意义。在文创产业方面起步较早的台北"故宫博物院"尤为注重授权行销，2016 年的授权及销售收入达 9.7 亿元新台币①，文创产品已成为台北"故宫博物院"重要的收入来源。北京故宫博物院于 2016 年研发文创产品 9170 种，带来了约 10 亿元人民币的收入。放眼世界知名博物馆，文创收入是博物馆资金来源的一大支柱，我国博物馆文创产品的市场潜力前景可期，对博物馆资金来源的贡献率有待进一步提升。

四、行业示范与借鉴：市场需求的应对之策

博物馆文创在中国尚处于起步探索的阶段，但从世界范围来看，国际知名博物馆在文化创意产品开发营销方面积累了丰富的经验，可为与文博创意产品相似

---

① 参见台北"故宫博物馆"官网，《台北"故宫博物院"2016 年年报》，https：//www. npm. gov. tw/Article. aspx？sNo＝02000050，访问日期：2018 年 8 月 20 日。

的旅游纪念品行业的蓬勃发展带来启发。面对当前经济供需失衡的问题，博物馆文化创意产品在供给侧结构性改革、应对新的消费需求方面意义深远。

(一)国际博物馆的文创运营示范

国外博物馆在文创产品经营方面有很多成功经验值得借鉴，世界知名博物馆如美国大都会艺术博物馆、英国大英博物馆、法国卢浮宫博物馆都非常注重文化创意产品的开发。大英博物馆为文化创意产品经营创立典范，早在1973年就成立了专门的产品公司，主要负责图书、零售和文化产品开发。目前大英博物馆设有4个固定商店，共3000平方米营业面积，商业经营收入已成为该馆最主要的收入来源，2016—2017年度营收1.48亿英镑。[1] 纽约大都会艺术博物馆也是世界上较早关注文化创意产品的博物馆之一，将博物馆的文创产品开发营销视为与收藏、研究、教育、展览同等重要的馆务工作。大都会博物馆商店2016—2017年度零售额达8454.7万美元，文创收入在大都会博物馆近年收入来源中始终保持第一、二位，为博物馆的正常运转和未来发展提供了稳定强大的资金支持。[2] 美国还创建了一个国际非营利组织——博物馆商店协会(MSA)[3]，MSA自1955年成立至今已吸纳2000多家世界各地的博物馆会员，致力于维护博物馆商店事业的整体利益，加强协会成员之间的交流与合作，提升相关从业人员的道德标准与职业技能，以更好地达成博物馆的使命与服务公众的目的。由博物馆商店协会主导的事务包括每年举办一次会议，为厂商会员和博物馆会员之间的合作搭建平台；提供会员广泛的销售网络，促成博物馆商品在国际的自由交易；广泛收集与博物馆商店业务相关的数据资料以供决策参考。

---

[1] 参见大英博物馆官网：《Report and accounts 2016—2017》，https：//www.britishmuseum.org/about_us/management/annual_reports_and_accounts.aspx，访问日期：2018年8月20日。馆方年报统计的此项指标包含售卖商品有偿服务、国际巡展以及大英博物馆有限公司等商业活动产生的利润。

[2] 参见大都会艺术博物馆官网：《Annual Report for the Year 2016—2017》，https：//www.metmuseum.org/about-the-met/policies-and-documents/annual-reports，访问日期：2018年8月20日。

[3] 参见美国博物馆商店协会官方网站：https：//museumstoreassociation.org/about，访问日期：2018年8月20日。

（二）旅游购物的独特纪念品

我国目前拥有 4000 多座各种类型的博物馆，随着旅游行业的充分发展，博物馆以其独特的资源优势成为文化旅游的必到之处。旅游过程中必然发生相关的消费行为，包括吃、住、行、游、购、娱等方面，其中旅游购物是旅游消费中最具潜力的一个组成部分。人们在旅游时，都希望能够带回一些特色鲜明、精巧便携、物美价廉的纪念品，富有地方特色和民族特色的纪念品具有极高的珍藏价值，作为出行的见证可时时唤醒某次出行记忆。我国旅游业发展迅猛，旅游纪念品经营模式相对成熟，积累了诸多宝贵的经验和开发运营技巧。博物馆收藏是一个地域特色文化的集中展示，文化创意产品同样具有珍藏、纪念的功能，开发博物馆创意产品可以更好地满足旅游者的购物需求，消费者为了纪念出行、赠送亲朋或收藏把玩等目的购买产品，从而"把博物馆带回家"。博物馆创意商品以其深刻的文化内涵、个性创意、工艺审美等价值，成为旅游纪念品中的优质之选，博物馆的文化产品销售到哪里，博物馆的品牌形象就将被传播到哪里。

（三）新的消费需求与应变

随着经济持续增长，人们在满足了基本生活需求后对文化生活的消费追求日渐增长。按照国际经验，当人均 GDP 超过 3000 美元时，人们对精神文化产品的消费需求往往大幅攀升。国家统计局数据显示，2017 年中国人均 GDP 达到 5.966 万元（约 8696 美元）。从恩格尔系数来看，近几年我国城乡居民恩格尔系数均呈明显下降趋势，2017 年恩格尔系数为 29.3%，比上年下降 0.8 个百分点。[1] 恩格尔系数下降反映了我国居民消费结构的升级改善，大众对文化产品的消费需求不断增加。

消费需求变动的另一基础是消费主体的变化，主要体现为"消费新贵"的崛起，"80 后""90 后"人群逐渐成为消费主力。不同的成长背景催生不同的消费需求，生于 1980—1999 年的人群从小生长于社会稳定、科技进步、文化繁荣、经济持续发展的大环境中，在消费理念上与其父母一代有着显著差异，消费偏重于

---

①　参见中华人民共和国国家统计局：《中华人民共和国 2017 年国民经济和社会发展统计公报》，中国统计出版社 2018 年版。

娱乐休闲行业，更加追求个性化与精神享受。今日的消费不仅追求理性实用，而且期望能引发情感上的共鸣与交流。美国著名消费心理学家刘易斯和布里格在《新消费者理念》中，提出新消费者区别于传统消费者的最大特征在于寻求真实感、个性化、参与感、独立自主、消费知识等。① 当前中国经济发展正面临"供需错位"，供给体系与需求侧配套失衡，这对博物馆文创产品研发提出了现实要求和挑战。大力挖掘博物馆馆藏资源，推动文博创意产品研发，有利于从供给侧优化供需关系，用更多高品质的文化创意产品满足大众的消费需求，在培育新的经济增长点的同时，提高公共文化服务质量。

博物馆虽为"非营利"机构，但并不排斥经营活动。博物馆开发经营文化创意产品以取得社会效益和实现博物馆使命为宗旨，经营收益用于开展公益事业，以此为前提的博物馆经营活动不仅没有损害博物馆的公益性质，相反有利于博物馆公益事业的可持续发展。博物馆在历史演进中不断推进社会化，在开放程度上经历了私人秘藏阶段、向社会上层开放阶段、向社会公众开放阶段，在工作重心上经历了以藏品保护为中心到以教育研究为中心，再到以观众为中心的推进过程，以馆藏资源为底蕴的文化创意产品作为沟通观众与博物馆的桥梁，沿袭并发扬了博物馆社会化的演进趋势，借助文化创意产品，"没有围墙的博物馆"得以进一步实现。文创产品有助于更好地达成博物馆的公共教育和文化传播职能，经营收益可以提升造血能力反哺博物馆公益事业，因而文创产品供给也是博物馆工作的内在组成部分。世界知名博物馆的探索和实践为我们提供了很多值得借鉴的经验，旅游等相关行业的做法亦具有启发意义。文创产品供给成为新时期检验博物馆应变力与吸引力的重要指标，当代博物馆应以开放的心态应对社会变化，以人的需求和体验为中心，开发更为丰富的博物馆文化创意产品。博物馆要可持续健康发展，必须改变固守陈规的观念，吸纳新要素新模式，注入新鲜血液，以适当的经营活动反哺公益事业，实现社会效益最大化，使博物馆进入持续良性发展的新阶段，充分发挥文化遗产在经济社会发展中的积极意义。

---

① ［美］戴维·刘易斯、［美］达瑞恩·布里格著，江林、刘伟萍译：《新消费者理念》，机械工业出版社 2002 年版，第 25 页。

第三节 博物馆夜游：内生动力与文化逻辑

近年来我国夜间经济蓬勃发展，预计 2022 年夜间经济市场将突破 40 万亿元大关；① 但也存在文化内涵缺失、产品供需匹配失衡、夜间文化消费不足等市场缺陷。夜间开放博物馆等文化场所，是弥补夜间经济市场缺陷的有益举措。通过博物馆夜游探索文旅融合的路径，其内在的文化逻辑是什么？积累了哪些有效的实践经验？这是本书要解决的核心问题。

1997 年德国柏林首次举办"博物馆之夜"以来，至少已有 30 多个国家、2000 多座博物馆开展夜间活动，② 常态化夜间开放已在卢浮宫、大英博物馆等著名博物馆形成惯例。在英国，"夜间文化"指 17 点后在博物馆、画廊、图书馆、遗产地进行的活动，③ Schaller 认为博物馆之夜是在深夜举行的主题活动，具有分布式的特点；④ Mavrin 指出博物馆夜游包括展览、讲座、放映、工作坊、时装秀等活动，目的是吸引观众。⑤ 本书论述的"博物馆夜游"（Museum Night Tour），是指博物馆从 17 点到次日 8 点向公众开放，以满足公众休闲娱乐为目的，以举办各类主题活动和定期常态开放两种形式为主的夜间运营模式。

以"Museum Night""Lange Nacht der Museen""Museum Lates"为关键词，国外研究集中在供需两侧。一方面在需求侧：一是分析夜游观众的人口结构。女性、年轻人及 Y 世代消费者（1982—2002 年出生的中青年观众）更倾向参与夜游活动，且吸引具有大学学历、对艺术文化感兴趣的观众，而劳动群体在工作日很难参观博物馆。二是揭示夜游观众的参与动机。如休闲放松、参与专题活动、陪伴亲友

① 艾媒产业升级研究中心：《2019—2022 年中国夜间经济产业发展趋势与消费行为研究报告》。

② 步雁：《博物馆夜间开放模式的尝试与探索》，《文物世界》2014 年第 6 期。

③ Stockman N. An International Culture of Lates. Winston Churchill Memorial Trust & Culture24, 2018.

④ Schaller R, Harvey M, Elsweiler D. Out and About on Museums Night: Investigating Mobile Search Behaviour for Leisure Events, 2012.

⑤ Mavrin I, Glavaš J. The Night of the Museums Event and Developing New Museum Audience-Facts and Misapprehensions on a Cultural Event. Interdisciplinary Management Research, 2014: 10.

等，且观众对夜游的期望与白天不同，夜间更期望平静心情和放松休闲。三是研究夜游观众的行为、活动偏好和态度。Gordin 认为博物馆夜游对观众在获取新知识、改善情绪状态、增强社区归属感等行为上具有积极影响，① Doxanaki 提出夜游活动有助于观众重复访问。② 另一方面在供给侧：一是探讨博物馆开展夜游的目的。博物馆通过休闲和体验活动能进一步提升教育功能，③ 也能为公共文化服务带来新的启示。④ 二是分析夜游对博物馆的积极影响。夜游能吸引非传统受众参与，增加新观众，尤其是工作群体⑤⑥，此外，夜游还具有提高博物馆知名度⑦、激发创意、拓展传统文化空间、加强合作交流⑧、增强社区凝聚力⑨等社会功能。三是研究夜游的问题及弊端。博物馆夜游面临损坏藏品、缺乏工作人员等挑战。⑩

近年来国内部分博物馆也开始尝试夜间开放。2019 年，上海 14 家博物馆、广东省 8 家博物馆、中国国家博物馆、陕西历史博物馆等相继开放暑期夜场，为我国常态化夜间开放博物馆奠定了实践基础。博物馆夜游不仅为工作群体提供了

---

① Gordin V, Dedova M. Cultural Innovations and Consumer Behaviour：the Case of Museum Night. International Journal of Management Cases, 2014, 16(2).

② Doxanaki A, Dermitzaki K, Tzortzi K, et al. Experiencing a Museum After Dark：The Practice of 'Lates' in the Industrial Gas Museum of Athens. Strategic Innovative Marketing and Tourism, 2020.

③ Mencarelli R, Marteau S, Pulh M. Museums, Consumers, and on-site Experiences. Marketing Intelligence & Planning, 2010：28.

④ Mariya D. Development of Public Cultural Services Management：Study of the Night of Museums. Current Trends in Public Sector Research, 2014：21.

⑤ Evans G. Hold Back the Night：Nuit Blanche and All-night Events in Capital Cities. Current Issues in Tourism, 2012, 15(1-2).

⑥ Leask A, Fyall A, Barron P. Generation Y：Opportunity or Challenge-strategies to Engage Generation Y in the UK Attractions'sector. Current Issues in Tourism, 2013, 16(1).

⑦ Komarac T. The Role of Special Event in Attracting Museum Visitors and Popularizing Museums. Tourism in Southern and Eastern Europe, 2019：5.

⑧ Gordin V, Dedova M：Cultural Innovations and Consumer Behaviour：The Case of Museum Night, International Journal of Management Cases, 2014, 16(2).

⑨ Jiwa S, Coca-Stefaniak J A, Blackwell M, et al. Light Night：An "Enlightening" Place Marketing Experience, Journal of Place Management and Development, 2009.

⑩ Komarac T. The Role of Special Event in Attracting Museum Visitors and Popularizing Museums. Tourism in Southern and Eastern Europe, 2019, 5.

新的夜间休闲选择，还能满足公众对新时代美好生活的向往①以及"80后""90后""消费新贵"的文化消费需求，② 是文旅融合时代的新业态。

一、博物馆夜游的文化热潮与内在逻辑

夜间经济的文化源流可追溯到20世纪末的欧洲。1989年芬兰赫尔辛基开启的艺术之夜(Night of the Arts)，是一项在不同城市环境中展示文化的夜间活动，每家画廊、博物馆和书店都营业到午夜。③ 1997年德国柏林"博物馆之夜"扩大了夜游文化活动的影响，学界普遍以其作为兴起标志。随着2006年电影《博物馆奇妙夜》的热播，全球迅速掀起了夜游文化潮流，多个国家的博物馆在夜间打开大门，上演真实世界的"博物馆奇妙夜"。

(一)滥觞：德国柏林"博物馆之夜"

德国柏林"博物馆之夜"(Lange Nacht der Museen)是一项旨在吸引公众在闲暇时间走进博物馆的夜间文化休闲活动。1997年柏林市政府率先在柏林国家博物馆④13家博物馆中启动，现已有近百家博物馆加入，活动每年在1月和8月最后一个周六举办，成为固定的文化节日。活动当晚，博物馆从下午6点至次日凌晨2点开放，门票18欧元，12岁以下儿童免费，学生、柏林通行证持有者、志愿者和残疾人士享有折扣，观众购买一张门票便能畅游各馆;⑤ 活动线路设有专线交通，从下午3点运行至凌晨5点;博物馆之夜会开放所有展厅，推出文艺演出、文物修缮等丰富活动，这也是公众偏好在博物馆之夜集中参观的重要原因。

---

① 项久雨:《新时代美好生活的样态变革及价值引领》,《中国社会科学》2019年第11期。

② 龚舒、肖波:《论博物馆文化创意产品供给的渊源与动力》,《中国文化产业评论》2020年第28期。

③ Linko M, Silvanto S. Infected by Arts Festivals: Festival Policy and Audience Experiences in the Helsinki Metropolitan Area. The Journal of Arts Management, Law, and Society, 2011, 41(4).

④ 柏林国家博物馆(Staatliche Museen zu Berlin, SMB)是一家大型综合博物馆机构，包含柏林博物馆岛、柏林文化广场、夏洛腾堡、达勒姆及科佩尼克区5个区域内的17家博物馆以及相关研究机构、图书馆及配套设施，是欧洲目前最大的综合博物馆机构。

⑤ 参见德国柏林"博物馆长夜"官网, https://www.lange-nacht-der-museen.de/ueber-uns。

(二)蔓延：欧洲腹地的夜游潮流

"博物馆之夜"的影响范围迅速覆盖整个欧洲。2005 年活动被提升为"欧洲博物馆之夜"，得到联合国教科文组织、欧洲委员会和国际博物馆协会等多方赞助，每年定期举办一次。文化夜游潮流在欧洲蔓延开来。法国于 1999 年举办第一个"博物馆之夜"，5 月第三个周六晚上从 6 点持续到凌晨 1 点，每年吸引百万余人免费参与；法国还孕育了另一个类似项目，2002 年巴黎市长发起"白色之夜"(Nuit Blanche)活动，旨在促进和推广当代艺术的创意之夜，让观众从不同的角度看待城市。① 英国于 2001 年在维多利亚与阿尔伯特博物馆举办首场夜间活动，后由 Museum At Night(英国博物馆夜游活动的官方机构)、慈善机构 Culture24 共同开展夜游活动，2009 年至 2018 年共有 2555 家文化机构登记 18198 次夜场活动，范围辐射全国，如利物浦 50 多家文化机构提供免费的光影展、夜宴狂欢活动；据英媒报道，伦敦正在筹建英国首个 24 小时博物馆，推动夜场活动产业化将成为英国博物馆未来发展的重要方向。荷兰阿姆斯特丹在 2001 年开展首届博物馆之夜，此后每年 11 月第一个周六晚上举办，开放至次日凌晨 2 点，2003 年成立的博物馆之夜基金会是主办活动的常设机构，活动每年平均吸引 50%的新观众，2/3 的观众来自阿姆斯特丹大区，3/4 的观众为 18 岁至 35 岁的年轻人。② 俄罗斯莫斯科和圣彼得堡分别在 2007 年和 2008 年加入"欧洲博物馆之夜"，莫斯科政府给予资金支持并建立网站进行宣传，如今早已超出博物馆范畴，剧院、公园等文化机构纷纷加入；③ 圣彼得堡的 40 多家博物馆、剧院等文化机构每年联合举办"艺术之夜"，是其发展公共文化服务的重要依托。意大利于 2009 年举办文化遗产夜间活动，全国主要文化场所在 5 月 16 日晚 8 点至 12 点开放，重点保护场所收取 1 欧元门票，其余免费开放，同时开设官网发布 199 处文化场所的夜游信息。④

---

① Evans G. New Events in Historic Venues: a Case of London. Rivista di Scienze del Turismo-Ambiente Cultura Diritto Economia, 2010, 1(2).

② 杨晓龙：《阿姆斯特丹："博物馆之夜"成年度盛事》，《中国文化报》2013 年 12 月 3 日。

③ 杨秋：《聚焦"博物馆之夜"》，《中国文物报》2017 年 7 月 4 日。

④ 马赛：《意大利"博物馆之夜"人气旺》，《光明日报》2015 年 5 月 19 日。

　　"博物馆之夜"由当地文化主管部门、文化策划公司或行业协会主办，由各大博物馆承办，在每年固定晚间举行，活动持续一天或连续几天，并开放到次日凌晨，推出丰富多元、具有较强娱乐性和体验性的文化活动，现已成为欧洲极具特色的夜间文化盛宴。（见表 2-2）

表 2-2　欧洲各地"博物馆之夜"活动

国　家	城　市	时　　间	网　　站
德国	柏林	1 月和 8 月最后一个周六	https://www.lange-nacht-der-museen.de/
	汉堡	4 月最后一个周六开始，持续 8 晚	https://www.langenachtdermuseen-hamburg.de/
	慕尼黑	8 月最后一个周六	https://www.muenchner.de/museumsnacht/
法国	全国	5 月第三个周六	https://nuitdesmusees.culture.gouv.fr/
英国	全国	10 月 31 日—11 月 2 日	https://museumsatnight.org.uk/
俄罗斯	莫斯科	11 月 3 日	https://gallerix.asia/pr/noch-iskusstv-v-muzee-moskvy_1/
	圣彼得堡	11 月 3 日	http://www.artnight.ru/
比利时	布鲁塞尔	2 月最后一个周六或 3 月首个周六	https://www.museumnightfever.be/en/
奥地利	维也纳	10 月首个周六	https://www.visitingvienna.com/entertainment/events/night-of-the-museums/
荷兰	阿姆斯特丹	11 月首个周六	http://museumnacht.amsterdam/
塞尔维亚	贝尔格莱德	6 月 7 日—6 月 8 日	http://www.nocmuzeja.rs/
捷克	布拉格	6 月第二个周六	https://www.prazskamuzejninoc.cz/

资料来源：作者根据各博物馆官网资料汇总

（三）盛行：大洋彼岸的文化共舞

博物馆夜游潮流在 2002 年涌入美洲、澳洲等地。2004 年阿根廷布宜诺斯艾利斯成为第一个加入"博物馆之夜"的美洲城市，每年 11 月的周末举办，190 余座博物馆和文化中心从晚上 8 点至凌晨 2 点全部免费开放，并提供免费交通；[①] 阿根廷圣达菲、拉普拉塔、乌斯怀亚也分别在 2011 年、2012 年、2016 年加入。2006 年起美国华盛顿史密森国立自然历史博物馆会每年夏季举办"在史密森过夜"活动；纽约每年夏天举办"博物馆一英里（Museum Mile）"活动，曼哈顿第五大道上的博物馆免费向公众开放，每年吸引上万人参与。[②]

（四）文化逻辑：文化资本与夜间经济的互惠共融

文化资本是解释博物馆夜游活动的基础理论。基于对马克思资本理论的社会解读，法国社会学家皮埃尔·布尔迪厄于 1973 年提出文化资本理论，解析文化资源转换为社会经济价值的普遍规律。他认为文化资本是与经济资本、社会资本并列的资本形态之一，具体表现为身体化（嵌入于个体精神和身体中的习性、技能、修养等）、客观化（指书籍、文物等物质性文化财富）和制度化（学历文凭、资格证书）三种形态，[③] 并可以通过一定方式转化为经济资本（图 2-7）。文化资本具有"资本"的基本特征：累积性和获利性，即通过一定时间进行积累，被投资于具有获利的生产活动才成为资本；可通过创新文化体制、创造文化产品等生产活动实现文化资本向经济资本的转化；[④] 文化资本具有"价值增量效应"，被赋予产业、品牌、社会等多元价值，能有效衡量国家和地区文化产业的发展水平。

---

① Elías S, Leonardi V. Museum Night in Buenos Aires City in the Framework of Cultural Tourism: an Impact Approach. International Journal of Scientific Management and Tourism, 2018, 4(1).

② 郑奕：《博物馆教育活动研究》，复旦大学出版社 2015 年版。

③ ［法］布尔迪厄著，包亚明译：《文化资本与社会炼金术——布尔迪厄访谈录》，上海人民出版社 1997 年版，第 189 页。

④ 傅才武、岳楠：《论中国传统文化创新性发展的实现路径——以当代文化资本理论为视角》，《同济大学学报（社会科学版）》2018 年第 29 期。

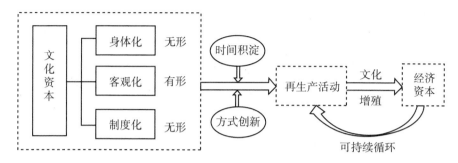

图 2-7　文化资本的经济转化过程

经历漫长的历史积累，各国沉淀了特有的、不可替代的文化资本。博物馆作为承载国家文化资本的社会主体，通过夜间开放、举办夜游等再生产活动，激发公众参与文化消费的深度、广度和多样性，能充分发挥其文化资本的"价值增量效应"，形成新的消费增长点，进而实现文化增殖，促进经济增长。博物馆夜游是文化资本利用方式的一种创新，带来门票、广告、餐饮、夜宿、文创等新的经济机遇，如 2018 年纽约市文化艺术部门在夜间提供了 18300 个工作岗位，产生8.04 亿美元的工资和 31 亿美元的直接经济溢出；[①] 博物馆夜游还能带动交通、餐饮、购物等一系列消费活动，促进经济资本增长。反之，经济资本的积累为文化资本的再生产活动提供支撑，夜游能让博物馆发挥自身的"造血"功能，实现可持续发展。

二、博物馆夜游的管理类型与表现形式

随着夜间经济和博物馆行业的深入发展，博物馆夜游的实践模式呈现出多元化，不同创意形式给观众带来的新奇体验，唤醒博物馆夜游的巨大潜能，同时为我国博物馆夜游提供了经验参考。

（一）时间的艺术：博物馆夜游的管理类型

经过二十多年的实践，博物馆夜游形成了文化节日型、延长时间型、专项活

---

① 报告 NYC's Nightlife Economy，参见 https：//www1.nyc.gov/assets/mome/pdf/ESI-NYCEDC-Nightlife-Report-2018.pdf，访问日期：2020 年 9 月 20 日。

动型三种管理模式。文化节日型通常指在每年固定的节假日举行的博物馆夜游活动，如法国、意大利、葡萄牙等国的博物馆、历史遗迹在每年国际博物馆日举行夜间活动，雅典卫城博物馆在世界旅游日当天下午5点至10点免费开放。在西方重要传统节日，博物馆会推出与节日主题相关的夜间活动，如2020年大英博物馆在线上举办圣诞主题的博物馆之夜。

延长时间型是在每周或每月的固定夜晚延时开放，形成常态化的夜间开放制度。世界四大博物馆均形成了固定的延时开放制度，法国巴黎卢浮宫每周三、周五延时至21:45，英国伦敦大英博物馆每周四、周五延时至20:30，俄罗斯圣彼得堡艾尔米塔什博物馆每周三、周五延时至21:00，美国纽约大都会艺术博物馆周五、周六延时至21:00(见表2-3)。

表2-3 世界著名博物馆常态化夜间开放制度

国家	博 物 馆 名	延长开放时间
法国	Louvre Museum 巴黎卢浮宫	周三、周五 9:00—21:45
英国	The British Museum 伦敦大英博物馆	周四、周五 10:00—20:30
德国	Pergamon Museum 佩加蒙博物馆	周四 10:00—20:00
	Alte Nationalgalerie 旧国家画廊	周四 10:00—22:00
意大利	Museo Egizio 都灵埃及博物馆	周二至周日 8:30—19:30
	The Uffizi Gallery 佛罗伦萨乌菲齐美术馆	周二至周日 8:30—19:00
	Museo Archeologico Nazionale 那不勒斯国家考古博物馆	除周二 9:00—19:30
荷兰	Van Gogh Museum 梵高美术馆	周五 10:00—22:00
	Stedelijk Museum Amsterdam 阿姆斯特丹市立博物馆	周五 10:00—22:00
俄罗斯	Зимний Дворец 圣彼得堡艾尔米塔什博物馆	周三、周五 10:30—21:00
	Государственный Исторический Музей 莫斯科国家历史博物馆	周四、周日 11:00—20:00

续表

国家	博物馆名	延长开放时间
俄罗斯	Государственный Русский Музей 俄罗斯国家博物馆	周四 13:00—21:00
美国	Metropolitan Museum of Art 纽约大都会艺术博物馆	周五、周六 10:00—21:00
	The Museum of Modern Art 纽约现代艺术博物馆	周五 10:30—20:00
	Museum of Fine Arts Boston 波士顿美术博物馆	周三至周五 10:00—21:45

资料来源：作者根据各博物馆官网资料汇总

专项活动型是指举办专题活动吸引游客参加的夜游类型。一是夜宿活动，以亲子互动或孩子探索项目为主，在馆内搭建的帐篷里过夜，通常需支付费用，如电影《博物馆奇妙夜》取景地美国自然历史博物馆提供"博物馆里的一夜"活动，包含夜间导览、晚餐、工作坊、蓝鲸模型下入睡等项目，此外还会开展以香槟和爵士演奏为亮点的成人趴等夜宿活动；二是专项主题活动，专题内容是吸引观众参与博物馆夜游的关键因素，[1] 如维多利亚与阿尔伯特博物馆以未来人与宠物的关系为主题，开展摄影、讲座、表演等活动，吸引大量观众参与；三是文化艺术教育活动，博物馆通过在夜间举办艺术培训、电影放映、藏品讲解等方式吸引观众；四是歌舞活动，将歌舞娱乐融进博物馆，维多利亚与阿尔伯特博物馆在每次夜游活动后，会推出静音迪斯科；五是晚会聚餐，博物馆夜间举办高级晚会、聚餐，吸引重要会员和年轻人参与；六是角色扮演活动，如悉尼生活博物馆再现悉尼历史上著名的聚会，观众可穿着古典服饰扮演各种角色。

(二) 空间的诗学：博物馆夜游的表现形式

西方博物馆在夜游的表现形式上同样富有创意，主要体现为：一是拓展空间，夜游会局限于场馆之内，如英国海德公园中心的蛇形画廊通过布置户外装置

---

[1] Easson H, Leask A. After-hours Events at the National Museum of Scotland: a Product for Attracting, Engaging and Retaining New Museum Audiences. Current Issues in Tourism, 2020, 23(11).

艺术，形成独特的夜间盛宴，遗址类综合博物馆可考虑在户外部分开展夜间游园活动;① 二是多元组合，英国自然历史博物馆每月举办一次主题综合夜游活动，综合活动里包含若干小型活动，观众可自由选择;三是虚实结合，受疫情影响，大英博物馆在 2020 年圣诞节当晚举办线上侦探主题的"博物馆之谜"活动;四是融会通感，在夜间参观博物馆，视觉效果被弱化，其他器官的感知得以放大，如柏林画廊邀请盲人触摸和感受"非洲达达艺术"展，② 无论是残障人士还是普通人，都感受到博物馆之夜的魅力。

三、借鉴之道：我国博物馆夜游的拓新路径

2017 年以来，我国多地出台夜间经济政策，鼓励"博物馆、美术馆等文博机构延时开放"。2019 年故宫博物院举办"紫禁城上元之夜"活动，引发持续关注;北京、上海、广州、武汉等地 50 余家博物馆进行夜场试点，彰显出文旅融合新业态的生机与活力。同时凸显出多种发展瓶颈：夜间文物与人身安全风险加剧，资金周转困难，人力、设施资源短缺，政策、管理、创新、推广等机制实施不畅。他山之石，可以攻玉。参考国际经验，可考虑以政府规划为总揽、以完善夜间服务为保障、以实现博物馆夜游高质量发展为目标，推动我国博物馆夜游的持续健康发展。

（一）政府牵头：推行博物馆夜游新理念

一是规划试点并行。试点博物馆夜游时宜遵循"天时、地利、人和"的原则，如柏林市政府规划实践选择在博物馆岛集群地举办;地处高纬度的欧洲城市选择在白昼较长的夏季夜间开放;卢浮宫考虑工作群体选择在周五开放夜场。博物馆可灵活选择在暑期、周末、法定节假日等时间延时开放。二是设立"夜间区长"。国外夜间经济设有夜间区长和夜生活首席执行官制度，统筹夜间经济发展。如荷兰阿姆斯特丹设有夜间市长，并举办全球夜间市长峰会。我国可设立夜间区长，

---

① 陈履生：《博物馆之美》，广西师范大学出版社 2020 年版，第 230 页。
② 杨秋：《聚焦"博物馆之夜"》，《中国文物报》2017 年 7 月 4 日。

负责协调区域内夜间文化活动，予以激励、指导和监督。三是搭建信息平台。欧洲建有国家性或区域性的博物馆活动平台，将所有文博机构的夜场信息进行整合以扩大影响力，如面向全国范围的 https：//nuitdesmusees.culture.gouv.fr/（法国）、https：//museumsatnight.org.uk/（英国），面向城市范围的 https://www.lange-nacht-der-museen.de/（柏林），观众可查询相关信息，一站式购票。

（二）完善保障：营造博物馆夜游新环境

自 2008 年免费开放以来，我国大部分国有博物馆主要依赖财政拨款，资金来源单一，夜间开放将带来人力、能耗等运维成本的增加，博物馆经费拮据问题雪上加霜，政府需对夜游给予必要的资金支持，促进夜间开放常态化。博物馆也应探索多元经济支撑，如对外出租空间，联合企业举办夜间活动，如纽约大都会博物馆"主席捐赠"，企业每年可在馆内举办两场晚会;① 或植入产品广告，博物馆夜宿可与帐篷、洗漱、餐饮等企业合作，让观众在活动中体验产品，广告费则可反哺活动，实现互惠共赢。

此外还应加强人才、宣传、交通等方面的保障。一是培育创意人才。夜间开放博物馆需要更多创意灵感，英国 Culture24 建议：每年或每半年举行一次研讨会，讨论热点问题和探索新方案；也可借鉴故宫文创模式,② 重视基层创意和顾客反馈，共同创新夜游形式。二是强化信息宣传。如欧洲博物馆之夜在 Facebook、Twitter 上开通账号进行宣传，奥地利广播集团将夜游广告宣传到巴士背景上；国内可在微博、抖音等平台上开设宣传账号，或在美团、携程等平台上开通博物馆夜游专栏。三是开通巴士专线。柏林公交系统辅业涉及博物馆、旅游、门票代售等领域，5 欧元能乘坐十条巴士线参观多个博物馆。国内博物馆可尝试在国际博物馆日、夏季夜间开放高峰以及节假日设立连接各博物馆的公交专线，保障出行便利。

---

① 郑奕：《聚焦博物馆的社交性和社交空间 提升机构公共文化服务能力》,《国际博物馆(中文版)》2017 年第 2 期。

② 向勇：《故宫文创：传承优秀传统文化的先锋实验》,《人民论坛》2019 年第 9 期。

（三）提档升级：迈向高质量发展新征程

一是营造社交空间。如纽约鲁宾艺术博物馆设计了含有餐饮店的中庭，为夜间休闲活动提供场地。博物馆可从硬件入手，提升馆内环境的舒适度，为观众营造更加休闲的开放型社交空间。二是尝试"APP+博物馆"。2019年爱彼迎与卢浮宫联合推出"夜游卢浮宫"之旅，定制夜间私人观展，还在玻璃金字塔建成30周年之际推出可夜宿的"迷你金字塔"。国内顶级IP博物馆可尝试这一做法，与爱彼迎、携程等APP合作，推出高端定制夜游项目。三是倡导品牌先行。英国自然历史博物馆打造的"恐龙陪睡"品牌，既是大型夜间变装趴，也是大厅露营的夜宿活动，还衍生了恐龙造型的睡衣、卫衣等文创产品。博物馆根据自身特色打造品牌IP，是提升博物馆夜游影响力的有效举措。

"博物之君子，其可不惑焉。"作为提供知识、教育和欣赏的文化教育机构，博物馆有责任引导公众提升对生活品质和对美学的认知，让主动参与博物馆夜游成为一种新的生活方式。国际上著名博物馆的夜间开放制度和"博物馆之夜"活动所产生的社会经济效益，充分展现了文化资本与夜间经济互惠共融、互利共生的关系，其成熟的实践管理模式和创意表现形式为我国博物馆夜游发展提供了参考。通过政府、博物馆、企业的共同努力，博物馆夜游将为城市夜间经济点亮文化之光。

第四节　法人治理：以伯明翰博物馆联盟为例

随着我国博物馆事业的快速发展，创新博物馆管理制度、探索建立健全法人治理结构提上议事日程。2005年颁布的《事业单位登记管理暂行条例实施细则》首次提出"法人治理结构"的概念，随后进行了一系列的政策探索，并在党的十八大以后将之写入系列重要文件。2017年3月1日正式实施的《公共文化服务保障法》第二十四条规定："国家推动公共图书馆、博物馆、文化馆等公共文化设施管理单位根据其功能定位建立健全法人治理结构，吸收有关方面代表、专业人士和公众参与管理。"在文物博物馆行业，基金理事会制度是实现法人治理结构的重要方式。博物馆基金会是现代非营利公益事业广泛采用的资金管理制度，通过募集资金、管理与投资资金来资助博物馆发展。① 近年来，我国大力推行博物馆理事基金会制度，但在实践中存在如权力责任不明、执行能力较差等问题，成效尚不明显。

如何有效推进文物博物馆单位的法人治理结构？如何通过现代治理激发文博单位的内生动力和发展活力？如何更好地促进文化遗产事业与经济社会发展融合？这是进一步让文物活起来、探索符合国情的文物保护利用之路的关键问题。除了大英博物馆、卢浮宫、大都会等世界顶级博物馆之外，大中城市的博物馆如何生存发展？什么样的模式具有更广泛的学习借鉴价值？这是笔者特别关注的问题。英国在文化遗产保护利用领域积累了较多的经验，本书以伯明翰博物馆基金会为例，探讨其对于我国博物馆法人治理结构的借鉴意义。

在文化遗产事业走在世界前沿的英国，中央政府负责制定政策及非全额财政拨款，博物馆管理的具体事务多由非政府公共文化机构负责执行，以慈善信托形式存在的民间社团组织在英国文化遗产事业中起着重要作用。根据英国的相关规定，博物馆必须挂靠在一个公共慈善机构下，所以英国的博物馆几乎都是由慈善机构和基金会负责管理运营。伯明翰博物馆基金会是目前英国规模最大的博物馆慈善信托基金会，负责管理经营伯明翰市内的 9 家文物单位。该基金会于 2012 年在伯明翰市政议会的支持下正式成立，作为一个独立的慈善机构，其主要资金来源于伯明翰市政议会和英格兰艺术委员会。虽然成立时间不长，但该基金会已在运营方面取得明显成效。该基金会盘活了伯明翰市不同类型的 9 处文化遗产，培育了一批热爱文化的会员，建立了多元的经费来源渠道，实现了文化遗产群的良性持续发展。目前，其年收入的 60% 来自多元运营，包括门票、会员费、捐赠、租赁、赞助及商业活动等。② 理事基金会制度不仅增强了博物馆文物单位自身造血能力，更重要的是通过该制度的运作，加强了文化遗产的社会教育功能和影响力，使文化遗产更加深入社会生活。因此，伯明翰博物馆基金会的经验对于

---

① 朱琰、吴文卓：《国外文化遗产基金制度及其借鉴》，《东南文化》2016 年第 4 期。

② 伯明翰博物馆基金会网站，http://www.birminghammuseums.org.uk/about/our-organisation，访问日期：2018 年 5 月 11 日。

我国文博事业单位理事会制度的建立与完善具有一定借鉴意义。

一、组织架构：法人治理的公益性与专业性

理事会制度将博物馆的管理权与所有权分离，是事业单位法人治理结构的重要组成部分和有效实现方式。法人治理结构的概念最早源于公司治理，其前提是公司所有权与控股权的分离，核心是"委托—代理"形式，目的是通过一系列制度设计和组织规范形成利益的分配与制衡。事业单位投资人的"虚化"，使事业单位法人必须采用代理人协商制度，法人治理结构中的理事会制度显然是合适的。① 企业法人和事业法人的不同之处在于是否以资本利益为纽带，是否以营利为基本目标。在公司治理中，强调所有者权益的实现，股东参与利益分红，获取利润是其终极目的。但事业法人由公共财政支持，公共利益是其基本立足点，这就决定了文化事业单位不是依靠利益驱动，而是责任驱动，既要履行政府要求文化事业单位承担的职责，又要致力于满足公众的基本文化需求。因此，文化事业单位法人治理结构是建立在服务原则和公共利益基础上的一种新型治理模式。② 事业单位如何实现法人治理结构？在实践探索的过程中，理事会制度被认为是行之有效的方式。

我国近年来在试点的基础上大力推行理事会制度。2011年，国家文物局发文："公共博物馆纪念馆要逐步实行理事会决策、馆长负责的管理运行机制。" 2013年，党的十八届三中全会提出："推动公共图书馆、博物馆、文化馆、科技馆等组建理事会，吸纳有关方面代表、专业人士、各界群众参与管理。"③2015年3月，我国《博物馆条例》正式实施，各大国有博物馆如云南省博物馆、广东省博物馆、河南省博物院、湖南省博物馆等，相继成立理事会。2017年中宣部、文化部等7部门联合印发《关于深入推进公共文化机构法人治理结构改革的实施方案》，倡导吸纳有关方面代表、专业人士、各界群众参与管理，落实法人自主权，

---

① 王千华、王军：《公共服务提供机构的改革——中国的任务和英国的经验》，北京大学出版社2010年版，第39页。

② 李媛媛：《新时代深化文化事业单位法人治理结构改革的政策难点与对策建议》，《国家行政学院学报》2017年第6期。

③ 《中共中央关于全面深化改革若干重大问题的决定》，《人民日报》2013年11月16日。

推动博物馆等公共文化机构以理事会形式实现法人治理。

　　博物馆的理事会成员包括博物馆工作人员及社会人士，主要职责是确保博物馆社会公益属性，制定并监督博物馆章程的实施，广泛吸引社会力量参与公益事业。理事会的主要任务是决策与监督，主持制定并审议批准博物馆章程及博物馆主要业务活动原则，制订并批准博物馆规划，听取博物馆管理层对年度工作计划的执行情况，决定博物馆主要人员的聘用，决定博物馆工作人员的薪酬和激励方法等。① 根据2011年发布的《中共中央国务院关于建立和完善事业单位法人治理结构的意见》："建立健全决策监督机构，决策监督机构的主要组织形式是理事会，也可探索董事会、管委会等多种形式。理事会作为事业单位的决策和监督机构，依照法律法规、国家有关政策和本单位章程开展工作，接受政府监管和社会监督。"博物馆理事会应当具有决策监督功能。但是由于我国博物馆实行事业单位管理体制，尚未实现独立的法人治理，在人事和财政制度等方面的管理比较僵化，并且理事会功能、职责与博物馆管理层重叠，各自职权责任没有明确划分，理事会对博物馆的人事任免和资金筹措使用的权限缺乏明确界定，理事会并没有发挥其真正作用。

　　英国是最早实行博物馆理事会制度的国家，其经验值得借鉴。1963年，英国国会通过了《大英博物馆法》，规定"大英博物馆理事会"为大英博物馆的法人团体，拥有管理权，这是博物馆理事会制度最早的案例。大英博物馆理事会由25人组成，其中女王任命1人，首相任命15人，英国皇家学会、皇家研究院、英国科学院和伦敦文物学会各提名1人，另外5人由博物馆理事会任命。理事会承担无报酬工作，成员都是社会名流，任期为5年。理事会定期开会指导和管理博物馆事务，主要任务有六项：一是选择聘用博物馆馆长，并报请首相批准；二是对于博物馆财政收支情况给出全面年度公报；三是制定博物馆主要工作的政策和策略；四是制订博物馆短期和长期发展规划；五是审查和批准博物馆馆长执行理事会所提出的计划；六是检查博物馆馆长执行计划情况。② 这一制度设计既体

　　① 王宏钧：《中国博物馆学基础》，上海古籍出版社2001年版，第374页。
　　② 《境外博物馆理事会是如何运行的？》，http://www.sohu.com/a/195787226_488370，访问日期：2018年5月12日。

现了博物馆的公益性与决策的专业性，又保持了其经营管理的相对独立性和灵活性。

　　大英博物馆是世界上首屈一指的博物馆。相比之下，伯明翰博物馆的管理运营更体现普遍性。伯明翰位于英国中部，是仅次于伦敦的英国第二大城市，有110万居民。伯明翰曾是工业革命的重镇，文化遗产资源比较丰富。2012年，在伯明翰市议会的支持下，在对伯明翰博物馆和美术馆及伯明翰科技馆慈善信托基金进行合并后，伯明翰博物馆基金会正式成立，其目标是带领伯明翰走向世界，将丰富多彩的世界文化艺术引入伯明翰。基金会负责管理运营伯明翰市议会所拥有的9家博物馆及文化遗产机构，包括伯明翰市博物馆和美术馆、伯明翰市科技馆、阿斯顿庄园、布莱斯利庄园、珠宝博物馆、萨雷霍尔磨坊、苏荷馆、韦利城堡、伯明翰博物馆收藏中心。

　　这9家机构，既有博物馆、美术馆、科技馆，也有古建筑古遗址，还有文物收藏单位，几乎涵盖了文化遗产的各种类型。理事会把伯明翰有代表性的文化遗产有效地组织起来，打破了以前的分隔状态，以灵活的方式统筹协调本区域文化遗产的保护和利用。（见表2-4）

表2-4　伯明翰博物馆基金会机构组成①

名　称	类型	主要特点
伯明翰博物馆和美术馆（Birmingham Museum and Art Gallery）	美术博物馆	建立于1885年，拥有藏品50万件，包括古代至中世纪的美术、陶器、珠宝、手工艺品等
阿斯顿庄园（Aston Hall）	古建筑及博物馆	建于17世纪初期的英式庄园，厅内收藏并展出家具、油画等
伯明翰市科技馆（Birmingham Science Museum）	科技博物馆	收藏并展示作为英国最重要的工业城市伯明翰的发展历史

---

①　伯明翰博物馆基金会网站，http：//www.birminghammuseums.org.uk/about/our-organisation/policies-plans-and-reports，访问日期：2018年5月11日。

续表

名　　称	类型	主 要 特 点
布莱斯利庄园(Blakesley Hall)	古建筑及博物馆	由伯明翰商人 Richard Smalbroke 建立于 16 世纪末的木质结构房屋，英国都铎王朝和斯图亚特时期富商风格建筑
珠宝博物馆(Museum of Jewellery Quarter)	古建筑及专题博物馆	馆址为 1981 年关闭的 Smith Pepper 珠宝厂，收藏并展示英国手工珠宝。同时也是 UCE 珠宝学校和 100 多家珠宝商铺所在地
萨雷霍尔磨坊(Sarehole Mill)	古建筑	最早的水磨坊可以追溯到 15 世纪，目前保存的建筑为 18、19 世纪建成，曾激发《魔戒》《霍比特人》作者 RR Tolkien 的创作灵感
苏荷馆(Soho House)	古建筑及专题博物馆	著名商人、工业家 Matthew Boulton 故居以及他与瓦特共同发明蒸汽机的地方，收藏并展示其工业发明
韦利城堡(Weoley Castle)	古建筑古遗址	有 750 年历史的城堡废墟，曾为 Dudly 领主的防御性城堡，列入英国国家重要古代建筑名录
伯明翰博物馆收藏中心(Birmingham Museum Collection Centre)	文物收藏单位	收藏保管伯明翰市 80% 的文物

伯明翰博物馆信托基金会的决策由 12 名理事组成的理事会负责。理事会成员有大学教授、博物馆高管、艺术家、咨询专家、政府官员和商界精英，都具有较高的社会声望和丰富的实践经验，是在文化遗产保护利用和管理运营方面各有所长的社会名流。(见表 2-5)

伯明翰博物馆信托基金会的日常管理和运营由专业团队负责，包括一名主席和四名总监(分司藏品、发展、商务、客户)负责，都是专业人士。主席 Ellen McAdam，于 2013 年 10 月正式上任，在英美及伊拉克从事考古学习和研究，曾

表 2-5 伯明翰博物馆基金会决策层①

文化名流	理事会主席 Ivan Grosvenor, 伯明翰大学城市教育史教授和负责文化事务的副校长, 他还担任伯明翰档案馆和遗产之友主席, 并且是英国皇家历史学会会员、西米德兰兹遗产彩票基金委员会成员。
	理事 Calire Williamson, 伦敦交通博物馆(LTM)营销发展部助理总监, 通过场地租赁、数字化、餐饮等方式为该博物馆拓展了资金来源和参观群体。
	理事 Jonnie Turpie, 不列颠帝国勋章获得者, 艺术家、影视制作人, 在数字媒体及纪录片方面拥有出色的作品和经验。同时担任伯明翰奥米斯顿学院(Ormiston Academy)英格兰创意城市及空间理事会负责人。
	理事 Mohammed Ali, 不列颠帝国勋章获得者, 著名艺术家、策展人、制片人。伯明翰独立艺术团体 Soul City Arts 创始人, 曾在吉隆坡、墨尔本、纽约等城市展开丰富多彩的艺术活动。
咨询专家	理事 Luke Southall, 英国知名咨询机构 Oaks Consultancy 董事、总经理, 创立并担任伯明翰市体育教育基金会主席, 对伯明翰博物馆基金会的商业发展起着重要作用。
	理事 John Diviney, 国际文化传播咨询公司 Brunswick Arts 董事, 曾为包括大英博物馆、卢浮宫阿布扎比分馆和佳士得拍卖行在内的知名博物馆及艺术机构、企业提供咨询。
政府官员	理事 Muhammad Afzal, 伯明翰市议会议员, 在伯明翰市议会担任多项重要职务。
	理事 Randal Brew, 会计师, 曾在 1987 年至 1995 年担任伯明翰市 Longbridge 区议员, 2004 年担任 Northfield 区议员, 并在 2007 年至 2008 年担任伯明翰市市长。

---

① 伯明翰博物馆基金会网站, http://www.birminghammuseums.org.uk/about/our-organisation/trustees, 访问日期: 2018 年 5 月 11 日。

续表

商业精英	理事 Eanmon Mooney，国际保险律师事务所 Kennedys 合伙人，负责伯明翰地区的保险业务，在伯明翰商业享有良好声誉，对伯明翰市博物馆和文物机构的发展及宣传作出了重要贡献。
	理事 Mohammed Rahman，KPMG 企业风险咨询公司合伙人，英国风险咨询公司 ENR(能源和国家资源)负责人，会计师，在欧洲和美国企业风险咨询方面具有丰富的经验。
	理事 Tracy Stephenson，经营高级公寓的 Staying Cool 公司总经理，在慈善基金筹款方面有着丰富的经验，曾任职于索尔福德大学艺术部门，负责制定城市旅游战略规划和筹款。
	理事 Chrissie Twigg，从事政治、金融、出版领域工作，曾在伦敦从事投资分析师工作。在定居伯明翰后，创立治疗肥胖症的 Heathier Weight Ltd 公司，并担任伯明翰艺术协会荣誉秘书及难民行动的英语志愿者。

在包括牛津大学、伦敦博物馆、格拉斯博物馆在内的许多文化遗产机构从事藏品管理工作。藏品总监 Toby Watley，负责伯明翰博物馆基金会旗下所有博物馆的展览、策展、藏品研究、管理及征集工作。发展总监 Rachel Cockett，负责领导博物馆开发团队，通过各种筹款为博物馆募集更多资金来源，确保政府拨款、信托基金和赞助等的确实收入。商务总监 Alexander Nicholson-Evans，负责包括咖啡厅、文创商店等在内的博物馆及文物单位的商业经营。客户总监 Janine Eason，负责通过市场营销、数字化、社区、社团等方式，为博物馆吸引更多更广泛的参观者，兼任伯明翰博物馆和美术馆馆长，Noyce Leadership 学院院士，在加入伯明翰博物馆基金会前，曾担任伯明翰科技馆信托基金会主席，为该馆筹集 5000 万英镑资金。① 综观基金会的高层管理团队，成员都是有丰富工作经验和突出业绩的专业人士，分工比较明确，除藏品外，注重发展、商务、客户等与社会沟通的综合事务。

---

① 伯明翰博物馆基金会网站，http：//www.birminghammuseums.org.uk/about/our-organisation/directors，访问日期：2018 年 5 月 11 日。

伯明翰基金会自成立以来，每年接待超过 100 万人次参观者。伯明翰博物馆基金会成立一年之后，即实现了总计价值 1.5 亿英镑的各种项目，为博物馆吸引了更多不同层次背景的观众。同时，通过与伯明翰市的学校、家庭、社区建立联系，开展各种学习计划和交流活动，使伯明翰文化遗产更加深入市民生活，促进了城市文化旅游经济的发展。基金会制订的租借计划使基金会下属博物馆的藏品流动到了英国各地的 14 家博物馆进行展览，并且加入了 13 个国际展览，不仅加强了国内、国际合作关系，更重要的是扩大了伯明翰文化遗产的影响力。① 不同背景社会名流构成的理事会、专业人士组成的管理阶层，为伯明翰文化遗产带来了持续健康的发展。

二、经营管理：公益机构的多元性与进取性

博物馆作为文化遗产事业的重要组成部分，承担着文物收藏、展示、保护、修复、研究和社会教育等功能。随着经济高速发展，人们对文化、艺术的需求越来越凸显，博物馆与社会发展的联系越来越密切，社会力量的参与对文化遗产事业发展的影响越来越重要。博物馆基金会是依托于博物馆机构，服务于博物馆发展的基金会。通过募集资金、管理与投资基金、资助文化遗产保护与发展的模式，达到传承人类文化艺术遗产的目的。国外博物馆基金资金来源主要分为三类：会员会费收入、捐赠收入（捐赠和遗产赠与）和运营收入（投资收入、贸易活动收入、募捐晚宴收入及其他活动收入）。② 社会力量的参与和社会资金的吸收为国外博物馆运营作出了重要贡献。在我国博物馆实施免费开放后，博物馆的参观人数逐渐上升，随之而来的是高额的接待、运营成本。在我国目前的 4873 家博物馆中，国有博物馆数量占 85%，国有博物馆的主要资金来源是国家财政拨款，普遍缺乏自身造血能力。信托基金会与博物馆一样属于非营利性机构，不以盈利为目的，但是基金会通过运营和投资维持自身运转，可以创造更大价值，为文化遗产的保护作出更多贡献。

---

① 伯明翰博物馆基金会 2013—2014 年度报告，http：//www. birminghammuseums. org. uk/about/our-organisation/policies-plans-and-reports，访问日期：2018 年 5 月 11 日。

② 朱琰、吴文卓：《国外文化遗产基金制度及其借鉴》，《东南文化》2016 年第 4 期。

在英国，大多数博物馆的收入除了来自政府拨款外，还包括捐赠、慈善捐赠、赞助和筹款等。这种多元的经费来源往往由基金会来统筹实现。1994年，大英博物馆成立了发展信托基金（The British Museum Development Trust），负责接受捐助；还通过兴办博物馆之友吸收社会资金和利用社会资金增加馆藏，例如通过大英博物馆之友（The British Museum Friends）、大英博物馆美国之友（The America Friends of the British Museum）、大英博物馆加拿大之友（The Society of Canadian Friends of the British Museum），吸收社会资金。在英国，由于政府向博物馆拨款的起伏比较大，受各种不确定因素的影响，资金来源不稳定，因此基金会的支持对博物馆格外重要，特别是在首都伦敦以外的城市。博物馆为了稳定持续地发展，需要从多种渠道筹集经费。

信托基金会制度有利于吸引更多社会资本进入博物馆。一方面，信托基金理事会成员多为社会名流，可以通过各种方式帮助博物馆申请更多的政府拨款和艺术基金资助，还会为多渠道获取资金提供信息和出谋划策。伯明翰博物馆和美术馆的Welcome All扩建计划得到了DCMS/Wolfson博物馆改善基金会的资助；2016年，伯明翰博物馆基金会当选为英国国家艺术委员会合作伙伴，为基金会带来60万英镑的资助。另一方面，基金会的专业管理团队通过富有活力的经营来提高自身造血能力。基金会募集的资金来源主要有几类：门票收入、会员会费收入、运营收入（投资收入、贸易活动收入、募捐晚宴收入及其他活动收入）和捐赠收入（捐赠和遗产赠与）。

作为伯明翰市议会举办的公立文化遗产机构，伯明翰博物馆联盟从政府获得相关经费，主要包括两部分：一是直接经费，来自伯明翰市议会，二是间接经费，来自英国艺术委员会等政府委托的社会组织。这两项合称补助拨款，是博物馆收入的主要构成部分，占总收入的60%～70%。2014—2017年，伯明翰博物馆基金会获得的补助拨款呈下降趋势，2017年比2014年减少了206.4万英镑，比高峰期的2015年减少了248.2万英镑。政府投入逐年递减，博物馆需要发掘自身潜力，拓宽收入渠道。

门票和相关收入成为重要的收入来源之一。伯明翰博物馆基金会管理的9家文物单位既有部分免费开放，也有部分收取门票，具体情况见表2-6。

表 2-6 伯明翰博物馆联盟收费情况

名　　称	类型	收费情况
伯明翰博物馆和美术馆（Birmingham Museum and Art Gallery）	美术博物馆	免费
阿斯顿庄园（Aston Hall）	古建筑及博物馆	收费，门票 8 英镑，学生票 6 英镑，3~15 岁儿童 3 英镑。
伯明翰市科技馆（Birmingham Science Museum）	科技博物馆	收费，门票 13.5 英镑，学生和 3~15 岁儿童 9.75 英镑。
布莱斯利庄园（Blakesley Hall）	古建筑及博物馆	收费，门票 7 英镑，学生票 5 英镑，3~15 岁儿童 3 英镑。
珠宝博物馆（Museum of Jewellery Quarter）	古建筑及专题博物馆	收费，门票 7 英镑，学生票 5 英镑，3~15 岁儿童 3 英镑。
萨雷霍尔磨坊（Sarehole Mill）	古建筑	收费，门票 6 英镑，学生票 4 英镑，3~15 岁儿童 3 英镑。
苏荷馆（Soho House）	古建筑及专题博物馆	收费，门票 6 英镑，学生票 4 英镑，3~15 岁儿童 3 英镑。
韦利城堡（Weoley Castle）	古建筑古遗址	免费
伯明翰博物馆收藏中心（Birmingham Museum Collection Centre）	文物收藏单位	—

2014—2017 年，门票和相关收入逐年小幅上升，从 2014 年的 188 万英镑增长到 2017 年的 206.9 万英镑，增长 10%，占总收入的比重从 14.50% 增加到 18.98%。

商业活动是博物馆自营收入的另一支柱。伯明翰博物馆基金会不仅在其官方网站上进行线上博物馆文创产品的销售，还通过与亚马逊及 Great Western Arcade 网站进行合作，在其网站进行线上销售；与伯明翰当地艺术家合作，推出定制珠宝及艺术品服务；基金会食品与饮料开发团队获得英国旅游局颁发的优质食品和饮料奖，为基金会带来大量收入。① 2014—2017 年，伯明翰博物馆通过各种商业

① 伯明翰博物馆基金会 2016—2017 年度报告，http：//www.birminghammuseums.org.uk/about/our-organisation/policies-plans-and-reports，访问日期：2018 年 5 月 11 日。

活动获得的收入每年在 200 万英镑左右，在总收入中所占的比重与门票和相关收入大致相当。

　　租赁收入虽然不多，但呈逐年增长的趋势。通过对外租赁博物馆大厅和旗下的文化遗产单位，2014—2017 年获得的收入从 1.3 万英镑增加到 3.1 万英镑，增长了 138.46%，占总收入的比重从 0.1% 增加到 0.28%。此外，每年有 0.2 万英镑左右的利息收入，有的年份还能争取到捐款和遗赠收入。（见表 2-7）

表 2-7　伯明翰博物馆基金会 2014—2017 年收入来源统计（单位：万英镑）①

年度/来源	补助拨款		租赁		利息		门票和相关		捐款/遗赠		商业活动		总计
2016/2017	682.5	62.57%	3.1	0.28%	0.2	0.02%	206.9	18.98%	0	0	197.3	18.1%	1090
2015/2016	781.7	60.70%	2.7	0.20%	0.2	0.02%	205	15.90%	89.8	7%	208.3	16.20%	1287.5
2014/2015	930.7	70.30%	2.3	0.10%	0.1	0.01%	195	14.70%	0	0	196.1	14.80%	1324
2013/2014	898.9	69.60%	1.3	0.10%	0.2	0.02%	188	14.50%	0	0	203.9	15.80%	1291.8

　　从伯明翰博物馆基金会收入来源构成可以看出，除补助拨款以外，商业活动和门票占比最大。尽管补助和拨款总体上在减少，但伯明翰博物馆基金会在努力拓展收入渠道，商业活动能获得较稳定的收入，门票收入、租赁收入实现了逐年增长，捐款和遗赠收入时有突破。基金会不能完全指望政府资金，所以大力发挥自身能动性，广开渠道，多元创收，尽量减少对政府的依赖，通过专业经营和市场表现来提高自身的造血能力，从而推动博物馆健康、持续发展。

　　在我国，以基金会为代表的非营利机构的发展离不开政府的参与和政策支持。因此需要政府制定并出台和完善相关法规政策，激励社会力量参与，引入社会资本，使博物馆基金会顺利有效并可持续地运营，促进博物馆事业的发展。目前我国已经陆续制定和出台了《公益事业捐赠法》《社会团体登记管理条例》《基金会管理条例》以及《关于进一步支持文化事业发展的若干经济政策》等涉及社会慈

① 伯明翰博物馆基金会 2016—2017 年度报告，http：//www.birminghammuseums.org.uk/about/our-organisation/policies-plans-and-reports，访问日期：2018 年 5 月 11 日。

善公益捐赠事业以及相关的税收等方面的法律和条例。一方面，这些法规政策促进了社会力量对博物馆事业的参与，另一方面，在这些政策的具体实施方面，许多程序和细节还有待加强和完善。①

三、公众沟通：社会组织的公共性与服务性

公共性是博物馆的本质属性之一。随着公众参与的提升，博物馆的公共性越来越被强调，理事会的组建和运作正是博物馆公共性的体现。吸纳社会各阶层人士组成的理事会，不仅能够更加高效地运营博物馆，更重要的是，博物馆通过理事会与社会建立了沟通的平台，有助于扩大公众对博物馆的参与，有益于博物馆决策的民主化、科学化，有利于博物馆对社会需求的积极回应。理事会在很大程度上已成为博物馆公共性的生动体现和组织保障。② 博物馆的经营行为是在不改变其公益性的前提下，建立在公众对博物馆的信任和支持的基础之上。与公众进行有效的沟通与互动，让公众增强对文化遗产的尊重和喜爱，是博物馆多元经营与持续发展的关键。近年来，我国博物馆事业虽然发展迅速，但是在提供公共服务和教育方面还普遍存在着数量不足、质量不高的现象，对此，2011 年 10 月中共中央发布《中共中央关于深化文化体制改革　推动社会主义文化大发展大繁荣若干重大问题的决定》；2015 年 1 月，中共中央办公厅、国务院办公厅印发了《关于加快构建现代公共文化服务体系的意见》；2015 年 2 月 9 日，国务院发布《博物馆条例》，又于 2015 年 5 月发布《中华人民共和国公共文化服务保障法(草案)》。这些文件都对博物馆深化文化体制改革、提升经营绩效和增强公共服务能力提出了明确要求。③ 如何加强与公众沟通，提高服务水平和提升教育能力，是我国博物馆事业面对的重要问题。伯明翰博物馆基金会在公众沟通方面锐意创新，做出了卓有成效的探索。

其一，以丰富多彩的内涵建设吸引更多观众。随着博物馆事业的发展，博物

---

①　刘兹恒、朱苟:《美国图书馆基金会资助图书馆发展的经验及对我国的借鉴》,《中国图书馆学报》2010 年第 5 期。

②　宋新潮:《理事会制度: 博物馆公共性的组织体现》,《人民日报》2014 年 11 月 2 日。

③　陆建松:《增强博物馆的公共服务能力: 理念、路径与措施》,《东南文化》2017 年第 3 期。

馆的社会教育功能越来越被强调，如何为多元化的观众提供多样化的服务是当代博物馆事业发展中的重要课题。通过数字化建设、丰富的展览、多种多样的活动等形式，伯明翰博物馆基金会吸引了更多观众，拓展了市场。目前，基金会每年观众人数均超过 100 万人次，比成立前上涨了 12%，55% 的观众是首次参观者，基金会网站浏览量也超过 100 万次，伯明翰博物馆和美术馆在 2017 年全球最受欢迎的博物馆中排名 88 位，超过 1000 所学校参与了基金会教育活动，参观者年龄趋向年轻化，背景更加丰富。伯明翰物馆基金会还非常注重媒体运营。2017 年，基金会发布了 1400 篇新闻，实现了高达 350 万英镑的媒体价值，使更多读者认知了解了伯明翰文化遗产。① 社会对博物馆的了解增多、参观人次的稳定增长、年轻观众的参与和喜欢，让文化遗产的受众持续增加，这是博物馆发展的"群众基础"。

其二，以深入人心的社会教育增进公众参与。随着博物馆社会教育功能越来越被认知，提升观众体验感、吸引更多不同层次背景的观众成为博物馆管理运营的重要目标。这要求博物馆不仅要不断推陈出新，丰富展览内容，提供高品质的展览，更要注重与观众之间的互动，通过提升观众的享受体验使文化遗产的影响更加深入人心。博物馆基金理事会通过增强社会力量的参与、加深公众参与度，为博物馆吸引更多的捐赠和帮助。伯明翰博物馆基金会一直把社会教育功能作为其运营核心。基金会大力发展建立于伯明翰市学校、家庭、社区之间的联系，每年都有超过 10 万名青少年儿童到基金会博物馆参观。基金会与伯明翰城市大学、纽曼大学、伯明翰大学等高校建立了合作关系，共同研究博物馆对儿童和青少年教育的影响。基金会邀请了伯明翰市 6 所学校的老师在基金会管理的 8 家博物馆中现场进行讲学，并且积极探索针对存在心理或生理缺陷儿童的特殊课程开发，不断扩大观众的范围。每年都有来自几十个社区组织的上千名志愿者加入基金会在社区举行的各种活动，通过关注精神健康、食品健康等社区活动，为博物馆吸引了上万名观众。基金会还非常重视与伯明翰市其他文艺单位的合作，例如与伯明翰皇家芭蕾舞团合作，邀请 60 名青年表演艺术家到基金会管理的阿斯顿大厅

---

① 伯明翰博物馆基金会 2016—2017 年度报告，http://www.birminghammuseums.org.uk/about/our-organisation/policies-plans-and-reports，访问日期：2018 年 5 月 11 日。

进行舞蹈表演，与 Abbeyfields's Golden 画廊联合办展。① 公众与文化遗产的深度互动，延伸了博物馆的社会触角；打通了文化遗产的界限，与社会相关文化单位的合作，则盘活了社会力量，为博物馆的持续发展提供了不竭动力。

其三，以灵活贴切的会员制度培养中坚力量。伯明翰博物馆基金会采取分级会员制度，会员共分五级：初级会员、高级会员、铜级赞助人、银级赞助人、黄金赞助人。会员可以免费参观伯明翰 9 家博物馆和文化遗产，以及享受商店折扣，并根据级别而分别享有不同的权益，级别越高，权益越丰富，比如更深入的参观体验、更多的观众邀请名额、更贴心的私人定制等。自 2008 年我国实行博物馆免费开放政策以来，一方面推动了我国文博事业的发展，促使更多民众走进博物馆，另一方面，也出现了相应的问题。随着我国国民经济的快速发展，民众对文化生活的要求也越来越高，十九大报告中指出"我国社会主要矛盾已经转化为人民日益增长的美好生活需要和不平衡不充分的发展之间的矛盾"。如何提高博物馆公共文化机构的服务功能以满足观众日益增长的文化需求，是我国博物馆事业急需解决的问题。目前，国内部分博物馆采取对临时展览收费的方式来为观众提供更优质的服务。此外，尽管博物馆应对其常规陈设展览实行免费开放，但这并不影响博物馆对其服务进行相应收费。对博物馆部分服务功能进行收费，不仅能够提升博物馆服务的质量，还能够增强博物馆自身的造血功能。会员制度是国际博物馆界最为常见的管理模式，通过提供不同等级的服务收取不同金额的会费，不仅能为博物馆建立稳定的群众基础，还能够创造多样的经费来源。

灵活多样的会员制度是伯明翰博物馆基金会市场营销的重要组成部分（见表 2-8）。通过现场办理、电话或网络申请，即可成为会员，从而享受博物馆的一系列优惠活动。不同的会费标准满足不同层次、背景的参观者的需求，从而吸引更多观众加入。基金会向会员不间断地发送博物馆最新活动信息，不仅加强了会员与基金会之间的联系，还能够促进会员重复参观博物馆。伯明翰博物馆联盟的

---

① 伯明翰博物馆基金会 2016—2017 年度报告，http://www.birminghammuseums.org.uk/about/our-organisation/policies-plans-and-reports，访问日期：2018 年 5 月 11 日。

表 2-8 伯明翰博物馆基金会会员制度①

类别	会员费标准(每年)		会员特权
初级会员	成人	£ 25(£ 350 终身)	· 免费参观伯明翰博物馆与艺术馆展览 · 免费游览其他历史遗迹地点 · 享有所有场馆咖啡厅及商店10%的折扣优惠 · 提前预知活动信息和日常新闻 · 会员专属活动 · 在伯明翰博物馆和艺术馆享有免费专业导览 · 家庭会员可免费参加周天艺术俱乐部和手工课 · 享有15%的购书折扣
	儿童	£ 18	
	特殊优惠(全日制学生、老人、残障等)	£ 18	
	家庭(2 成人+3 儿童)	£ 54	
	组合(2 成人)	£ 42 (£ 500 终身)	
	组合(2 儿童)	£ 28	
高级会员	成人	£ 38 (£ 500 终身)	在享有初级会员所有特权的基础上，还增加免费进入科学博物馆，每次到访可免费观看天文馆演出
	儿童	£ 28	
	特殊优惠(全日制学生、老人、残障等)	£ 28	
	家庭(2 成人+3 儿童)	£ 85	
	组合(2 成人)	£ 64 (£ 750 终身)	
	组合(2 儿童)	£ 42	

---

① 伯明翰博物馆基金会 2016—2017 年度报告，http://www.birminghammuseums.org.uk/about/our-organisation/policies-plans-and-reports，访问日期：2018 年 5 月 11 日。

续表

类别	会员费标准(每年)	会员特权
铜级赞助人	£250 起	· 2 位预展参观邀请名额 · 赞助人专属活动,包括幕后工作巡游 · 2 位参加赞助人年度宴会的邀请名额 · 携 1 位客人无限次免费参观伯明翰博物馆基金会管理的博物馆和历史遗迹 · 所有场馆咖啡厅及商店 10% 的折扣优惠 · 官网致谢
银级赞助人	£750 起	在享有铜级会员服务的基础上增加以下特权: · 另增加 2 位预展邀请名额 · 附赠主要的馆藏目录手册和相关出版物 · 受邀参观博物馆幕后工作 · 另增加 3 位历史遗迹免费参观名额
黄金赞助人	£1500 起	在享有银级会员服务的基础上增加以下特权: · 一场为您和 10 名客人私人定制的参观体验 · 另增加 2 位历史遗迹免费参观名额

会员制不仅为其吸引了更广泛的社会群体,吸纳了更多社会资金,还吸引了许多企业和其他社会组织的参与。会员制度一方面使公众能够更多地参与到博物馆事务中,通过享受优待和参与特别活动等形式,与博物馆建立密切的联系。另一方面,会员群体的壮大,也会增强社会对博物馆的关注,从而提升博物馆的社会影响力和关注度。此外,会员的捐助为博物馆提供了更充足的经费,使博物馆能够提供更高质量的服务,同时提升了会员自身的体验感和认同感。

英国伯明翰市作为非首都的工业城市,在大中城市中具有一定的普遍性和代表性,其在文化遗产管理运营方面的经验值得借鉴。伯明翰博物馆基金会通过理事会专业管理、专业管理团队有效运营，打通了各文化遗产单体之间的壁垒，把多处遗产组织成一个综合体系，既保证了文化遗产单位非营利性的本质，又使其实现了多源收入与良性运营。通过区域统筹、社会经营、多元活化、融入公众，伯明翰博物馆基金会不仅吸引了更多观众，拓展了市场，还为伯明翰文化遗产的可持续发展提供了资源，使文化遗产的影响力更深更广。在我国，以信托基金制度为基础的法人治理结构在文化遗产领域仍处于摸索阶段，需尽快建立健全法规制度，努力实现文化事业单位法人化治理，为文化遗产事业的健康持续发展建立良好的政策框架。

第三章
文化遗产价值挖掘

第一节　石窟遗产的亚洲印记与全球价值

习近平总书记指出，世界文化和自然遗产是人类文明发展和自然演进的重要成果，也是促进不同文明交流互鉴的重要载体。① 石窟是世界遗产的一类独特形式，它融合了雕塑、壁画、建筑等多种艺术形式，是一个民族或地区审美追求、价值理念与文化精神的集中体现，也是文化交融、文明互鉴的历史见证，具有珍贵的艺术价值和丰富的文化内涵。

自 19 世纪以来，石窟逐渐走入世人视野，其研究成果日渐丰富，涉及考古、历史、宗教、艺术、哲学、建筑等诸多学科领域，内容可概括为考古研究、起源发展研究、艺术研究、保护利用研究四方面。我国学者宿白、马世长、丁明夷、阎文儒等与日本学者水野清一、长广敏雄②为中国石窟考古勘探、分期断代工作作出了杰出贡献；James Burgess 和 James Fergusson③较早对印度石窟进行了考古研究。宿白④、

---

① 《习近平向第 44 届世界遗产大会致贺信》，参见 http://www.gov.cn/xinwen/2021-07/16/content_5625555.htm，访问日期：2022 年 7 月 30 日。

② 水野清一，长广敏雄：《云冈石窟》，科学出版社 2014 年版。

③ Burgess, J., & Fergusson, J. The Cave Temples of India. Cambridge University Press, 2012.

④ 宿白：《中国石窟寺研究》，文物出版社 1996 年版，第 16 页。

李崇峰①、董玉祥②等在不同程度上探讨了石窟起源问题。关友惠③、姚士宏④和陈振旺⑤对莫高窟、克孜尔等石窟的建筑、雕塑、绘画进行了长期深入的研究；Benoy K. Beh 和 Milo C. Beach 所著 *The Ajanta Caves：Ancient Paintings of Buddhist India* 探讨了阿旃陀石窟绘画艺术。⑥ 樊锦诗⑦致力于数字技术在敦煌莫高窟的保护与展示中的应用，并在实践中取得了瞩目成效；李最雄⑧、龙京红和石佳⑨、马千⑩等分别就莫高窟、龙门石窟、麦积山石窟保护管理的历史和现状、问题和对策进行了研究。

以上研究成果或以窟龛个案进行微观分析，或从宏观方面对一国一地石窟进行整体把握。但从全球视角研究石窟遗产的成果极少，甚至连石窟类世界遗产的总体情况、地理分布等基础信息都无人提及。在此背景下，探清《世界遗产名录》中石窟遗产的总体概况，深入挖掘其文化内涵和价值，有助于创新石窟保护利用机制，对于推进不同国家、不同文明间的交流互鉴也具有重要意义。

一、亚洲文明的独特载体：石窟之当下形态

石窟是亚洲文明的重要载体。在亚洲这片广袤土地上产生了中华文明、古印度文明、波斯文明等远古文明，也孕育了印度教、佛教、基督教、伊斯兰教等具有世界影响力的宗教。⑪ 石窟缘起于佛徒修行之需，为佛教信仰服务，佛教又起

---

① 李崇峰：《中印佛教石窟寺比较研究——以塔庙窟为中心》，北京大学出版社 2003 年版，第 3~4 页。

② 董玉祥：《从印度到中国：石窟艺术的产生与东传》，艺术家出版社 2012 年版。

③ 关友惠：《敦煌莫高窟早期图案纹饰》，《敦煌学辑刊》1980 年第 1 辑。

④ 姚士宏：《克孜尔石窟本生故事画的题材种类（一）》，《敦煌研究》1987 年第 3 期。

⑤ 陈振旺：《隋及唐前期莫高窟藻井图案研究》，甘肃教育出版社 2021 年版。

⑥ Behl, Benoy K. The Ajanta Caves：Ancient Paintings of Buddhist India. Thames and Hudson, 1998.

⑦ 樊锦诗：《敦煌石窟保护与展示工作中的数字技术应用》，《敦煌研究》2009 年第 6 期。

⑧ 李最雄：《敦煌石窟保护工作六十年》，《敦煌研究》2004 年第 3 期。

⑨ 龙京红、石佳：《龙门石窟的保护管理现状、问题及对策》，《首都师范大学学报（自然科学版）》2008 年第 5 期。

⑩ 马千：《麦积山石窟文物保护历程回顾与思考》，《中国文化遗产》2016 年第 1 期。

⑪ 钱乘旦：《关于亚洲文明的历史哲学思考》，《湖南科技大学学报（社会科学版）》2020 年第 5 期。

源于亚洲，因而石窟可谓是在亚洲沃土上生长起来的独特艺术。据联合国教科文组织《世界遗产名录》显示，截至 2021 年 8 月，在 1154 项世界遗产中，石窟类项目达 18 项，均分布在亚洲，集中于南亚、东亚和西亚地区(如图 3-1)。① 这些分布于亚洲各区的石窟受不同地域经济、政治、文化的影响而被形塑成不同形态，各具特点，并以其丰富的物质形式和包罗万象的内在意涵，将亚洲文明之精华浓缩于各个洞窟之中，成为亚洲文明多样性的重要体现。

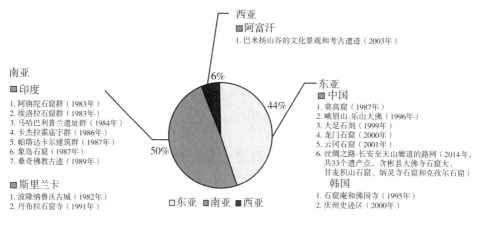

图 3-1　石窟类世界遗产分布情况

(一)南亚：佛教之源与多教共存

南亚被认为是佛教石窟的发源地，是石窟类世界遗产最为集中的区域，共有 9 项。其中印度 7 项：阿旃陀石窟群(1983 年)、埃洛拉石窟群(1983 年)、马哈巴利普兰遗址群(1984 年)、卡杰拉霍庙宇群(1986 年)、帕塔达卡尔建筑群(1987 年)、象岛石窟(1987 年)、桑奇佛教古迹(1989 年)；斯里兰卡 2 项：波隆纳鲁沃古城(1982 年)和丹布拉石窟寺(1991 年)。

印度是佛教的发祥地，其石窟营造历史悠久、风格鲜明，对世界其他地区的石窟产生了深远影响。印度石窟可追溯至公元前 2 世纪，在营造过程中融合当地

---

① 《世界遗产名录》，参见 http://whc.unesco.org/en/list/#note1，访问日期：2021 年 8 月 31 日。

多种宗教文化，为世界留下了灿烂的文化遗产。印度的 7 项石窟类世界遗产中，始于公元前 2 世纪的有两项：一是桑奇佛教建筑群，为现存最古老的佛教圣地；二是阿旃陀石窟，不仅是印度现存最大的石窟遗址，还是印度文化的重要标志，与泰姬陵并称"印度双璧"。另外 5 项世界遗产均开凿于公元 6 世纪至 11 世纪，既是印度多宗教文化的证物，又各有特色：帕塔达卡尔建筑群坐拥 9 座印度教神庙和 1 座耆那教神庙，综合了印度南北方建筑形式，是遮娄其王朝时期折中艺术的顶峰；象岛石窟是印度教和佛教的石窟综合体；卡杰拉霍古迹群包括分属印度教、耆那教的 20 座庙宇；埃洛拉石窟群现存的 34 座石窟分属三教，世界遗产委员会称其为"佛教、婆罗门教和耆那教的圣殿"①；马哈巴利普兰遗址群既存有最早的印度教石庙，又包含雄伟的耆那教巴胡巴里神像，2019 年 10 月习近平主席访印时曾参观该遗址。

斯里兰卡与印度隔海相望，有两项古老的石窟遗产：一是斯里兰卡三大古都之一的波隆纳鲁沃古城，其中的伽尔寺是举世闻名的岩凿寺庙；二是有着两千多年朝圣历史的丹布拉石窟寺，为斯里兰卡保存最完整、体量最大的石窟群，珍藏着 2100 平方米的壁画，极具宗教艺术价值。

(二)西亚：文明交会与文化救助

地处西亚的阿富汗是东西方文化碰撞交会之处的文明古国，也是古代丝绸之路上的重镇，拥有 1 项石窟类世界遗产：巴米扬山谷的文化景观和考古遗迹（2003）。该遗址汇集了大量的佛教寺院、庙宇以及伊斯兰教时期的防御建筑，同时保存着绵延 1300 多米的宏大石窟群。窟群有洞窟 700 余个，著名的巴米扬大佛矗立其间，它与印度的阿旃陀石窟、中国的敦煌石窟同被列为佛教艺术最珍贵的遗产地。

历史上的阿富汗见证了古希腊、古罗马、古印度和波斯萨珊王朝的文化交流与文明交会，是石窟文明发展和传播的重要节点。石窟这一建筑形式源于古埃及的石窟陵墓，公元前 5 世纪前后经波斯传入印度；印度大约在孔雀王朝时开始建

---

① 《世界遗产名录》，参见 http://whc.unesco.org/en/list/#note1，访问日期：2021 年 8 月 31 日。

造佛教石窟寺。后来随丝绸之路的畅通和佛教文化的传播，石窟艺术向北传至阿富汗、巴基斯坦等地，又向东传入中国、韩国等东亚地区。①

举世闻名的巴米扬大佛不幸遭遇恐怖主义暴行，也作为濒危遗产见证了联合国人道主义文化救助。2001 年，阿富汗塔利班政权摧毁了两尊巴米扬大佛，震惊世界。联合国教科文组织于 2003 年将之列入《世界遗产名录》，并呼吁多国政府合作，及时开展抢救巴米扬大佛的行动：一方面，联合国教科文组织专门为巴米扬遗迹制定了一项浩大的保护修缮工程；另一方面，德国、意大利、法国和日本等国家积极参与到佛像保护工作中。在多国共同努力和倡导下，保护石窟遗址，传承石窟文化，已成为国际共识并转化为切实行动。

（三）东亚：开放包容与本土创新

东亚地区共有 8 项石窟类世界遗产。其中，中国有 6 项（9 处）：莫高窟（1987 年）、峨眉山-乐山大佛（1996 年）、大足石刻（1999 年）、龙门石窟（2000 年）、云冈石窟（2001 年）、丝绸之路-长安至天山廊道的路网（2014 年，共 33 个遗产点，包括 4 处石窟：新疆克孜尔石窟、甘肃麦积山石窟、甘肃炳灵寺石窟、陕西彬县大佛寺石窟）；韩国有 2 项：石窟庵和佛国寺（1995 年）、庆州史迹区（2000 年）。

中国石窟虽然源自印度，但经过不断适应和创新，逐渐融入中华文化之中，并形成了自己的特色和风格。中国的石窟类世界遗产有 4 项（7 处）在北方，分属新疆、甘肃、陕西、山西、河南。约两千年前，石窟艺术率先传入中国西北与中原地区，北方人民以开放豁达的姿态吸纳并创造了璀璨的本土石窟文化。如新疆克孜尔石窟不仅吸收了希腊、罗马、波斯和印度等外来文化风格，还融入了龟兹文化特点；甘肃莫高窟早期洞窟藻井艺术既体现了巴米扬石窟技艺精髓，又结合了敦煌地域特色。随着石窟文化传播的深入，东西方文化交融程度更深，中国本土特色愈加显现，如甘肃麦积山石窟宋代造像呈现出世俗化倾向；炳灵寺石窟彰显藏汉两种民族文化内涵；山西云冈石窟兼收东西佛教文化精髓，突出展现北魏

---

① 向东：《文明因交流而多彩，文明因互鉴而丰富——从印度到中国的石窟艺术》，《世界博览》2019 年第 20 期。

文化，是中西文化融合之典范；河南龙门石窟既有汉族文化底蕴和皇家风范，又融合了印度、西域和欧洲的艺术风格，堪称国际化程度最高的石窟。中国南方的两处石窟类世界遗产从体量到内容都独具特色，是石窟艺术融入中国民众生活的实物例证。如高 71 米的世界最高石刻佛像乐山大佛，表达了三江之畔人民"欲仗佛法，减煞水势，永镇风涛"的强烈愿望，是佛教石窟与当地民众生活需求紧密结合的产物；造像达 5 万余尊的重庆大足石刻是释道儒三教和谐共处与石窟艺术生活化的实物见证，释道儒合一、历史人物、日常乡村生活等题材的作品不胜枚举。①

韩国庆州史迹区是佛教艺术集中的地区，有弥勒谷石佛座像、拜里石佛立像、七佛岩摩崖石佛等许多佛教遗产；石窟庵和佛国寺是石窟艺术韩国本土化的创新之作，展现了新罗文化的博大精深，是东亚地区佛教石窟艺术的杰出代表。

二、世界文明对话的文化符号：石窟之历史底色

石窟既是亚洲文明的载体，也是宝贵的世界遗产。石窟在营造和传播过程中汲取了世界不同文明在不同历史时期中的文化养分，并伴随其传承谱系的延续而不断发展，逐渐随东西方文明的互动而不断丰盈，积淀了绚烂的历史底色。石窟这种建筑形式并非印度文明、中华文明等文明所独有，世界其他文明中亦有以石窟建筑表达自身信仰和审美取向的现象，如在古老的埃及文明和欧洲文明中就有相似的石窟庙宇和岩洞教堂，与集中于亚洲的石窟遗产遥相呼应。

(一)古印度文明：石窟诞生之底色

学界一般认为，佛教石窟起源于印度，而后传至中亚、东亚和东南亚地区。作为印度文明孕育的重要产物和不可或缺的组成部分，石窟是印度佛寺发展演变的重要阶段，在印度古代建筑史上占据重要地位。同时，作为一种独特的宗教实物载体，它也推动了印度佛教的广泛传播。

石窟在印度有着悠久的历史传统，在长期的发展过程中由普通居所演变为佛

---

① 肖波、余艺芳：《亚洲文明与东西交融：世界遗产中的石窟》，《中国文物报》2021 年 2 月 5 日。

教徒生活、修行所用的寺庙。早在印度吠陀时代(前 1500—前 700 年),自然或人工建造的洞窟就被人们用来抵御风雨、避暑纳凉,是隐士和仙人的居所;佛陀时代(? —前 486 年)①以来,精舍虽是僧人修行和休憩的主居所,但凿于隐蔽之处的洞窟也是僧侣青睐的修行场所之一;到孔雀王朝时期(约前 324—前 187 年),阿育王为表示对一切宗教派别的容忍,仿造砖木寺院的形式开凿石窟寺院。这时的石窟还不是专为佛教而建造;后来随着佛教发展与传播需要,宗教要求不断提高,比砖木建筑更加坚固持久的石窟逐渐被上座部佛教徒所倡导。到公元前 2 世纪左右,在东、西德干高原都有了开凿佛教石窟的活动,② 而多山、岩质松软的西德干高原(今为印度马哈拉施特拉邦地区)则成为石窟开凿的重点区域,这片广阔的高原上分布着数千座年代久远而风格各异的石窟,它们印刻着印度早期佛教发展的历史脉络,共同组成了"印度早期佛教美术的一个重要部分"③。可以说,适宜的自然环境、外来的艺术观念和印度佛教的发展共同催生了佛教石窟这一独特的建筑形式。

作为佛教文化的物质载体,石窟是印度佛教传播的有力手段之一,长期而持续地为佛教在世界范围内流布推波助澜。佛教石窟循着印度佛教和商业贸易的脚步,传播范围十分广泛,且数量繁多,保存历史悠长,是生动而持久的佛教实物载体。据考古发现,石窟迈出印度国门后,首及中亚和西亚,在今天的巴基斯坦、阿富汗、乌兹别克斯坦境内均有佛教石窟的身影。尤其是阿富汗,至今仍保存有大量佛教石窟遗址:仅巴米扬山谷就存窟龛 750 个;海巴克的海扎尔·苏姆石窟存有窟龛 200 多个;其北部地区还零散分布着不少石窟。④ 佛教石窟经中亚传至东亚后,中韩两国均有波及,中国石窟数量庞大,遍布大江南北,自公元前传入西域以来营造工程千年不衰。

为适应不同民族和地域文化,石窟在传播过程中经历了本土化改造,印度风

---

① 吕澂:《印度佛学源流略讲》,上海人民出版社 2005 年版,第 4~6 页。

② 李崇峰:《中印佛教石窟寺比较研究——以塔庙窟为中心》,北京大学出版社 2003 年版,第 3~4 页。

③ 朱浒:《西印度佛教石窟艺术刍议》,《南京艺术学院学报(美术与设计版)》2015 年第 6 期。

④ 李崇峰:《中印佛教石窟寺比较研究——以塔庙窟为中心》,北京大学出版社 2003 年版,第 8~12 页。

格逐渐减退，但其底色仍存，大部分石窟仍杂糅着印度佛教艺术的成分，深刻反映了印度佛教的影响。如巴米扬石窟中具有"卵形脸""莲花形眼睛""大头"的佛像，显现着印度笈多艺术形式的特点;① 莫高窟428窟中的佛塔不仅有北魏建筑形式的特点，还体现了印度犍陀罗佛塔图像因素;云冈石窟中的兽面图像源自印度佛教中常见的 Kirttimukha 形象，这种图案通常象征印度佛法守护者，传递着"无常"的观念;② 云冈昙曜五窟中第20窟的飞天具有古印度贵族的装束特点。③石窟作为一种无声而有力的传播手段，在印度佛教的传播过程中发挥了独特作用，而印度佛教艺术赋予了石窟独特的文化底色。

(二) 古希腊文明：石窟造像之新色

犍陀罗艺术是石窟中常见的造像艺术，而古希腊文明是孕育犍陀罗艺术的多元文明之一，深刻影响和改变了石窟的造像传统。石窟受到犍陀罗艺术浸染的例子不胜枚举。较为典型的是巴米扬石窟，该石窟的壁画风格技艺大多源于犍陀罗艺术,④ 著名的东大佛亦呈现犍陀罗风格;中国石窟中也有不少犍陀罗艺术的作品，至今依然能够从中感受到古希腊文明的气息，如克孜尔石窟早期曾深受犍陀罗艺术影响,⑤ 其中的日神形象与古希腊太阳神阿波罗十分相似,⑥ 单室的大像窟从结构到绘塑也与犍陀罗风格浓郁的巴米扬大像窟相似。

这种在佛教石窟中几乎随处可见的佛教造像艺术，实际上是希腊神像雕塑传统与印度佛教文化相结合的产物，也被称为希腊化的佛教艺术。犍陀罗艺术兴起于公元1世纪的犍陀罗地区，当时受地跨中亚与印度的贵霜帝国统治。贵霜人继承了巴克特里亚希腊人、塞种人和帕提亚人的文化遗产，对境内流行的不同文化采取宽容态度，因而在犍陀罗地区，古希腊文化、古罗马文化和波斯文化等异域

① 杨富学：《阿旃陀·巴米扬·吐鲁番与敦煌间的文化联系》，《敦煌研究》1995年第2期。
② 王敏庆：《北周佛教美术研究》，社会科学文献出版社2013年版，第136~185页。
③ 郭静娜、韦正：《云冈昙曜五窟洞窟形制中的印度因素与相关问题研究》，《敦煌研究》2020年第4期。
④ 王征：《巴米扬和龟兹佛教艺术比较研究》，《西域研究》2009年第4期。
⑤ 姚士宏：《新疆克孜尔石窟艺术简介》，《美术》1980年第4期。
⑥ 靳艳、林尚斌：《龟兹石窟中的古印度及古希腊文化因素》，《档案》2018年第11期。

文化与本土文化交相辉映，"造就了多元文化并存和融合的局面"①。这使得印度佛教文化与希腊神像雕塑特色在犍陀罗地区交流碰撞，催生了犍陀罗艺术。这种艺术正是吸收了希腊宗教"神人同形"的塑像传统，而"摆脱了印度佛教仅用菩提、法轮、佛塔等象征物表现佛的观念"②，石窟中逐渐有了以人的形象表现佛和菩萨形象的作品，如开凿于公元前 1 世纪的印度早期石窟杜尔迦莱纳石窟，其中央仅设有无任何雕饰的佛塔，以作为佛陀涅槃的象征供人们礼拜；而阿旃陀石窟中的后期作品，不仅出现了许多精美的佛像，还有各种菩萨造像。

(三)埃及和基督教文明：石窟建筑之呼应

历史上，世界各地的人们曾不约而同地采用岩凿建筑来宣扬、传达其宗教观念和行为方式。在亚洲有异彩纷呈的佛教石窟艺术，在欧非大陆则分散着古老的岩洞教堂和埃及寺庙。

富有智慧而善于创造的古埃及人曾建造壮丽的岩凿石庙，以倾注对法老和神灵的崇敬之情。其中规模最大的岩窟庙建筑——阿布·辛拜勒石窟庙最为著名，它是世界遗产努比亚遗址的一部分，由新王国时期第十九王朝法老拉美西斯二世主持建造。整座庙宇在高耸的山崖上开凿而成，所有建筑物均严格按照当时的神庙结构布局，坐落在一条中轴线上。如古埃及金字塔一般，它伫立于尼罗河西岸：古埃及人观察到日升于河东岸，而落于西岸，便认为东岸是活人的世界，西岸则是死人的世界，③ 因而把这一座供奉着普塔神、阿蒙神、拉美西斯二世及太阳神拉·赫拉克提的宏伟神庙建于尼罗河西岸。该石庙还有一大奇观：每年拉美西斯二世诞辰与登基之日，尼罗河东岸升起的阳光会准时照射到神庙中拉美西斯二世、阿蒙神和太阳神拉·赫拉克提的神像，而代表地狱和黑暗之神的普塔神则一直处在黑暗之中。拉美西斯二世是古埃及法老和人民的领袖，古埃及人将之奉若神明；阿蒙神是新王国时期的国神和太阳神；普塔神不仅是地方神，还是代表

---

① 庞霄骁：《多元文化与犍陀罗艺术：再论贵霜时代佛教和佛教艺术的发展》，《四川大学学报(哲学社会科学版)》2017 年第 6 期。

② 靳艳、林尚斌：《龟兹石窟中的古印度及古希腊文化因素》，《档案》2018 年第 11 期。

③ 令狐若明：《古埃及的建筑形式及其对后世的影响》，《史学集刊》2000 年第 1 期。

地狱和黑暗的神灵，因而日照之时，依然处于黑暗之中。这体现了古埃及人卓越的建筑智慧，还反映了他们对这些神灵的膜拜与敬畏。

基督教文明中亦有岩凿教堂的身影，虔诚的基督徒们曾用这种建筑来表达自身信仰与对耶稣基督的虔诚。欧洲保加利亚的东北部坐落着一座基督教堂——伊凡诺沃岩洞教堂，它始建于 12 世纪，开凿于洛姆河沿岸的山岩上，教堂中绘有恢宏的壁画，内容以基督教盛典和对基督的热爱为主，既有拜占庭艺术风格，又反映了古希腊艺术的特点；亚美尼亚也有一处保存完整的中世纪修道院——格加尔修道院，以岩凿式教堂和陵墓闻名于世，是中世纪亚美尼亚的教会和文化中心，该遗址中的第一座岩凿教堂完全开凿于岩石之上；此外，埃塞俄比亚北部高原有一座被称为"非洲奇迹"的岩石教堂——拉利贝拉岩石教堂，它是 12 世纪和 13 世纪基督教文明在埃塞俄比亚繁荣发展的产物，与埃洛拉的庙宇一样，从坚硬的岩石中开凿而成，由 11 座中世纪的岩石教堂组成，其中的圣玛丽亚教堂存有描绘耶稣和玛丽亚生活场景的壁画，各各他教堂则保存有基督墓和耶稣受难像，圣乔汉教堂更是直接被凿成十字架形状，它们皆反映着信徒对基督耶稣的热爱之情。至今每年圣诞节埃塞俄比亚的基督教信徒们还会汇集于该教堂。

石窟自诞生以来经历了漫长的历史发展，从印度早期石窟到犍陀罗艺术，从笈多艺术到阿旃陀艺术，再到中国和远东本土佛教艺术；其不断被包括古希腊文明、波斯文明、中华文明在内的多种文明赋予新色，又在流动的时间长河中积淀出丰盈底色。而世居尼罗河岸的古埃及人、信仰耶稣的基督教教徒们，出于宗教信仰，建造了一批外在装饰、风格特征及空间布局都体现宗教理念的岩凿建筑，与亚洲石窟共同组成了全人类文化遗产的一部分，成为世界文明对话的特殊文化符号。

三、文明交流互鉴的隐性纽带：石窟之内涵与未来价值

"文明因多样而交流，因交流而互鉴，因互鉴而发展。"①石窟是多文明之子，多种古老文明的交流互鉴孕育了多姿多彩、极具包容性的石窟艺术，其丰富内涵

---

① 习近平：《深化文明交流互鉴 共建亚洲命运共同体——在亚洲文明对话大会开幕式上主旨演讲》，《中华人民共和国国务院公报》2019 年第 15 期。

又是东西方文明交融的有力见证。

(一) 石窟是文明交流互鉴的产物

历史上，宏伟的石窟遗址多位于多文明荟萃之处。印度现存最大的石窟遗址阿旃陀石窟地处西印度最重要的商道附近，距古丝路重镇奥兰加巴德不过百余公里，古时东西来往的商旅和香客络绎不绝，各种文化思想在此交流碰撞；以丰富佛教洞窟及巨型石雕佛像闻名于世的巴米扬石窟位于阿富汗中部的峡谷，那里既是古丝绸之路的重镇，也曾是繁荣的佛教艺术中心，被称为"中亚语言、文明和宗教的前哨与十字路口"，汇聚了各种不同的艺术传统，是名副其实的文化大都会；有"千佛洞"之名的莫高窟坐落于敦煌，如巴米扬一般，敦煌在历史上也曾是丝绸之路的战略要地，古丝路南、北两道皆横贯而过，是贸易、宗教、文化和思想影响的交会点："自中土西去的使臣、僧侣、商贾及货物到达敦煌后经阳关、玉门关去西域各地，而西域来华的商贾、僧侣、使臣和各种物品也经过玉门关、阳关在敦煌汇集，再前往中原"[1]；著名朝圣地丹布拉石窟群位于斯里兰卡中部，距古都康提不出百里，自古便是"斯里兰卡北部信息传递网络中心"[2]。优越的地理位置为各种不同文明的交流与借鉴提供了条件，石窟艺术又在本土文化土壤的滋养下蓬勃生长。

除了多文明交融的外部环境之外，石窟内部亦包罗万象，是东西方文明交流互鉴的独特见证。阿旃陀石窟中精美的壁画印刻着不少文明间相互取鉴的证据，如壁画人物采用的精确人体比例，很大程度上是借鉴了希腊文明中的写实艺术；阿富汗巴米扬石窟中的西大佛身饰印度笈多风格的"线状脊背"帐帘，[3] 一些石窟的正方形穹窿顶还在波斯萨珊王朝早期的王宫建筑中出现过，[4] 东大佛像窟顶上又绘有古希腊神话中的太阳神形象；中国克孜尔石窟中的"三屈式"女像采用了印度石窟艺术中的"三屈式"艺术技法，[5] 这种技法在阿旃陀石窟的雕塑和壁画中

---

[1]　董玉祥:《从印度到中国:石窟艺术的产生与东传》,艺术家出版社 2012 年版,第 139 页。
[2]　张睿哲:《斯里兰卡佛教建筑初探》,南京工业大学硕士学位论文,2014 年,第 174 页。
[3]　杨富学:《阿旃陀·巴米扬·吐鲁番与敦煌间的文化联系》,《敦煌研究》1995 年第 2 期。
[4]　董玉祥:《从印度到中国:石窟艺术的产生与东传》,艺术家出版社 2012 年版,第 82 页。
[5]　朱浒:《阿旃陀石窟本生故事壁画研究》,《中国美术研究》2020 年第 3 期。

随处可见；韩国石窟庵中著名的"十一面观音菩萨"则取鉴于中国唐代佛教造像，依据玄奘(602—664年)所译的《十一面神咒心经》建造。① 这些是多文明交流留下的痕迹。

(二)石窟是多元文化的综合体

多文明的源泉滋养了石窟丰盈的文化内蕴，使石窟艺术具有极强的包容性，主要体现在艺术形式多样、文化多元、不同宗教共存上。在形式上，石窟不仅仅是单一的石质建筑体，其内里还包含壁画、雕塑、文学等多种形式，是多种艺术形式的综合体。在内容上，石窟的包容性体现在对本土不同思想流派的吸纳，也体现在对域外异质文化的取鉴，如印度埃洛拉石窟群曾同是印度三教的宗教集会地，反映了隐忍与包容的宗教精神；阿旃陀石窟的壁画内容既涉及宗教主题，又描绘了广阔的世俗生活图景；中国大足石刻的造像涵盖佛道儒三教合一以及历史人物等题材，三大宗教和谐共存于其中；炳灵寺石窟因经历了吐蕃王朝、啯斯罗藏族政权及藏传佛教的长期经营，而兼具藏汉两种风格。

石窟中的塑像、壁画等艺术还系统反映了本土文化与域外文化的交流互动，展现了东西方艺术交融的盛况。尤其是在莫高窟，洞窟中的塑像、壁画生动记录了十六国至元朝等十多个朝代的艺术流变及东西方艺术与思想交融的情景；其体量庞大、风格多变的壁画，"以汉文化为主体，融会了西域各国、各民族文化，形成杂糅而多变的文化奇观"②，犍陀罗艺术、笈多艺术、波斯艺术和粟特艺术的因子在其中交融共生，观者甚至还可以从中领略到古希腊和古埃及艺术的风采。

(三)石窟遗产的传承与发扬

作为多文明共同孕育的结晶，石窟遗产不仅是一国之瑰宝，还是展示和传承东西方文明的文化艺术宝库，是世界人民的共同文化财富。深入研究、多元探索石窟遗产的文化内涵，以全球视野发掘石窟文明的当代价值，从而促进世界石窟

---

① 温玉成：《韩国庆州石窟庵原型初探》，《当代韩国》2000年第1期。

② 陈振旺：《隋及唐前期莫高窟藻井图案研究》，甘肃教育出版社2021年版。

遗产的保护利用，具有重要意义。石窟体现出的包容性、在文明交流互鉴中的积极作用，在当代更应得到传承和发扬。

宜站在构建人类命运共同体的高度，充分认识石窟保护工作的重要意义。坚持保护第一的原则，在保护中利用和发展，守护好宝贵的石窟遗产。2019 年 8 月和 2020 年 5 月，习近平总书记在考察莫高窟和云冈石窟时，强调石窟遗产是人类文明的瑰宝，要坚持保护第一，在保护的基础上利用好、管理好。[1]

宜高端谋划和精准推进石窟文明的交流合作，特别是中印两个石窟大国的交流合作，推动建立中外石窟友好关系，促进石窟文明交流互鉴。1300 多年前，唐朝高僧玄奘前往印度求学佛法，其所撰写的《大唐西域记》成为现代考古学家发现阿旃陀石窟、埃洛拉石窟等印度历史古迹的重要文献依据，由此成就了一段中印两国人民交流互鉴、友好往来的历史佳话；2019 年习近平主席访问印度，在莫迪总理的陪同下参观马哈巴利普拉姆古寺庙遗址群。两国领导人以古老的石窟遗产为沟通桥梁，深化了中印文化交流。

宜创新平台与机制，切实推动石窟遗产跨学科、跨国别学术研究。规划开展考古学、遗产学、艺术学、宗教学、地理学、经济学、外交学等多学科协同的深度研究，加强国际学术交流，与各国合力搭建高端学术平台，多维度挖掘石窟遗产的文化内涵。如近年来敦煌研究院与美国盖蒂保护研究所、英国牛津大学、英国国家图书馆等国际相关机构开展友好交流合作，促进了敦煌学国际化研究平台的搭建，亦拓展了在国际传递中国石窟文化的途径。

宜大力探索石窟保护利用的技术创新与管理创新，加强石窟数字化保护利用。推动世界石窟遗产的数字资源管理和共享共用，提高石窟保护利用水平。如大足石刻研究院利用 3D 数字化技术进行石窟寺考古研究，出版了《大足石刻全集》考古报告，提高了石窟保护利用的水平。总之，通过顶层设计、多国合作、跨学科研究、科技支撑和引领，科学巧妙运用石窟遗产，以深化石窟文化内涵挖掘，发扬石窟文明的当代价值。

---

[1]　李宏松、何正萱：《关于石窟寺保护的几点思考》，《中国文化遗产》2021 年第 4 期。

源于南亚大陆的古老石窟遗产于悠久的发展中在亚洲各处落地生根，既为亚洲文明的独特载体，又是多文明交流互鉴的历史见证。如今，它依然具备跨越时空、超越国度的永恒魅力，将遥远的过去与当下甚至未来相连，搭起文明与文明间对话的桥梁，发挥着不可忽视的当代价值。

第二节　中国石窟的文化特性与时代价值

我国石窟寺分布广泛、规模宏大、体系完整，集建筑、雕塑、壁画、书法等艺术于一体，充分体现了中华民族的审美追求、价值理念、文化精神。在数量众多的石窟遗产中，全国重点文物保护单位中的石窟寺及石刻①是精品和代表。聚焦国保石窟，梳理其历史轨迹、空间布局和文化特性，对于深入了解佛教文化传播线路、全面发掘石窟遗产的时代价值、促进中外文明交流互鉴，有着重要的学术价值和突出的现实意义。

学界对石窟寺的研究以考古学为主，近年来呈现跨学科的趋势，多聚焦单一的石窟群，关注其宗教、艺术等特征和保护修复方法，推及石窟遗产旅游和文创产品开发。但对我国石窟寺整体状况的研究较少，基本上沿用宿白先生建立的石窟考古学学科体系，将我国石窟资源分为新疆地区、中原北方地区、南方地区与西藏地区。② 随着近年来对石窟研究的持续深入，关于我国石窟的总体状况、历史脉络、地区分布、文化特征等信息和认知，需要更新和归纳，并结合当下形势探讨其时代价值。本书正是在这个方向做出尝试。

一、石窟嵌入中国历史，体现中华民族的审美追求

石窟寺为佛教建筑形式之一，沿陆上丝绸之路和海上丝绸之路伴随佛教从印

---

① 石窟寺与石刻是我国不可移动文物的重要类别之一。1988 年及其之前，国务院将全国重点文物保护单位中的石窟寺与石刻作为两类分别统计；1988 年后，则将石窟寺与石刻归并为一类"石窟寺及石刻"，以下"全国重点文物保护单位-石窟寺及石刻"简称为"国保石窟"。

② 宿白：《中国石窟寺研究》，文物出版社 1996 年版。

度东传至中国，并向其他地区蔓延。我国石窟寺共有上千处历史遗存，数量和保存完好程度均处于世界前列。石窟寺承载佛教文化，嵌入中国历史，是中华民族各历史时期审美理念和风潮的生动体现。

（一）石窟遗产深植于中华环境美学

石窟作为重要的历史文化遗迹，不仅是历史文明交往的见证者，还是当今连接中外文化交流的重要纽带。以石窟寺及石刻为代表的石质文物在我国文化遗产中占有重要地位，与古遗址、古墓葬、古建筑、近现代重要史迹与代表性建筑等共为不可移动文物的主要组成部分。

截至 2019 年 10 月，共有 313 项石窟相关遗址列入全国重点文物保护单位（简称"国保单位"）第一批至第八批名录，占国保单位总数的 6.19%，为国保单位的五大类别之一。（见图 3-2）

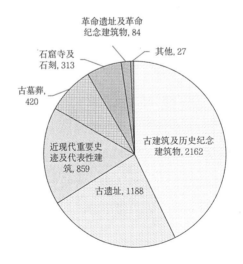

图 3-2　全国重点文物保护单位各类型比例分布（单位：项）

（资料来源：国家文物局网站，http://www.ncha.gov.cn/）

石窟寺在中国各地的大量开凿，既体现了佛教文化的广泛传播，也得益于我国适宜的地理环境。我国幅员辽阔，山脉纵横交错，为石窟的开凿提供了丰富的地理条件。石窟寺为佛教徒修行之地，选址和布局考究，多位于清净偏远的僻静之所，① 其建造遵循"因借随势"的原则，在不同地貌环境下呈现多样的形制和规模。理想的开凿环境是陡立的石壁，同时满足坚固耐用、整体性好且可塑性强的条件；松散、粗糙的地质条件不利于石窟寺的建造和存留。风景秀美的自然环境也是石窟建造的参照条件，古代建筑选址依据风水学，石窟通常选址于河流切割山地而成的峡谷崖壁之上，一般都是在草木繁茂、山清水秀、鸟语花香、远离城镇的清静幽僻地方。②《佛说观佛三昧海经》卷七《观四威仪品之余》中记载："摩诃迦叶，徒众五百，化作琉璃山。山上有流泉浴池，七宝行树。树下皆有金床银光，光化为窟。摩诃迦叶，坐此窟中，常坐不卧，教诸弟子，行十二头蛇，其山如云疾于猛风诣古仙山。"教徒潜心修行需要适宜的自然环境，体现教徒虔诚供奉的心态。石窟寺不仅受到地形地貌、气候变迁、水文河流等自然因素的影响，还受宗教、政治、经济和传统"风水"③观念等人文因素的影响。

石窟寺与我国的岩石地貌融为一体，成为中华环境美学的重要组成部分。我国拥有丰富的地貌类型，喀斯特地貌、丹霞地貌和河谷地貌等为形成石壁的常见地貌类型。我国石窟寺开凿于七种岩石环境：红色岩层中的砂岩、砾岩、石灰岩、半胶结的砂砾石层、泥岩、花岗岩以及粗面安山岩。前四种岩石为开凿石窟的主要环境，仅个别石窟分布于后三种岩石。石窟开凿较为理想的丹霞地貌，主要由砂岩、砾岩等构成，红色岩层的整体性和坚固性较好，可雕可塑，有利于石窟的开凿和保存；开凿于红色岩层的石窟集中分布于甘肃、宁夏和四川，陕西、云南也有少量分布。石灰岩具有较好的整体性和稳定性，可雕性更为突出，石灰岩类的石窟主要分布在华北、华东和华南地区，与石灰岩分布的区域地质特征大体一致。半胶结砂砾石层松散且粗糙，并非理想的石窟开凿地质，受佛教传播路线的影响和地质特征的限制，新疆、甘肃的石窟寺主要开凿于这种岩体之上，④

---

① 江牧、倪文吉：《中国西北地区石窟开凿的观念、择址与形制》，《创意与设计》2017年第2期。

② 苏北海：《丝绸之路龟兹研究》，新疆人民出版社2009年版，第283页。

③ 王清廉、张和纬：《中国佛寺地域分布与选址相地说》，《河北师范大学学报（社会科学版）》1993年第3期。

④ 张和纬：《石窟的地学基础及其分类》，《甘肃地质学报》1997年第6卷，第122、136～137页。

但是干旱少雨的气候特征使该地区的石窟寺保存状况较好。岩石分布呈现明显的区域特征，受开凿年代和自然条件的影响，不同地域石窟保存的完好程度有所差异。

(二)石窟开凿历程体现中华美学风貌嬗变

我国石窟寺的开凿历时漫长，从公元3世纪的魏晋时期一直持续到民国时期，绵延1700余年。国保石窟的开凿集中在魏晋南北朝、隋唐五代和宋元时期，占总数的82.7%。不同历史时期石窟寺的规模、分布和形制特征鲜明，建造数量也存在较大差距。国保石窟的开凿可划分为史前、先秦、秦汉、魏晋南北朝、隋唐五代、宋元、明清和近代以来8个时期。①秦汉及以前尚无佛教，石质文物的主要形态为摩崖石刻；近代以来并无规模宏大的石窟开凿活动，偶有对原有石窟遗址的扩建与修护工作。

从魏晋到宋元，中国石窟的营造经历了千年兴盛期。从各个时期国保石窟的占比情况看(见表3-1)，隋唐五代时期开凿的石窟寺数量最多，其次为宋元时期，再次为魏晋南北朝时期。开凿于魏晋南北朝时期的有78项，石窟精品众多，其中敦煌莫高窟、大同云冈石窟、洛阳龙门石窟和重庆大足石刻被联合国教科文组织列入《世界遗产名录》，这些大型石窟群集中体现了中国石窟独有的艺术风貌。开凿于隋唐五代时期的石窟寺及石刻有99项，以新疆吐鲁番伯西哈石窟、陕西彬县大佛寺石窟为代表；开凿于宋元时期的有82项，以山西太原龙山石窟、河北曲里千佛洞石窟、甘肃石空寺石窟为代表。石窟是一项持续性的文化工程，诸多石窟的开凿历经数百年甚至上千年，前后相继超过500年的有河南巩县石窟、甘肃北石窟寺、河南灵泉寺石窟等，超过1000年的有甘肃的榆林窟、炳灵寺石窟、麦积山石窟等。

石窟是时间的艺术，在漫长的营造历史中，各时期的石窟风格呈现出鲜明的时代特征。佛教自古印度传入，石窟寺作为传教场所于公元3世纪出现于中国西

---

①　田小波、胡静、徐欣等：《历史时期全国重点文物保护单位时空分布特征及影响机理》，《经济地理》2021年第1期。

表 3-1　国保石窟历史时期数量分布及占比

类型/ 时期	史前	先秦	秦汉	魏晋南 北朝	隋唐 五代	宋元	明清	总计
石窟寺及 石刻(处)	11	7	12	78	99	82	24	313
石窟寺及石 刻占比(%)	3.51	2.24	3.83	24.92	31.63	26.22	7.67	100

域，初期，石窟寺在建筑形制、壁画题材和造像风格上体现出浓郁的异域风格，比如新疆地区的石窟寺体现了犍陀罗艺术、印度艺术和本土艺术的融合。在石窟开凿活动兴盛的5—8世纪，大多数石窟有了规模和形制的变化，其造像形态上表现出浓郁的中原风格。敦煌莫高窟内中心柱石窟到覆斗形石窟的演变，是佛教建筑形式从印度文化到汉窟文化转变完成的重要标志，[①] 石窟内部结构和壁画造型的变化也展现了印度佛教艺术中国化的历程。中华文明自古就在与其他民族文明的交流互鉴中发展，显示出包容精神。

石窟建造与当朝者的信仰有密切关联，融入了当时的审美理念。北魏是佛教造像本土化演变的重要时期，为唐代佛教造像中国化奠定了基础。从造像形象来看，观音在印度原本为男性，初入中土时也为男性，后逐渐变为女性。北宋和尚释道诚在《释氏要览》中讲出其中原委：观音在"宋齐间皆唇厚、鼻隆、目长颐丰，挺然丈夫之相。自唐来笔工皆端严柔弱似妓女之貌，故今人夸宫娃如菩萨也"[②]。在麦积山石窟、云冈石窟以及巴蜀地区的石窟中，都有不同朝代菩萨性别、造像服饰本土化演变的印记。印度佛教艺术在中国本土化的过程集中于北魏时期，表现当朝者对佛教活动的推崇，具有不同地域特色的佛教造像艺术在此阶段实现了前所未有的融合。以云冈石窟为例，北魏文成帝即位后便开始了石窟建造，孝文帝迁都洛阳后继续修建，于太和十年(486年)进行了汉化改革，其中包

---

① 张法：《空间形式与象征意义：佛教石窟从印度到汉地的演化》，《浙江学刊》1999年第1期。

② (北宋)释道诚：《释氏要览》第二册。

括对石窟寺造像形态、雕刻技法、石窟形状等方面的改造，形成了犍陀罗风格与中原风格相交融的"太和样式"。同时期开凿的云冈石窟与龙门石窟在佛像造型、雕刻技法、造像特点等方面融入了中原本土特征，形象地记录了印度佛教艺术向中国佛教艺术转变的历程。石窟壁画著名的飞天形象产生于印度，随佛教东渐经中亚传入中国。印度飞天在传入中国之初，较大程度地保留其原有特征，后逐渐融入本土特征，与中原地区的汉文化融合发展成具有汉文化独有的飞天形象。北魏孝文帝实行全面汉化政策是石窟飞天艺术风格变化的重要契机。云冈石窟中的飞天壁画就将古印度的犍陀罗艺术、笈多艺术、北方鲜卑民族文化与中原本土的传统相互融合，发展成风格独具的"云冈模式"。中国艺术"气韵生动"的美学追求以及线描的造型方法强化了飞天图像的表现性，飞天舞姿的演变呈现出不同地域的艺术形式在不同传统的舞蹈和雕塑之间的差异性。① 传统飞天形象在发展中融入了现代审美观念，博物馆文创产品、游戏设计也将飞天形象纳入其中，中国传统元素越来越多地被运用到现代审美设计中，不断满足大众的审美需求。

（三）石窟本土化与佛道融合的趋势发展

石窟寺的内部形制表现出佛教文化的独特性和使用功能的差异性。石窟寺除因地质条件不同产生的差异外，功能差异也使其呈现不同的形制特征。一般规模较大的石窟群，多由几种不同使用功能的洞窟组成，构成较为完整的石窟寺院。② 不同类型的石窟寺呈现多样的建筑空间形态和特征，满足了使用者进行不同类型活动的需要。我国石窟寺依形制特征和使用功能差异主要分为七类：窟内立中心塔柱的塔庙窟，无中心塔柱的佛殿窟，为僧人生活起居和禅行的僧房窟，塔庙窟和佛殿窟中雕塑大型佛像的大像窟，佛殿窟内设坛置像的佛坛窟，僧房窟中专为禅行的小型禅窟，小型禅窟组成的禅窟群。③ 中心柱窟即窟内立中心塔柱的塔庙窟，其原型是印度的支提窟，流传到龟兹（新疆拜城、库车一带）以后，

---

① 尹泓：《飞天意象研究》，扬州大学博士学位论文，2012年，第2、117页。
② 马世长：《中国佛教石窟的类型和形制特征——以龟兹和敦煌为中心》，《敦煌研究》2006年第6期。
③ 宿白：《中国石窟寺研究》，文物出版社1996年版，第1页。

与当地文化相融合，形制发生根本变化，成为龟兹佛教徒的独创，[①] 这种石窟种类由龟兹向东传播至河西走廊，敦煌莫高窟、榆林窟均受其影响。佛殿窟广泛存在于中国各地的石窟中，其使用功能与佛殿相似，平面大多为方形，也称为方形窟，在敦煌石窟中较为常见，空间形态和建筑样式变化较多。窟顶作覆斗状的石窟是佛殿窟本土化的普遍存在形态，流行时间最为长久。与北方地区盛行的石窟形制不同，南方地区的石窟大部分是在崖面直接开龛造像的佛龛窟，这种石窟窟前用木门窗封闭，没有甬道、前室，形制较为简单，广泛分布于川渝地区，大足石刻为规模较大的佛龛窟典型，该形制也存在于北方地区的石窟之中。僧房窟过去也称为毗可罗窟，由梵语音译而来，在龟兹石窟中较为常见，新疆克孜尔石窟中有约占三分之一的僧房窟，为僧人起居禅行的重要活动场所，日常生活类的石窟还包括仓储窟等。规模较大的大像窟形制特殊，其主室正壁前立有一尊高大佛像。此外，讲经修行类的石窟有讲堂窟、禅窟等；祭祀缅怀类石窟包括瘗窟、影窟。石窟寺因其使用功能所表现出的形制差异，可以判断古代佛教活动多样复杂，呈现明显的地域特征。古代佛教文化具有极为深远的影响，上至文武百官，下至平民百姓，均在佛教中寻求心灵的寄托，佛教石窟造像艺术也因此成为中国历史文明的重要组成。

石窟寺的本土化发展不仅表现在造像形象、壁画风格和洞窟形制上的演变，还表现在外来佛教与中国本土信仰的融合，这与当朝者的政治诉求、百姓的生活需求有密切联系。魏晋南北朝时期，由于政治统治的需要，儒、释、道三教合一的思潮开始出现。隋唐时期，三教合一的趋势进一步深化，在石窟寺中也有所体现。[②] 国保石窟中有诸多佛道并存的例子，如四川牛角寨石窟、甘肃王母宫石窟、陕西宜君石窟群等，均体现佛道合一的发展趋势。佛教与道教在造像形态、壁画风格上相互借鉴，形成内涵丰富、包容多元的艺术风格。此外还有约 21 项以宣扬道教为主的国保石窟，主要分布于甘肃、山西、四川、重庆和陕西等地，其中重庆大足石刻、四川鹤鸣山道教石窟、山西龙山石窟较有代表性。石窟的壁

① 新疆龟兹研究所：《库木吐喇石窟内容总录》，文物出版社 2006 年版，第 120 页。
② 林庆彰主编，李玉用著：《中国学术思想研究辑刊》第十六编第 25 册《宋元道教"三教合一"思想研究》，台湾花木兰文化出版社 2013 年版，第 35 页。

画形象也有佛道合一的重要例证，比如飞天。"飞天之名见于中国记载者，最早为北魏杨衒之《洛阳伽蓝记》，称'飞天伎乐'，即印度乾闼婆与紧那罗的合称。飞天形象从印度传入中国，便与道家飞神羽人（即飞仙）相组合，赋予了中国特色和民族风格。"①南方地区盛行的摩崖造像为石窟艺术的重要表现形式，多以佛教为主，兼及道教、儒教和民间秘密宗教。② 川渝地区多体现佛道合一的摩崖造像。唐初李渊为借助宗教势力巩固政权，自称为道教祖师李耳的后裔，大力提倡道教，道教摩崖就此兴盛起来。道教造像的艺术风貌、刻工和细节部分表现生动，表现出绚丽多彩的审美特征。

伴随我国历史发展进程，石窟寺不断注入中华民族的审美追求，石窟形制、造像形态和宗教风格的变化之外，内部壁画也呈现本土化和世俗化的发展趋势，出现世俗乐舞的生活情境。比如重庆大足石刻，融儒、释、道为一体，造像风格摆脱早期犍陀罗风格，佛像的五官、服饰和发纹均表现出鲜明的中原特征，还将世俗化乐舞的情景反映在壁画中。石窟表现的古代建筑、雕塑、壁画、书法等多元艺术形式，在现代社会诸多领域均有体现，如影视作品、游戏角色设计和室内装修等均有沿用石窟壁画元素的案例。

二、石窟遍布神州大地，体现中华民族的价值理念

我国石窟遗产遍布南北各地，众多石窟共同构成相互影响、互为依存的群体，各地区石窟寺既体现了共性特征，又存有浓郁的地域特色与个性特征。这些大小不一、零散分布的石窟承载着不同时代的文化记忆，成为重要的宗教记忆媒介③，构成内容丰富、特色鲜明的石窟遗产。

（一）国保石窟的整体分布特征

石窟寺在规模、形制和风格呈现出鲜明的区域特征，整体表现为分布不均、

---

① 季羡林主编：《敦煌学大辞典》，上海辞书出版社1998年版，第166~169页。

② 鲍训庸：《刻石为神 长江流域的石刻与石窟》，武汉出版社2006年版，第86页。

③ ［德］阿莱达·阿斯曼著，潘璐译：《回忆空间：文化记忆的形式和变迁》，北京大学出版社2016年版，第13页。

区域集聚。石窟资源在各省分布不均，主要集中于西北地区、华北平原、西南山区和东部沿海地区。其中四川、河南、甘肃、浙江、河北5省拥有的国保石窟数量最多，分别为38处、35处、24处、21处、20处。5省的国保石窟资源占全国的近一半(44.1%)。天津、上海、贵州、辽宁、黑龙江分别仅有1处。我国北京、港澳台地区的国保石窟数量为0。除陆上和海上丝绸之路涉及的地区外，我国东北地区与南方沿海地区国保石窟数量稀少，这并非因为佛教影响力弱，而是因为有寺庙等作为传法场所，或者是地质地貌条件受限。我国北方石窟艺术受犍陀罗艺术的笈多马土腊造像或后期犍陀罗艺术影响较大，① 如魏晋时期盛行的凉州模式、平城模式。与北方地区的石窟艺术有别，长江以南地区受到印度马土腊经东南亚传入我国长江流域的佛教影响较大。因此，南北方石窟在造像样式、形制规模等方面存在明显差异。两条丝绸之路所形成的佛教艺术北传系统、南传系统在龙门石窟、麦积山石窟汇合，形成了多种石窟艺术中国化的结晶。麦积山石窟位于嘉陵江上游，为长江流域最早的佛教石窟之一，始建于十六国时期的后秦时期，经历了北魏、北周、唐、北宋几个具有代表意义的时期，造像形象、壁画风格和雕刻技法均不断变化；嘉陵江河谷是连接西北和四川的重要通道，这使得麦积山石窟兼具南北方石窟的特征。

(二)佛传路线与国保石窟分布

受佛教传播线路的影响，国保石窟在我国西北地区呈线性分布，中、东部地区的石窟寺则呈放射状分布。佛教首先沿"丝路"南道传入我国，在于阗(今和田)、鄯善一带流传；紧接着进入天山南麓的"丝路"北道(即后来的中道)。② "丝路"南道的佛教建筑多为土木结构，自然和人为因素的破坏致其湮没；"丝路"北道的龟兹、焉耆(今库尔勒)、高昌(今吐鲁番)等地具有开凿洞窟的条件，石窟保存状况与南道相比较为完整，沿丝绸之路在河西走廊区域呈线状分布。石窟寺进入中原地区后，则呈辐射状分布，向西南、华北、长江下游等地区辐散开来。主要辐射中心有四处：一为川渝交界处，主要集中在河流水源附近；二是晋

---

① 辰闻：《宗教与艺术的殿堂：古代佛教石窟寺》，辽宁师范大学出版社1996年版，第7页。
② 《新疆艺术》编辑部：《丝绸之路造型艺术》，新疆人民出版社1985年版，第1~2页。

冀鲁豫 4 省交界处；三是陕甘宁地区，其中甘肃、陕西的石窟类省级文物保护单位最为密集，分别有 37、32 项；四是苏浙闽地区，其中浙江的国保石窟多达 21 项。石窟寺的建造与随丝绸之路传播的佛教分布基本一致，其疏密程度受到佛教的影响力、统治者重视程度和地质条件的影响。

石窟传入汉地后与中原文化融合发展，因地域文化差异和石窟艺术盛衰而形成若干个典型的石窟艺术发展区，如新疆地区、陕甘宁地区、晋豫冀地区、川渝地区、江浙地区和西藏地区。每一地区的石窟艺术既具有同时期全国石窟艺术的总体特性，又具有独特的地域艺术风格，中国石窟艺术呈现百花齐放的面貌。受地形条件影响，长江流域的国保石窟以摩崖造像为主，主要集中于三块区域：一是甘南川北地区，以麦积山石窟为代表；二是川渝交界的嘉陵江下游地区，主要有巴中、安岳、大足石窟群；三是江南地区，集中在江苏和浙江部分区域，以南京栖霞山千佛岩和杭州飞来峰石窟为代表。

（三）石窟遗产的南北互鉴之路

南北方石窟寺类型存在较大差异。新疆地区、中原北方地区的石窟寺以能进人的洞窟为主，南方地区以露天浅龛为主，常常被称为"摩崖造像"或"摩崖石刻"。西北地区沙漠、戈壁广布，零星嵌入其中的石窟以其独有的艺术魅力和文化价值而熠熠生辉。龟兹地区有多处大型石窟群，其中国保单位有克孜尔千佛洞、克孜尔尕哈石窟、库木吐喇千佛洞（库木吐喇石窟）、森木塞姆千佛洞等。高昌地区的国保石窟柏孜克里克千佛洞（柏孜克里克石窟）、吐峪沟石窟、胜金口石窟、伯西哈石窟表现出鲜明的西域特征。焉耆地区有七格星石窟一处国保石窟。值得一提的是龟兹地区的克孜尔石窟，相较其他沙漠地区的石窟有更优越的自然地理环境，它紧邻木扎提河和苏格特沟溪水，沟谷中有开阔的崖面可供开凿，因此被选为龟兹王室礼佛的供养之地，有持续数百年规模宏大的经营；克孜尔的两百余座石窟零散分布于四片区域，各区域石窟相对集中，形成崖壁上密集的石窟群。新疆地区的石窟有着印度风格向中原转化的印记，并呈现出独有的风貌。如克孜尔石窟壁画的菱形格形式是克孜尔地区特有的壁画构图形式，学界对该壁画的起源和发展并未形成统一定论，这种壁画形式是地方文化的创造发展，石窟在历史发展中融合了地域的审美特征。

川渝地区多山多水，石窟数量和规模都很庞大，雕刻技艺精湛，艺术形式多样，成为南北朝至清朝石窟艺术的集中地。四川境内的石窟造像东起三峡、忠县，南至宜宾、昭觉，西抵邛崃、茂汶，北达广元、通江，散布于156县，造像地点达200余处。[①] 四川石窟主要表现为特色鲜明的雕刻艺术，造像呈现释道并存的面貌，展现了盛唐密宗创立以来造像的演变趋势，造像表现出丰富的艺术形式和浓郁的地方特色。川中地区石窟最为密集，以夹江千佛岩石窟、通江千佛岩石窟、牛角寨石窟等较为著名，艺术表现形式多元、雕刻技法成熟、世俗特征分明；集中反映中晚唐五代和两宋佛教雕刻艺术精华的有安岳石窟和大足石刻。

三、石窟见证文明交流，体现中华民族的文化精神

石窟见证佛教文化在中国的传播和地域文明的交融，不仅体现于历史维度的延续和地域间的交融，还鲜明表现在与外来文明的交流融合中寻找共同话语体系。从世界范围看，石窟主要分布在亚洲，是亚洲文明的载体，见证历史的发展，记录不同国家与地域间经济、政治与文化的交流与合作。这一佛教建筑样式贯通古今中外，延续西亚、南亚与中亚文明血脉，将亚洲独特的文明远传欧美，是世界遗产的多样性和丰富性的重要组成。

（一）石窟文化的跨国传播与国际影响

石窟寺是不同民族宗教文化的载体，从造像艺术、壁画内容到雕刻技法，均体现世界古文明之间的影响力。同佛教传播线路一致，石窟寺的建造随印度传播至阿富汗，再传播至我国古代西域地区，沿丝绸之路一路向东，影响日本、韩国等地，展现出佛教艺术广泛深远的影响力。

印度石窟建造历史悠久，可追溯至公元前3世纪，在漫长历史中融合印度教、佛教等多种宗教文化，形成具有印度风格的阿旃陀石窟艺术和桑奇佛教建筑

---

① 辰闻：《宗教与艺术的殿堂：古代佛教石窟寺》，辽宁师范大学出版社1996年版，第183页。

艺术。印度象岛石窟、帕塔达卡尔建筑群、马哈巴利普兰遗址群等世界文化遗产，展现印度多种宗教、不同种族文化记忆的载体和古印度文明的重要标识，并伴随古代文明交流而影响至其他国家历史。佛教伴随古印度文明向北发展至阿富汗地区，对兴都库斯山的佛教遗迹——巴米扬石窟产生直接影响，该遗迹同时受到波斯萨珊王朝艺术和西方艺术的影响，是中亚、西亚和欧洲艺术交流的见证者。2001年，巴米扬大佛被塔利班政权摧毁后，联合国教科文组织启动保护修缮工程，集合了德国、意大利和日本等国家的力量，推进文化遗址保护成为世界共识。

石窟是佛教传播的重要见证之一，贯穿亚洲文明交流的历史发展。佛教文化经中国传至韩国、日本，与当地文化融合发展。韩国庆州佛国寺、石窟庵均受到中国佛教的影响，其中石窟庵为韩国新罗统一后建成，受唐朝佛教传播的影响。"石窟庵的'原型'来源于康法藏（643—712年）于武则天神功元年（697年）为'摧伏怨敌'契丹所作的'十一面观音道场'"①，并且融摄了"八大菩萨道场"②。石窟庵是密教系统化以前出现的一处大型坛场，也是世界仅存的一处完整的"十一面观音道场"大型雕刻群像。③ "如此伟大的佛教作品涌现，既是新罗人才华的体现，也是入唐求法僧输入唐朝文化的结果"④。这一处世界遗产对研究佛教传播线路和密坛的演变历史具有重要价值。日本奈良市的春日山石窟佛，又名"穴佛"，共有18尊石佛（一部分因风化作用已消失），⑤ 包括如来坐像、观音菩萨立像、阿弥陀佛、地藏和天部等，还有圣人窟、地狱谷洞穴佛、朝日观音、夕日观音等佛教造像。除石窟造像外，日本现存较多佛教建筑亦受到中国影响，如奈良室生寺木造十一面观音像，应属唐穆宗长庆年间（821—824年）所作⑥。日本与韩国寺庙中均有十一面观音像，反映了唐朝佛教对东亚邻国的影响。

---

① 温玉成：《韩国庆州石窟庵原型初探》，《当代韩国》2000年第1期。
② 温玉成：《韩国庆州石窟庵原型初探》，《当代韩国》2000年第1期。
③ 温玉成：《韩国庆州石窟庵原型初探》，《当代韩国》2000年第1期。
④ ［韩］金得榥著，柳雪峰译：《韩国宗教史》，社会科学文献出版社1992年版，第86页。
⑤ 【春日山石窟仏】大仏殿建設のための「石切り場」跡に圧巻の石仏たちが並び立つ. https：//narakanko-enjoy.com/？p＝18264#toc2. 访问日期：2017年6月1日。
⑥ 温玉成：《韩国庆州石窟庵原型初探》，《当代韩国》2000年第1期。

(二)世界遗产与石窟文化的协同发展

石窟遗产不仅是亚洲文明的典型，也是世界遗产的重要组成。截至 2021 年 8 月，《世界遗产名录》公布的 1154 项遗产中，石窟寺相关项目有 18 项，均分布于亚洲。我国入选《世界遗产名录》的石窟遗产多达 6 项。① 2014 年，中国与吉尔吉斯斯坦、哈萨克斯坦联合申报的世界文化遗产"丝绸之路：长安—天山廊道的路网"，包含 4 处石窟寺：彬县大佛寺石窟(陕西)、麦积山石窟(甘肃)、炳灵寺石窟(甘肃)和克孜尔石窟(新疆)，它们与相关历史遗址遗迹共同见证了公元 2—16 世纪亚欧大陆经济、文化和社会友好往来的历史，在丝绸之路交流体系中具有突出特点，同时展现出中华文化包容互济、兼收并蓄的优良传统。

敦煌莫高窟也是一处著名的世界遗产，关于敦煌的研究发展成为一门国际显学：敦煌学。随着敦煌文化价值的彰显，敦煌学成为世界考古和文化研究领域关注的重点，其中包括石窟考古、艺术、遗书、石窟文物保护和理论研究五个领域，是一门多学科交叉的综合学科，季羡林先生称"敦煌在中国，敦煌学在世界"，将中华文明置于世界历史文明进程中。在"一带一路"倡议背景下，石窟对话成为当下国家间文明交流的重要方式。2019 年敦煌研究院与吴哥窟文化发展管理局签署协议，就石窟对话达成合作共识，这对于促进世界文明交流互鉴与佛教文化的当代发展有重要的战略意义。习近平总书记指出："敦煌文化属于中国，但敦煌学是属于世界的。"敦煌莫高窟所承载的历史记忆和文化内涵，包含了不同国家、各个民族文明交流交往的成果，体现了中华民族海纳百川、开放包容的广阔胸襟，是世界各地、各民族优秀文明的集中体现。敦煌学的世界眼光与国际影响，对于石窟文化的研究和弘扬具有积极的促进作用和良好的示范效应，各地纷纷发力推动石窟研究，"云冈学""龙门学""大足学"提上议事日程并通过多种途径深入推进。

---

① 肖波、余艺芳：《文明交流视角下石窟遗产的亚洲印记与全球价值》，《湖北民族大学学报(哲学社会科学版)》2022 年第 3 期。

（三）"一带一路"倡议与石窟发展机遇

石窟寺是我国开放包容、睦邻友好的历史见证，体现了我国古代光辉灿烂的文明，充分表现了中华民族的文化自觉与文化自信。我国石窟保护工作于 20 世纪 30 年代拉开序幕，20 世纪 80 年代向体制化、制度化的方向发展，2000 年颁布的《中国文物古迹保护准则》规范了石窟寺保护的工作原则、理念、保护程序和方法。2020 年 11 月，国务院办公厅出台《关于加强石窟寺保护利用工作的指导意见》，贯彻了习近平总书记加强石窟寺保护利用工作的批示，为传承和弘扬中华优秀传统文化、建设高质量"一带一路"和促进中外文明交流互鉴提供方向和支持。

在国际层面，从吴哥窟"原物重建法""新原物重建法"的发展到联合国教科文组织对巴米扬大佛的保护修缮，再到多个国家联合申报世界遗产项目，无不体现了世界各国对石窟文化的重视。丝绸之路线性文化遗产贯通古今中外政治、经济、文化和社会交流，是世界文明交流的重要通道，它续写中华民族的文明史，也将亚洲各国联结于一体。以"一带一路"倡议的推进为契机，加强丝路沿线石窟遗产的交流与对话，推动各国就石窟遗产保护利用开展合作，进而探讨文化遗产领域的共识、推动世界文明对话与文化交融，是当前不容忽视和极具战略意义的课题。

通过加强石窟寺的保护利用和国际对话，促进我国与中亚、南亚、西亚等地区的文化交流、经济往来、社会发展，对于高质量共建"一带一路"、加强世界文明交流互鉴，有着重要的战略意义和突出的时代价值。

自然因素和人为因素是影响我国石窟资源空间分布的两大主要因素，自然因素包括地质、地貌、气候、水文等因素，人为因素包括政治、宗教、经济、文化等，这些共同构成每一处石窟遗址的特殊性。石窟遗址的各个组成要素，包括规模、形制、规格、雕塑、壁画、石刻等，共同反映其在不同历史朝代的风貌，记录时代印记和历史变迁。石窟遗址是古代社会发展、文明交流、价值理念的重要见证，承载深厚的历史文化基因和文化记忆，对于重塑文化自信和民族认同感具有重要意义。石窟遗产在世界文明交流体系中的作用同样不容忽视，集中体现了文化型国家、宗教型国家、民族型国家共同的价值理念和独特的价值追求。

在考古学迎来发展的春天、文化遗产备受重视的历史机遇期，宜坚持统筹规划、保护第一、广聚人才、交流互鉴的原则，创造性地做好石窟寺保护利用工作；统筹规划石窟寺的保护工作，从石窟遗产的保护修复、开发利用，以及石窟遗产与其他学科的交叉融合；推动石窟遗产保护专业人才的培养与集聚，积极吸纳多领域人才，推动石窟遗产的"活化"发展。

宜深入研究、多元探索中国石窟遗产的保护利用。一是在全面普查的基础上，做好全国石窟遗产保护利用的顶层设计和中长期规划；统筹运用最新科技成果，进一步推动石窟遗产数字化，做好石窟遗产的保护工作。各省市、区县协同合作，积极引导社会力量参与石窟寺保护长效机制工作。二是开展考古学、遗产学、艺术学、宗教学、地理学、经济学、外交学等多学科协同的深度研究，多维度发掘中国石窟遗产的历史价值和文化内涵，提升学术研究的针对性和影响力。完善相关学科人才培养体系，健全石窟管理和保护机制，培育石窟科学管理人才，加快石窟文创产品的开发。三是合理利用石窟遗产，通过"互联网+文物"、文物旅游、文物研学、文物认养等方式，讲好中国石窟故事，挖掘石窟体现的审美追求和价值理念，促进中华优秀传统文化传承发展。四是服务高质量共建"一带一路"倡议，加强与周边国家和丝绸之路沿线国家的石窟遗产保护合作，促进文明交流互鉴。总之，可通过多学科、多维度的资源整合，探索石窟保护利用的技术创新与管理创新，努力走出一条具有示范意义的石窟保护利用之路，为世界石窟遗产保护与传承作出新贡献。

第三节　虚拟世界的文明力量

2021年被称为"元宇宙元年"，元宇宙（Metaverse）热潮蔓延到文博行业。古老的文化遗产与新潮的元宇宙在过去、当下和未来三重维度产生交集。在过去，文化遗产以物质和非物质的形态体现元宇宙的核心要素；在当下，文化遗产与元宇宙尝试多种融合方式；在未来，文化遗产将在数字求真、科技向善、人文致美三个向度发力。通过牵手元宇宙，文化遗产将彰显虚拟世界的文明力量，同时利用数字技术促进自身"活起来"，从而实现双向互动与协同治理。

一、异界想象与文明载体：文化遗产中的元宇宙要素

元宇宙最早出现于美国科幻小说《雪崩》(1992年)，是指以虚拟身份进入计算机模拟、与真实世界平行的虚拟空间。作为与真实世界平行而又可进入的虚拟空间，元宇宙在文化遗产中早有踪迹。

寻仙故事中的异界想象与人仙交往。最早的元宇宙由文字进行建构。晋代《博物志》有"八月浮槎"故事：有人造船远航至天宫，看见织妇和牵牛；返回后遵嘱造访严君平，知当时客星犯牵牛宿。南朝《荆楚岁时记》将寻访者换成张骞，溯河西行见到牵牛织女，带回一枚支机石，为东方朔所识。这两则故事是国家级非遗项目"牛郎织女传说"的重要文献，反映了人仙交往场景，其关于仙界的想象是一种虚拟的"可能世界"。白蛇传说更进一步，白娘子在人间、妖界、仙界三重平行世界之间转变与切换。诸多非遗传说中，虚拟世界与现实世界无缝对接和实时切换，契合元宇宙的基本理念。

石刻壁画中的宗教故事与轮回转换。抽象的宗教思想常以具象形态(如壁画、石刻等)生动地呈现在民众面前，展示与人间平行的地狱、天堂等"虚拟世界"。敦煌现存壁画中，数量最多、内容最丰富、延续时间最长、艺术成就最高的是图说佛经故事的经变画，共有34种，如展现七类善事善报的《福田经变》、描摹兜率天宫景象的《弥勒经变》、描摹现实苦难世界与西方极乐世界的《药师经变》等。大足石刻以5万余尊美轮美奂的石刻造像，生动展现佛教密宗故事、道家升仙故事、儒家孝道故事、当地民间信仰本尊故事、供养人与菩萨互动故事，并以六道轮回图、牧牛图等体现多重世界的切换。敦煌壁画和大足石刻关于往世、现世、来世的生动图摹，可以说是元宇宙的要素汇聚和生动雏形。这些艺术瑰宝成为珍贵的世界文化遗产。

民间传说和壁画石刻，作为非物质形态和物质形态的文化遗产，既不是沉睡地下的遗忘之所，也不是湮灭无闻的遥远绝响，它们所创造的艺术世界与真实世界并行共存：民众可以随时激活或访问它们。这种多重世界共存互访的时间长达上千年，正是元宇宙的相似形态。

二、虚实交融与文化引领：文化遗产拥抱元宇宙的实践探索

虽然元宇宙的诸多要素在古代文化遗产中有某种程度的体现，但今天所说的元宇宙，离不开计算机和互联网语境。随着元宇宙"暴红""出圈"，各地在文化遗产与元宇宙融合发展方面进行了有益探索。

基于历史街区发展虚拟旅游。新冠疫情催生了"云旅游"，部分历史文化景区探索"虚拟旅游"，将现实场景仿真映射成线上虚拟场景，通过沉浸式体验，满足游客参观、互动和购物等需求。陕西西安大唐不夜城于 2021 年底推出元宇宙项目"大唐·开元"：基于唐朝历史文化背景，打造有百万居民的虚拟古代长安城，并与当代人进行虚实互动，创造大量新消费场景，带动线下实体经济，为文化遗产的商业变现探索路径。历史街区在元宇宙中再现，线上线下双向驱动，深度促进了文化遗产活化利用和景区数字化升级。

通过 AR 全景展现世界遗产。福建泉州于 2022 年 1 月推出元宇宙项目，计划把当地 22 个世界遗产景点通过 AR 文旅的形式，以国潮城市剧本为特色展现在大众眼前；统一 AR 入口，串联城市景区线路，沉浸式进入 AR 导览和 AR 剧本双模式；在景点设计实地 AR 体验点，触发 AR 解说、AR 任务、AR 道具、AR 奖励等，提升互动性与趣味性；采用闽南代表性元素打造世遗代言人，以虚拟人形象覆盖整个数字城市轨迹。元宇宙与世界遗产融合，有利于创新世界遗产展现形式，吸引年轻人更多参与、更深体验。

通过非遗场景实现游戏与文旅互动。2021 年 6 月 22 日，中国首个游戏实体家园"天衣别院"落户湘西芙蓉镇。"天衣别院"高度还原《天涯明月刀》游戏中的场景，融入芙蓉镇土家族建筑特色和非遗技艺；《天涯明月刀》游戏融入西兰卡普与蜡染元素，同步设置"天衣别院"剧情；二者采用几乎相同的外观和浓郁的湘西非遗元素，让游戏玩家完成从线上到线下的自由切换和深度带入体验。虚实融合的非遗小院场景成为一个微型元宇宙，吸引大量游戏玩家到芙蓉镇实地打卡旅拍。腾讯互娱公司在附近的张家界、凤凰古城打造类似的网红打卡点，串起游戏中的故事情节和线下旅游环线。

元宇宙毕竟是一个崭新的概念，文化遗产与元宇宙的融合尚处于起步阶段。

当前各地进行的多元尝试，为深入推动文化遗产行业与元宇宙的融合发展，提供了实践基础和经验借鉴。

三、虚拟文明与协同治理：文化遗产牵手元宇宙的发力向度

文化遗产牵手元宇宙具有双向动力：一方面借助元宇宙让文物进一步活起来，另一方面为元宇宙的发展提供文化要素和文明支撑。未来元宇宙发展过程中，文化遗产可在数字求真、科技向善、人文致美三个向度发力。

为数字求真提供文化场景。马化腾将未来移动互联网称为"全真互联网"，它通过线上线下一体化帮助用户实现更真实的体验。全真互联网需要通过空间和叙事来凸显"真实"场景，文化遗产可在三个层面提供支撑：一是为元宇宙物态呈现提供基本的历史逻辑和秩序框架，由丰富文化遗产证实的人类历史坐标体系将是构建数字世界的基本依据和重要参照；二是在平行世界中再现历史文化空间，汉唐长安城、明清北京城、五岳四渎、名楼名镇等，将在元宇宙中被激活成为重要场景；三是出示历史和生活证物，由现存海量文物精准佐证元宇宙中陈设物件和生活用品的"真实性"。文化遗产支撑和证实的历史框架、文化空间、生活物件，将组成元宇宙的基本物质呈现和重要文化吸引物，满足其"数字求真"需求。

为科技向善提供文明范式。元宇宙的科技底色需要更多文明支撑，特别需要建立有共识的价值体系、道理规范和伦理底线。元宇宙在某种程度上是现实世界的投影和映射。在"科技向善"的追求过程中，文化遗产可以发挥建设性作用。一方面，文化遗产蕴含的价值倾向和文明范式，特别是在历史发展进程中积淀的典章制度和文献文物，以及由此体现的精神文明和制度文明，可以作为元宇宙的科技文明旨归和科技伦理依据。另一方面，文化遗产及其相关的历史社会背景和经典事件，可以作为元宇宙精神文明的评价标尺和案例参照。

为人文致美提供文化基因。元宇宙的发展离不开"人"，元宇宙的本质是构建拓展人的时空感受、虚实相融的新型社会生态。元宇宙可以再现现实世界、呈现科幻想象，还可能出现无法预知的超文化世界。数字世界不乏人文精神和美学追求，文化遗产可为元宇宙人文美学提供素材、方法和形象。文化遗产体现丰富

多彩的美学风格和美学元素，可为元宇宙所活化利用和再创造；文化遗产特别是非遗包含的诸多独特技艺，可为元宇宙提供方法论参考；文化遗产相关历史人物和艺术形象受到民众持续喜爱，可为元宇宙中的虚拟人物设置借鉴和利用。

文化遗产积极牵手元宇宙，可为数字世界注入更多文明要素，有利于技术与文化的融合，有利于形成多主体协同的文化治理格局，同时也有利于文化遗产本身的创新发展与活化利用，让更多年轻人爱上文化遗产。

文化遗产与元宇宙并非风马牛不相及，而是有着深厚渊源与高频共鸣。过去，文化遗产以物质和非物质的形态体现元宇宙的核心要素，比如寻仙故事中的异界想象与人仙交往，石刻壁画中的宗教故事与轮回转换。当下，各地在文化遗产与元宇宙融合方面进行了探索，如基于历史街区发展虚拟旅游、通过 AR 文旅全景展现世界遗产、通过非遗场景实现"游戏+文旅"线上线下互动等。未来，文化遗产可为数字求真提供文化场景、为科技向善提供文明范式、为人文致美提供文化基因。文化遗产牵手元宇宙，将彰显虚拟世界的文明力量，并得到数字技术的回报而促进自身活化利用，实现双向互动与协同治理。当然，元宇宙才刚刚起步，与文化遗产牵手虽有无限可能，但也存在诸多不确定性，需要在积极推动二者融合发展的过程中，不断探索、总结和反思，在实践中找到有效路径和普遍规律。

第四章

文 化 记 忆

第一节　灾难记忆与抗疫纪念空间

"新冠肺炎疫情是百年来全球发生的最严重的传染病大流行，是新中国成立以来我国遭遇的传播速度最快、感染范围最广、防控难度最大的重大突发公共卫生事件"。① 面对全球复杂严峻的疫情形势，我国为抗击疫情作出了巨大牺牲和不懈努力。在党中央的坚强领导下，14 亿中国人民无私奉献、团结协作、坚韧不拔，构筑起同心战疫的坚固防线，彰显了人民的伟大力量。在战"疫"中涌现出的感人壮举、英雄人物、抗争精神，令人动容，其间有很多历史见证物。恩格斯说："一个聪明的民族，从灾难和错误中学到的东西比平时要多得多。"②灾难不应该被忘记，只有铭记历史，补齐发展过程中的问题短板，才能继续砥砺前行。新冠灾难为何要被纪念？疫后如何保存集体记忆并纪念这一世纪灾难？如何构建新冠疫情纪念空间，让后人知悉、铭记和反思这场灾难，化灾难为前行的力量？这是本节探讨的中心问题。

一、灾难记忆：抗疫为何要被纪念

社会集体记忆是民族认同或国家认同的重要资源。美国学者本尼迪克特·安

---

① 习近平：《在全国抗击新冠肺炎疫情表彰大会上的讲话》，《人民日报》2020 年 9 月 9 日。
② 《马克思恩格斯全集》第 39 卷上册，人民出版社 1974 年版，第 149 页。

德森(Benedict Anderson)提出近代国家是"想象的共同体"，它建立在人们共有记忆的基础上，① 集体记忆成为国家形成的前提。以色列复国、苏联解体等史实证明，如何对待灾难所产生的集体记忆在某种程度上决定了国家的前途。一个民族共同经历的灾难能够将民族命运紧密地联系在一起，构建起深刻的集体记忆。延续灾难的集体记忆，后人可以对自我身份进行构建，总结出前人面对灾难的经验教训，凝练出独特的精神气质和精神品格，进而认同、弘扬国家文化和民族精神。新冠疫情是一场突如其来的空前灾难，给民众、国家和世界留下了不可磨灭的集体记忆。这些灾难记忆是疫后构建国家认同、增强民族自信、实现中华民族永续发展的重要记忆资源。

　　一方面，抗击新冠疫情留下了不能忘却的集体记忆。对个体而言，个人记忆是学习、进步的基础；对国家、民族而言，集体记忆是建构国家认同、推动社会改革进步的根基，在某种程度上，集体记忆建构了国家的民族性格和民族精神。"集体记忆"与"个人记忆"相对，源于法国社会学家埃米尔·涂尔干(Émile Durkheim)，他认为共同回忆创造了一种凝聚感，形成"集体意识"，能为共同体找到一种方式描述他们自己的事实。② 法国学者莫里斯·哈布瓦赫(Maurice Halbwachs)在此基础上提出"集体记忆"(又称"社会记忆"，Collective Memory)，即："一个特定社会群体之成员共享往事的过程和结果，保证集体记忆传承的条件是社会交往及群体意识需要提取该记忆的延续性。"③集体记忆包括集体共享的知识体系，社会群体的形象、叙述、价值观和观念，以及事件的集体记忆发生变化的连续过程。集体行动的过程会沉淀为集体记忆，集体行动越是艰苦卓绝，集体记忆就越刻骨铭心。新冠疫情袭来，大到国家，小到个人，都在用行动抗击疫情，留下了刻骨铭心的民族集体记忆。党中央立即作出重要部署，成立中央应对疫情工作领导小组，组织力量建设火神山、雷神山等重症救治医院和方舱医院，

---

　　① ［美］安德森著，吴睿人译：《想象的共同体——民族主义的起源与散布》，上海人民出版社2003年版，第12页。

　　② ［法］埃米尔·涂尔干著，渠东译：《社会分工论》，生活·读书·新知三联书店2000年版，第240页。

　　③ ［法］莫里斯·哈布瓦赫著，毕然、郭金华译：《论集体记忆》，上海人民出版社2002年版，第335页。

派遣医疗队和医护人员进行对口支援；全国各类企业、社会机构、民间组织和个人倾囊相助，抗疫英雄冲锋在前，专家、医务人员、军人、民警、基层干部、志愿者等用行动筑牢抗疫防线；新闻媒体在第一时间高效、精准报道疫情进展；数亿普通中国人听从国家指挥，居家隔离。全国上下开展了一场艰苦卓绝的抗疫斗争，汇聚成举国空前的集体行动。在抗疫中，民众的恐惧、焦虑、痛心与崇敬、感恩、关爱等情绪交织，混合成为"社会黏合剂"，将所有人的命运联系在一起，固化沉淀成为民族深层次的集体记忆。中国抗疫充分体现了以人为本、关爱生命的人文情怀，彰显了社会主义制度的优越性，焕发出患难与共、血浓于水的民族精神。抗疫过程更是一段用鲜血和汗水、智慧和毅力书写的历史，不能被时间忘记。作为灾难的亲历者，我们有责任把抗疫历程记录下来、保存下去，这样集体记忆才能得以延续，历史教训才能得到铭记。

　　另一方面，新冠疫情是值得纪念的空前灾难。黑格尔说："人类从历史中获取的最大教训就是，从来不从历史中吸取教训。"[1]历史总在不断地告诫后人，但人类对于历史的记忆又常常健忘，以致灾难重蹈覆辙。对于灾难的记忆，往往囿于个体记忆之中，个体一旦消逝，记忆便不复存在。只有通过某种载体，对灾难进行纪念，让集体记忆固化下来，才能让人类的历史记忆得到延续。[2]纪念灾难具有特殊的社会意义：一是纪念灾难，凭吊逝者。对灾难的纪念，能够唤醒公众对灾难的感知和记忆，唤起生者对生命的敬畏与思索，是凭吊逝者、抚慰伤痛、纪念英雄、保存灾难记忆的有效途径，修建纪念空间和举办纪念活动均是为了纪念灾难。二是铭记历史，警示后人。灾难留下的遗址和物件，是通往灾难集体记忆的桥梁。以多种方式记录、讲述灾难的历史过程，将灾难的惨烈和痛苦表象化，以警示幸存者和后世，铭记先烈和历史。三是引导研究，普及科学。纪念灾难是为了反思灾难，从灾难中获得教训和启示，促进对灾难知识的普及和培训，帮助公众树立正确的灾难观。如 1995 年日本阪神大地震后，日本社会在纪念灾难的同时强调对未来同类灾难的防范，增强全社会的防震减灾意识，以更加理性

---

　　① [德]黑格尔著，杨东柱、尹建军、王哲编译：《法哲学原理》，北京出版社 2007 年版，第 51 页。

　　② 刘迪：《灾难博物馆与灾难教育》，《城市与减灾》2013 年第 4 期。

地应对灾害。

灾难是对能够给人类和人类赖以生存的环境造成破坏性影响的事物总称，又称为灾害、灾祸、祸患、浩劫等。灾难可分两大类：人为灾难和自然灾难。因人为因素导致的灾难称为人为灾难，如战争、恐怖事件、核事故、工业灾难等。二战后，以战争为主题的灾难纪念空间蓬勃发展，在战争废墟上修建较为恢宏的纪念空间，主要发挥表达国家意志、凝聚民族团结、珍惜和平的作用。因自然因素导致的灾难称为自然灾难，地震、火灾、海啸等自然灾难是灾难纪念的重要主题，其纪念空间多位于城市内，目的在于缅怀逝者和教育后代。① 此次新冠源于自然，但又区别于一般的自然灾难，人类在其传播过程中充当着重要媒介，疫情的人为防控效果直接与灾难受损程度相关联，防控不力将导致更为严重的人为灾难，叠加为"双重灾难"。为重大瘟疫事件成立专门博物馆，世界上已经有先例，如瑞士日内瓦国际红十字与红新月博物馆(Musée international de la Croix-Rouge et du Croissant-Rouge)、澳大利亚新南威尔士州人类疾病博物馆(Museum of Human Disease)、英国德比郡亚姆村瘟疫博物馆(Eyam Museum)等，都为人类抗疫提供了科学价值和精神典范。迄今为止，我国鲜有与瘟疫相关的纪念空间。以此次抗疫为契机，构建新冠疫情的纪念空间，是传承抗疫文化的重要依托。

纪念灾难是强化集体记忆、凝聚民族精神的重要方式。自近代民族国家出现以来，世界各国普遍建立了国家性纪念空间，以镌刻灾难记忆和展现抗灾壮举。德国柏林的欧洲被害犹太人纪念碑(Denkmal für die ermordeten Juden Europas)、中国各地的抗战纪念馆、美国的越南退伍军人纪念碑(Vietnam Veterans Memorial)、爱尔兰的珍妮·约翰斯顿大船及大饥荒博物馆(The Jeanie Johnston Tall Ship and Famine Museum)等，都是对灾难记忆的空间表达，旨在以表象物来强化民族或国家的集体记忆。新冠疫情是近百年来最严重的全球公共卫生突发事件，是全人类共同的集体记忆，无论是被病毒无情带走生命的人们，还是默默战斗在抗疫前线的医护人员和始终坚守岗位的工作者，他们的名字和故事应当被铭记。纪念疫情不仅要反思灾难原因、警示后人，更要传承中华民族的抗疫精神，

---

① 牛景龙：《城市重大灾难型纪念空间周边环境圈层规划》，华南理工大学硕士学位论文，2016 年。

总结抗疫经验，为我国常态化疫情防控、为世界抗击疫情凝聚中国力量，贡献中国智慧。

二、空间表达：人类如何展示灾难记忆

灾难记忆既存储于人心与文献，又外化和再现为纪念空间。记忆主体在空间和时间上进行记忆重构而形成了纪念，纪念需要记忆的表象物来承载。莫里斯·哈布瓦赫指出，集体记忆必须依赖于某种集体场所和公众论坛，大至社会、宗教活动，小至家庭团聚、朋友聚会，都是记忆的公共场所。① 皮埃尔·诺拉（Pierre Nora）认为，人们在特定的纪念时间和空间里举行神圣的纪念仪式，就会形成以这个时间和空间为节点的"记忆之场"，它具有"物质性""功能性"和"象征性"，分别指依托灾难遗址建立的纪念空间或场所、在场所内举行纪念仪式或活动、人们的灾难集体记忆。物化的"记忆之场"即为纪念空间，能唤醒个人、民族及国家的历史记忆，是社会集体记忆中的标志性元素。② 纪念空间一般由纪念物及历史环境所构成，其最重要的特质是空间性和纪念性，通过建筑、雕塑、碑等元素来进行空间的限定和形象的塑造，运用隐喻、暗示等环境手段来引导人们思考，从而表达出空间的纪念性。③ 纪念空间是近代以来世界各国普遍接受和广泛采用的保存集体记忆的方式，其具体形态丰富而多元。

灾难纪念空间作为纪念空间的一种，能够激发人们对灾难的情感共鸣和对民族的文化认同，进而实现哀悼、教育、鼓舞等作用，从社会学的角度来讲具有其存在的必要性与合理性。④ 灾难博物馆或纪念馆是灾难纪念空间的重要表达实体。刘迪认为，灾难博物馆是以灾难为主题，多数依托于灾难原址兴建，通过呈现人类群体性灾难，供社会进行反思的综合性博物馆空间。⑤ 罗梦豪将灾难型纪

---

① ［法］莫里斯·哈布瓦赫著，毕然、郭金华译：《论集体记忆》，上海人民出版社2002年版，第335页。
② ［法］皮埃尔·诺拉著，黄艳红等译：《记忆之场：法国国民意识的文化社会史》，南京大学出版社2017年版，第3页。
③ 陈蕴茜：《纪念空间与社会记忆》，《学术月刊》2012年第7期。
④ 范可：《灾难的仪式意义与历史记忆》，《中国农业大学学报（社会科学版）》2011年第1期。
⑤ 刘迪：《灾难博物馆定位问题初探》，《中国博物馆》2013年第1期。

念馆界定为：为纪念某次重大灾难或灾难中的遇难者，多数依托灾难原址或发生地而建立的，同时以展示灾难及相关题材，供社会纪念与反思为主要目的的纪念馆。① 黄凡认为记忆需要地点并趋向于空间化，灾害记忆的空间表象体现为记事碑、纪念碑等"纪念物"的构筑。② 李佳宁指出纪念景观是通过情感传递创造的精神场所，是反映情感、精神和社会功能的场所，是纪念、哀悼、沉思和集会的场所。③ 随着网络技术的发展，灾难纪念空间的内涵进一步拓展，虚拟的灾难纪念空间被广泛应用，如奥斯威辛集中营(Konzentrationslager Auschwitz)毒气室的虚拟探访，是在网络空间中创造和重现过去的创伤。④ 笔者认为，灾难纪念空间是灾难记忆的空间表达，是为纪念某次灾难，依托原址建立纪念馆、纪念碑、纪念广场等实体场所或依托互联网建立的虚拟场所，是人类用于记录、缅怀、反思灾难的文化空间。一方面，灾难纪念空间是灾难过程的物质载体，凝聚着集体记忆的历史遗存和文化地标，灾难中的故事赋予灾难纪念空间以灵魂，⑤ 让灾难记忆与有形空间结合起来，帮助民族、集体、个人共同铭记灾难历程。另一方面，人们对灾难的恐惧、对亲人的哀思、对抗灾英雄的崇敬以及对援灾者的感恩，构成了人类对灾难、对社会、对个人的情感联系，形成了复杂的情感网络。灾难纪念空间有助于引发公众的情感共鸣，实现情感寄托的社会功能。

灾难纪念空间的命名可体现灾难的发生时间、原因或位置，纪念空间应主要围绕人、物、事三要素展开。纪念行为源于人类本能的情感需求，一切纪念都与"人"密切相关，纪念灾难性事件应遵循以人为本原则，其空间设计宜以人的感知体验为出发点，引导参观者的情感定位、共鸣和升华。客观事物作为"纪念"表达的物质载体，更能引起纪念主体的共鸣，纪念灾难最好的方式是让遗址说话，用真实、客观的遗址最大限度地保存灾难记忆，实现纪念意义的最大化。事

---

① 罗梦豪：《灾难纪念馆空间体验设计研究》，华南理工大学硕士学位论文，2014 年。

② 黄凡：《灾害记忆空间的建构——以通海大地震中的记事碑为例》，中国民俗学会 2016 年年会论文。

③ 李佳宁、林旭东：《遗址纪念景观空间初步研究》，《美术教育研究》2018 年第 23 期。

④ Lutz Kaelber. A Memorial as Virtual Traumascape. Darkest Tourism in 3D and Cyber-Space to the Gas Chambers of Auschwitz, Ertr. e-Review of Tourism Research, 2007：24-33。

⑤ 肖波、陈泥：《从抗疫故事、情感主题到场景再现：瘟疫遗产地构建的欧洲经验和模式》，《深圳大学学报(人文社会科学版)》2021 年第 1 期。

件本身是"纪念"的重要内容，准确完整的叙述更能揭示事件真相，引发人们的思考，在纪念灾难事件时坚持叙事完整性原则，将灾难的起因、过程和结果完整地记录和呈现出来，既能让参观者清晰地认识和反思灾难，也是对受难者及其亲属的一种尊重和抚慰。

灾难纪念空间可划分为不同的表达形态，如灾难发生地或相关地建馆，① 或依据事件表达手法分为直接依附于景观元素或以空间变化传达纪念情感两种类型。② 近几十年来，灾难纪念建筑逐渐从单一纪念碑式向多空间组合式转变，更多地使用象征主义元素来唤醒精神上的反思，用整体景观而不是单一纪念物进行呈现，来表达纪念场所的历史感和空间感。③ 作为对灾难记忆的空间表达，往往通过功能记忆和存储记忆的模式，④ 将记忆存储、延伸和提炼。再现灾难记忆的形式通常有三种：一是存储记忆，纪念馆与灾难遗址结合，形成灾难遗址纪念空间；二是延伸记忆，纪念馆与城市公园结合，形成主题公园纪念空间；三是提炼记忆，纪念碑与纪念广场结合，形成文化广场纪念空间。这三类空间表达方式在国内外都有先例。

记忆存储型空间表达方式，如四川省汶川特大地震纪念园。为纪念 2008 年 5 月 12 日发生的汶川特大地震，地方政府在震中映秀镇修建了地震纪念园，由漩口中学遗址(见图 4-1)⑤、映秀震中纪念馆(见图 4-2)⑥、纪念陵园构成。漩口中学遗址保留了大量地震后歪斜、坍塌的教学楼和宿舍楼，教学楼前是地震纪念组雕和汉白玉雕塑"汶川时刻"；映秀震中纪念馆包括以流水、地殇、崛起、希望

---

① 刘迪：《灾难博物馆定位问题初探》，《中国博物馆》2013 年第 1 期。

② 温昕、张磊：《人为事件型灾难纪念空间的主题表达手法探讨》，《美术教育研究》2018 年第 22 期。

③ 王丹：《基于环境认知的灾难纪念型景观设计研究》，重庆大学硕士学位论文，2014 年。

④ [德]阿莱达·阿斯曼著，潘璐译：《回忆空间：文化记忆的形式和变迁》，北京大学出版社 2016 年版，第 146 页。

⑤ 湖北省地震局官网：《探访映秀漩口中学地震遗址 全国网媒向遇难同胞献花祭奠》，http：//www. eqhb. gov. cn/info/1494/14212. htm，访问日期：2021 年 03 月 13 日。

⑥ 5·12 汶川特大地震纪念馆官网，http：//www. 512dzjng. com/content/column/4726101？pageIndex=1，访问日期：2021 年 3 月 13 日。

为主题的四个庭院，分别通过水、石、树、光等要素营造场所精神，① 客观展示灾难现场，叙述抗震救灾和灾后重建的历程。纪念陵园由遇难同胞纪念墙、抗震救灾叙事墙和纪念碑组成。整个纪念陵园将空间序列的组织、场所精神的营造与展览的主题内容形成密切关联，成为人们缅怀、纪念汶川大地震的第一现场和精神家园。

图 4-1　汶川漩口中学遗址　　　　　图 4-2　"5·12"汶川特大地震映秀震中纪念馆

记忆延伸型空间表达方式，如美国"9·11"纪念博物馆(The 9/11 Memorial & Museum)。② 为纪念2001年发生的"9·11"恐怖袭击事件，"9·11"纪念博物馆在世贸中心(World Trade Center)遗址落成，主要由博物馆、纪念馆(含纪念广场)两部分构成。③ 博物馆内，有近3000名不同性别、肤色、年龄和表情的罹难者肖像形成的面孔墙(见图4-3)，④ 表达对遇难者的缅怀和对遇难者家属的追思。纪念馆是世贸双子塔纪念广场的重要组成部分和唯一建筑，⑤ 其入口处保留了两

①　何镜堂、郑少鹏、郭卫宏:《大地的纪念 映秀·汶川大地震震中纪念地》,《时代建筑》2012年第2期。

②　The 9/11 Memorial & Museum-Visit, https：//www.911memorial.org/learn, 访问日期：2021年3月13日。

③　蔡琦:《试论作为黑色旅游目的地的纪念馆设计——以美国9/11纪念博物馆为例》,《中国博物馆》2020年第3期。

④　The 9/11 Memorial & Museum-Visit：In Memoriam, https：//www.911memorial.org/visit/museum/exhibitions, 访问日期：2021年3月13日。

⑤　周婧景:《具身认知理论：深化博物馆展览阐释的新探索——以美国9·11国家纪念博物馆为例》,《东南文化》2017年第2期。

根顶端呈三叉戟形状的巨型钢柱，是双子塔建筑结构中的一部分，震撼至极。纪念馆外的纪念广场上，双子塔遗址赫然在目，在此基础上修建了两个凹入地下的正方形瀑布池(见图4-4)①，水池外围的青铜墙上刻着2983名遇难者的名字，将亲人、同事、朋友的名字刻在一起，在闹市中形成了一片宁静、美丽、和谐的纪念空间，让人既能充分感受到双塔的存在，又能获得深度的纪念性体验。

图4-3 "9·11"博物馆面孔墙　　　　图4-4 "9·11"纪念馆和瀑布池

记忆提炼型空间表达方式，如黑龙江省哈尔滨防洪纪念塔广场(见图4-5)②。为纪念哈尔滨人民战胜1957年特大洪水，防洪纪念塔广场于1958年在松花江畔建成。广场由纪念塔、喷泉、围廊和广场四部分组成。纪念塔下部是人民战胜洪水的群像浮雕；中部浮雕讲述防洪筑堤的艰险过程；顶部由工农兵和知识分子的圆雕组成，凸显抗洪抢险的英雄形象。纪念塔外面环立的20根科林斯圆柱构成罗马式半圆围廊，形成和谐统一的文化广场景观。防洪纪念塔广场既表达了对抗洪英雄的尊重和感恩，又展现了历史文化名城的特色风貌，成为哈尔滨市的重要文化符号，并入选第二批中国20世纪建筑遗产名单。

为存储记忆而建设灾难遗址纪念空间，为延伸记忆而建设主题公园纪念空间，为提炼记忆而建设文化广场纪念空间，上述经典案例为灾难记忆的空间表达

---

① The 9/11 Memorial & Museum-Visit：The Memorial-Tribute in Light，https：//www.911memorial.org/visit/memorial，访问日期：2021年3月13日。

② 搜狐网：《畅游东北 感受我国大东北的独特风情!》，https：//www.sohu.com/a/250580760_356022，访问日期：2021年3月9日。

图 4-5　哈尔滨防洪纪念塔广场

进行了有益尝试和可贵探索。基于纪念灾难的共识，灾难纪念空间的表达方式是多元和立体的，通过多维组合共同营造有意义的文化空间，以表达对灾难的纪念、对灾难记忆的存储和再现。这些宝贵经验对抗疫纪念空间的构建不无启发。

三、记忆再现：抗疫纪念空间构建理路

新冠疫情在短短几个月内迅速蔓延到多个国家和地区，引起全球性灾难。随着国内疫情得到缓解，在严防输入的同时，应及时对抗疫工作进行总结和反思，疫后有必要在疫情"震中"武汉市修建系列纪念物，以纪念被病毒夺去的生命，弘扬抗疫过程中涌现出的先进典型、英雄人物和感人事迹，铭记战"疫"的经验教训，进而反思灾难和凝聚民族认同。抗疫纪念物的本质是以空间表达的方式，对灾难记忆进行存储和再现。

一个民族共同经历的痛苦和灾难成为刻骨铭心的集体记忆。新冠疫情给人民、国家和世界带来了不可磨灭的伤痛，抗击疫情成为全民族重要的集体记忆。灾难不应该被忘记，疫后应保存集体记忆、纪念这场灾难，科学布局文化空间，让后人知悉、铭记、反思这场灾难，化灾难为前行的力量。考虑到灾难记忆的特点和空间表达的方式，宜在我国疫情"震中"武汉市选址，规划建设系列文化纪念物；宜聚焦人、物、事三要素，用多元方式表达对灾难记忆的储存、延伸、提炼和镌刻，让抗疫故事深刻留存并立体呈现。可综合考虑以下四种路径。

其一，储存灾难记忆，用博物馆再现抗疫篇章。抗疫过程中的文献、实物和

口述资料，具有重要的收藏、纪念和研究价值。"为了未来，收藏教训，为了安宁，收藏灾难。"①博物馆通过收藏灾难逝者或亲历者的私人物品，如照片、日记、衣物等，展示抗疫过程、个例和细节，是保存个体记忆的必要手段。疫后可考虑将原废弃仓库改造的方舱医院作为馆舍，建设集科普、公共卫生、生物、爱国主义教育于一体的综合性抗疫博物馆。博物馆外观可突出抗疫特色，如放大的病毒模型、逆行者大鹏展翅形象等，馆内定期举办纪念仪式和活动，使之成为个体记忆与集体记忆有机融合的载体。

其二，延伸灾难记忆，用文化空间再造抗疫地标。将纪念空间巧妙融入城市生活空间，让部分停用的抗疫场所浴火重生，蜕变成为新的城市地标。可利用完成使命后不再使用的部分抗疫场所，打造抗疫主题的纪念公园、纪念广场或文化街区等开放型文化空间，注重空间的情感表达。一方面为缅怀逝者、致敬英雄、教育反思而营造不同的空间氛围；另一方面站在"人类命运共同体"的高度，展现人类共同抗击疫情的时间轴和典型事迹，以开放的姿态接纳世界不同受众，展现人性光辉。

其三，提炼灾难记忆，用文化符号铭记援助恩情。文化符号折射出一个国家或民族的内在气质和社会共识。抗疫充分展现了中华民族独特的内在气质，凝聚了社会力量，发挥了社会主义制度的优越性。参与抗疫的英雄个体和群体应该被历史铭记。疫后可在抗疫重点医院如金银潭医院、火神山医院设立纪念雕塑，在定点医院设计小的纪念牌或纪念砖，铭记给予援助的医疗单位和医护人员；在大型公共空间树立抗疫英雄纪念碑和雕像群等标志性文化符号，以弘扬抗疫精神，表达感恩之情。

其四，镌刻灾难记忆，用名录表达对生命的敬重。灾难过后，不少幸存者面临亲人逝去的痛苦，灾难纪念空间成为缅怀逝者、重塑生者希望的重要场所。对生命的尊重与敬畏是世人的共识，每一个不幸因疫情夺去生命的人都应该被记录。疫后可择址建造名录墙或面孔墙，为生者提供一个哭泣疗伤的精神之墙，以文明祭奠亲人、寄托哀思，安放个人记忆，同时，疫情名录墙也可成为珍惜生

---

① 师永刚、刘琼雄：《国人到此低头致敬：中国建川博物馆聚落》，新星出版社 2008 年版，第 9 页。

命、携手应对困难的希望之墙。

上述四种方式不是彼此孤立的，而是多元组合、有机融合的，共同作为构建抗疫纪念空间的方法和模式。全球抗疫是当代社会不可磨灭的集体记忆。疫后应及时反思灾难、纪念灾难，把握灾难背后的精神财富和珍贵契机。作为疫情初期的"震中"，湖北武汉宜以新的城市面貌展现英雄城市文化和抗疫精神。建设系列文化纪念物、构建灾难纪念空间是实现这一目标的有效路径。灾难纪念空间在内容表达上可把握缅怀、纪念、反思的主旨，突出以人为本的原则；在表现形式上组合利用多种纪念物，整体表现文化景观，突出抗疫精神；在功能上将纪念功能和教育功能相结合，为缅怀逝者、纪念英雄、教育后代提供精神文化场所。总之，借鉴国内外灾难纪念空间的建设思路和经验，在疫情初期"震中"和中国抗疫决胜之地武汉市选址构建抗疫纪念空间，可实现对灾难记忆的储存与再现，帮助我们化悲痛为力量，以更加从容自信的姿态迎接未来挑战。

第二节 文化记忆与英国"亚姆瘟疫村"形象建构

2020年新冠疫情席卷全球。在离汉通道关闭政策实施初期，英国亚姆村成为热点话题，其自我隔离的事迹备受推崇。1665—1666年伦敦大瘟疫被列为人类历史上的十大瘟疫之一，亚姆村作为这场瘟疫中具有相当代表性的村庄，其抗疫故事广为流传，并发展成为著名的抗疫遗产地。关于抗疫遗产地，国内外学者未对其形成明确的定义。Wallis提及欧洲的抗疫遗产地"plague heritage"，指发生瘟疫的历史遗存与文化遗产；[1] 肖波、陈泥(2021)介绍了玛丽·金小巷、亚姆村和上阿默高镇三个欧洲瘟疫遗产地。[2] 较多学者对"Dark Heritage"(直译为黑色遗产)进行研究，瘟疫遗产地可视为其中一类。黑色遗产最初倾向于强调死亡主题，Hryhorczuk指出所有黑色遗产的共同因素是历史悲剧，也是人类力量和希望的表

---

[1] Wallis P. A Dreadful Heritage: Interpreting Epidemic Disease at Eyam, 1666-2000. History Workshop Journal, 2006, 61: 31-56.

[2] 肖波、陈泥：《从抗疫故事、情感主题到场景再现：瘟疫遗产地构建的欧洲经验和模式》，《深圳大学学报(人文社会科学版)》2021年第1期。

现，是变革的象征；① Koskinen-Koivisto 定义黑色遗产为文化遗产中与黑暗、可怕，甚至痛苦元素相关的概念。② 黑色遗产通常是围绕死亡、痛苦和灾难的地点，具有多面性。

抗疫遗产地将是疫后需要面对的文化主题。学界关于亚姆村的历史探究有一定基础，但深入的文化研究还有待开拓。学界对于亚姆村的研究，多集中于其疫情传播、病亡情况等基本情况，特别是基于教区人口档案和牧师信件的历史考证与事件还原研究；较少学者从文化的角度研究亚姆村疫情。Philip Race 指出亚姆村在疫后几十年内出现了严重的人口锐减，这可能源于瘟疫留下的恐惧印象以及悲惨故事的传播；③ Julian 认为亚姆村周围环境中存在的声音是人们感知过去的载体，通过倾听景观的声音能够召唤人们的情感。④ 新冠疫情之下，历史上的抗疫故事再次成为热点话题。虽然媒体对亚姆村抗疫故事的复述与推崇极具传奇色彩，但都语焉不详或道听途说，其历史细节与故事演进有必要进一步探究。最基本的问题是：亚姆村当年究竟是如何抗击瘟疫的？后来它是怎样成为世界知名的抗疫遗产地的？其得名"瘟疫村"背后的文化机理是什么？本书以档案和文献史料为依据，对亚姆村抗疫故事的细节进行梳理；并以文化记忆理论为基础，分析其文化记忆的存储、抽取、提炼和激活等阶段，通过存储记忆和功能记忆两大回忆模式探究抗疫遗产地形象建构脉络，以期为新冠疫后的文化纪念提供借鉴。

一、"亚姆瘟疫村"的历史线索

抗击瘟疫是一种不可磨灭的文化记忆。20 世纪 80 年代，阿斯曼夫妇提出文

---

① Hryhorczuk N. Radioactive Heritage: The Universal Value of Chernobyl as a Dark Heritage Site. Qualitative Inquiry, 2019, 25(9-10): 1047-1055.

② Koskinen-Koivisto E. Reminder of the Dark Heritage of Humankind-experiences of Finnish Cemetery Tourists of Philip Visiting the Norvajärvi German Cemetery. Thanatos, 2016, 5(1): 23-42.

③ Philip Race. Some further consideration of the plague in Eyam, 1665/6. Local Population Studies, 1995(54): 56-65.

④ Julian Holloway. Resounding the Landscape: the Sonic Impress of and the Story of Eyam, Plague Village. Landscape Research, 2017, 42(6): 601-615.

化记忆理论,探讨过去的记忆、文化的延续和认同。① 功能记忆与存储记忆是文化记忆的两种回忆模式,功能记忆是"有人栖居的记忆",具有"群体关联性、有选择性、价值联系、面向未来"的特性,是选择和意义建构的过程,人们可以随时取用并以它指导行为;而存储记忆收录的是"与现实失去有生命力的联系的东西",它不基于任何身份认同,是不可限量的档案,没有意义建构行为。② 二者能够根据意义结构的调整与重组而相互转化。

亚姆村(Eyam)位于英国中部德比郡,因其面对瘟疫时采取封锁措施而闻名,被称为"瘟疫村"。1665 年,鼠疫从英国伦敦蔓延至亚姆村,全村病亡惨重,但留下较多抗疫相关的遗物遗存,存储了抗疫文化记忆。

(一)伦敦大瘟疫与黑色记忆

黑死病即鼠疫,1348 年第一次散布到英国、法国、西班牙,随即蔓延至德国、斯堪的纳维亚及俄罗斯西北部,此后在 15、16 世纪又多次侵袭欧洲。17 世纪,黑死病第三次大规模袭击英国,并从 1665 年初持续至 1666 年。这场鼠疫最早出现在 1665 年 4 月,由于伦敦并未采取严格的隔离封锁措施,7 月,疫情大规模爆发,从伦敦蔓延至英国大部分地区,甚至法国。由于当时较为落后的技术和医疗,伦敦政府和教会起初的大部分举措是盲目无效、不成熟的。③ 随着疫情的反复,政府采取较为严格的疫情防控措施,要求感染者自行隔离,对疫区进行出入限制,包括家庭隔离和医院隔离;安排专门人员搜查尸体,不得暴尸街头且必须深埋;④ 安排必要人员如警察、护理者执行隔离政策,为隔离人员和看管人员派送生活必需用品。⑤ 伦敦市政府还进行了公共卫生事务的安排,例如清扫街

---

① ［德］扬·阿斯曼著,金寿福、黄晓晨译:《文化记忆——早期高级文化中的文字、回忆和政治身份》,北京大学出版社 2015 年版,第 6 页。

② ［德］阿莱达·阿斯曼著,潘璐译:《回忆空间:文化记忆的形式和变迁》,北京大学出版社 2016 年版,第 147 页。

③ 魏晨光:《从黑死病反观 14—17 世纪英国的社会生活和医疗状况》,《广西教育学院学报》2013 年第 5 期。

④ 刘黎:《中世纪英国政府对黑死病的反应及应对措施》,《大理学院学报》2013 年第 1 期。

⑤ 邹翔:《鼠疫与伦敦城市公共卫生(1518—1667)》,人民出版社 2016 年版。

道、清理垃圾、消毒隔离等。[①] 1666 年 9 月，一场烧了三天三夜的大火几乎毁坏了一半的伦敦城，大约在同一时间，这场瘟疫逐渐消失，以造成伦敦约五分之一人口的死亡而落幕。

伦敦大瘟疫留下了黑色记忆，这些记忆暂时不具有现实的功能，因而处于存储状态，是没有被化合的回忆的场地。[②] 这些庞杂的信息可以分解或重新组合，构成了功能记忆的背景，为未来与功能记忆相连接提供可能性。

(二)教区档案与亚姆村抗疫记忆

大瘟疫期间，英国并没有终止贸易，商务来往使得疫情迅速蔓延。亚姆村采取了严格的封闭隔离政策，成功阻止疫情向周边村庄进一步扩散，但病亡惨重。疫情发生后，牧师威廉姆·莫佩森(William Mompesson)号召村民将自己隔离起来。在医疗水平和防护水平都很低的年代，亚姆村的死亡人数越来越多。尽管也有与病患接触但未感染的案例，比如伊丽莎白·汉考克(Elizabeth Hancock)在八天内将她的六个孩子和丈夫埋葬，自己并未受到感染，但类似的案例为极少数。舒兹伯利(Shrewsbury)认为，亚姆村的鼠疫死亡率为有史以来最高，有六分之五的村民因为鼠疫而死亡。[③]

由于对亚姆村总人口的估计不同，关于其村民的病亡情况存在较多争议。有历史学家认为，当时亚姆村总人口在 350 人左右，[④] 因疫情丧生 260 多人，只有80 多人幸存，一时间亚姆村变成了"鬼村"。但后来教区记录和账本记录等表明，全村人口总数在 750 名左右，[⑤] 最后剩下 430 名幸存者。教堂原始登记册记录始于 1630 年 8 月，在瘟疫期间该登记册的记录也得以持续，其中记录瘟疫期间每

① [英]丹尼尔·笛福著，谢萍译：《伦敦大瘟疫亲历记》，内蒙古人民出版社 2003 年版，第52~62 页。

② [德]阿莱达·阿斯曼著，潘璐译：《回忆空间：文化记忆的形式和变迁》，北京大学出版社2016 年版，第 149 页。

③ McConaghey R. A History of Bubonic Plague in the British Isles by J. F. D. Shrewsbury. Cambridge University Press，1970.

④ Wood W. The History and Antiquities of Eyam. Whitefish. Kessinger Publishing，1859.

⑤ Clifford J. G. Eyam Plague：1665-1666. Sheffield. J. Clifford，1995.

个月死于黑死病的患者的编号标记，共计 260 名（详见表 4-1）。这对亚姆村故事的细节提供了补充。亚姆村通过无畏的牺牲精神换来了周边居民的平安，其英雄主义故事的传播为这场牺牲增添了色彩。

表 4-1　1665—1666 年瘟疫期间亚姆村每月死亡人数

年份	月份	死亡人数
1665 年	9 月	6
	10 月	23
	11 月	5
	12 月	8
1666 年	1 月	4
	2 月	5
	3 月	2
	4 月	7
	5 月	2
	6 月	21
	7 月	56
	8 月	78
	9 月	24
	10 月	18
	11 月	1
合计	15 个月	260

数据来源：J. G&F. Clifford 亚姆村教区登记册，1630—1700 年①

　　在集体的层面上，存储记忆收录那些中立的、冗杂的，以及所有错过的可能性、其他可能的行动、没有利用的机会等。例如，当教区记录和账本记录存在

---

① Clifford J. G, Clifford F. Eyam Parish Register, 1630-1700. Chesterfield. Derbyshire Records Society, 1993.

时，存储记忆对当下的功能记忆进行参照校正，甚至可以匡复、修改功能记忆。① 亚姆村由"鬼村"升华为英雄主义的"瘟疫村"。

（三）亚姆村的抗疫遗物与遗迹

经历了惨烈瘟疫的亚姆村，留下了许多与瘟疫相关的历史遗物遗存和自然遗迹。亚姆村外围均是农场，数百年来其村庄风貌几未改变。村庄内部保留着黑死病逝者的墓碑，后来被称为莱利墓地（Riley graves）。当时供全村人使用的莫佩森之井（Mompesson's Well）也完好保存，从井口到北边山坡，均被村民用石头垒成围墙。包围着莱利墓地的扁平而粗糙的围墙，现在由国家信托基金会监护，用来当做外来者所不能跨越的边界的"瘟疫石"之一，被称为库尔斯通（Cool Stone）。亚姆教堂（Eyam Church）是著名的遗迹景点。当时在瘟疫隔离期间，牧师威廉姆·莫佩森把教堂关闭，在宽广的空地上为村民布道。距离隔离措施取消三十天前，牧师的妻子凯瑟琳·莫佩森（Catherine Mompesson）感染瘟疫，葬在教堂墓地。亚姆礼堂（Eyam Hall）在亚姆村主街道上，建造于1676年前后，至今保留着英国17世纪的建筑风格。

阿莱达·阿斯曼认为，纪念地是创建过表率式功绩或遭受过典型苦难的地方，只要被一个群体转译成具有积极意义的回忆时，它们就不可忘怀。② 17世纪亚姆村疫情、病亡情况和一些具体遗迹，被收录成存储记忆，这可以看作未来功能记忆的保留地，并且可以被用来进行个人或集体的意义建构。莱利墓地、莫佩森之井等地标构成了亚姆村的景观形象，即自然和人文景观的总体形态和空间形式。这些存储记忆虽不涉及意义建构，但真实的遗迹向后人诉说着英格兰乡村的鼠疫经历，墓地、围墙等特殊的建筑扮演了文化记忆的角色，抽取了瘟疫发生的细节，还原了历史场景，起到了承载过去的作用。③ 因为社会公众的参与，存储

---

① ［德］阿莱达·阿斯曼著，潘璐译：《回忆空间：文化记忆的形式和变迁》，北京大学出版社2016年版，第150~156页。

② ［德］阿莱达·阿斯曼著，潘璐译：《回忆空间：文化记忆的形式和变迁》，北京大学出版社2016年版，第380页。

③ ［德］扬·阿斯曼著，金寿福译：《"文化记忆"理论的形成和建构》，《光明日报》2016年3月26日。

记忆维护了记忆完整性,建构起公共卫生事件的公众档案。它组成集体记忆的重要部分,① 其具有的文化、记忆、情感价值为后续亚姆村的故事演进和文化认同提供了发展基础。

二、"亚姆瘟疫村"的主题叙事

文化记忆可以借助文字、图像、神话等形式进行编码而保存下来。文化记忆传承的内容,因当下的政治结构、社会环境和权力格局而提炼,不同条件下,存储的记忆会被赋予新的社会和历史意义,② 形成功能记忆。疫情结束后,随着时代的演进,亚姆村故事的记录、传播被不断加工提炼,不同语境下其主题发生改变,并且出现了很多相关的艺术作品。通过对过去事件的想象,塑造了人们对瘟疫村景观的情感,营造了文化空间氛围,并通过这些情感和氛围提供的认知形象激发人们的想象力,形成对亚姆村形象的文化认同。

(一)抗疫故事的追溯还原与记忆校正

在其被控制或被隐藏的地方,存储记忆的作用能被看得最清楚。它不仅可以当作"复兴"文化现象的前提,而且为未来文化转变的可能性提供条件。③ 亚姆村故事后来广为流传,但村民面临封锁政策的态度转变在时代叙述中被"隐藏",被描述为"自愿迅速隔离"。随着后期存储记忆的公开,功能记忆被支撑调整和匡扶。

被还原的亚姆村抗疫故事的演进可分为两个阶段:蔓延逃亡期和封闭隔离期。第一阶段是 1665 年下半年至 1666 年 6 月的蔓延逃亡期。瘟疫开始蔓延,牧师号召村民进行自我隔离,然而效果不佳,较多村民撤离,但村内死亡人数不多。据当地教区登记册记载,亚姆村瘟疫始于 1665 年下半年。来自伦敦的衣服样品中寄生着感染病毒的跳蚤,裁缝的助手乔治·维克斯被认为是第一个死于瘟

---

① 王玉珏、牟胜男、郭若涵:《档案与文化认同的价值实现:公民、社群、国家的视角》,《山西档案》2021 年第 1 期。

② 金寿福:《扬·阿斯曼的文化记忆理论》,《外国语文》2017 年第 2 期。

③ [德]阿莱达·阿斯曼著,潘璐译:《回忆空间:文化记忆的形式和变迁》,北京大学出版社 2016 年版,第 153 页。

疫的人，裁缝和助手的家人也相继感染瘟疫死亡，黑死病快速蔓延。为了躲避瘟疫，村民决定撤离村庄。牧师威廉姆·莫佩森认为村民若撤离村庄，瘟疫定会随之蔓延到其他地区。他试图号召村民留下并自我隔离，阻止瘟疫通过亚姆村向其他地区传播。说服教区居民较为困难，他联系了前任牧师托马斯·斯坦利（Thomas Stanley），希望能够帮助说服村民。这阶段仍有村民向外逃离，并未实行隔离政策。

第二阶段是 1666 年 6 月至 1666 年底的封闭隔离期。两任牧师持续说服村民进行自我隔离，村民死亡人数迅速上升，并一直持续至疫情结束。1666 年 6 月 24 日，威廉姆·莫佩森告诉村民，亚姆村必须被封闭起来，不允许任何人进出；同时声明，附近的德文郡伯爵愿意提供食物与补给。① 在托马斯·斯坦利的帮助下，剩下的村民尽管不情愿，但还是同意了该计划。村民用石头垒起一圈围墙将自己隔离起来，发誓永不越过这条边界；还将壮年男子安排在路边阻止外乡人通过，其他人将自己隔离在有水井的围墙里，并把感染者送入地下室或酒窖，只有痊愈后才能离开。直至 1666 年 11 月，亚姆村瘟疫以村民的惨重牺牲而落幕。

亚姆村故事得到较完整的分析和挖掘，得益于莱斯利·布拉德利（Leslie Bradley）在 1977 年出版的一本教区登记册。该登记册源自原始档案的副本，出自亚姆村圣劳伦斯教堂。先前关于村民"自愿隔离"等细节，得到了重新调整，存储记忆对功能记忆发挥了参考校正的作用。

(二)抗疫记忆的主题提炼与身份认同

研究数百年之前一个小村庄发生的事情，真相与细节不可避免地被虚构所混合，回忆总是处在当下的命令之下，形成"虚假的回忆"。随着流行传染病的一次次肆虐，人们对亚姆村抗疫故事的复述、追捧与推崇，形成一种新的热潮，各种作品的数量在增加。由于时代不同，叙事人的视角也不同，重构的回忆主题受到人们当下强烈情感、目的、动机的支配。功能记忆与某个政治诉求相联系，或是用来厘清不同的身份认同。亚姆村抗疫记忆的主题与功能经历了演变的过程，

---

① Eyam Plague：The Village of the Damned，https：//www.bbc.co.uk/news/uk-england-35064071，访问日期：2020 年 4 月 10 日。

大致可分为三个阶段，分别呈现不同的特征。

第一阶段，17世纪，亚姆村故事成为国家身份形象的一部分。牧师威廉姆·莫佩森和托马斯·斯坦利成为逆境中的谦逊英雄代表，其英国人的身份与许多天主教欧洲国家形成鲜明对比。这种英雄人物在后来的故事中被不断夸张，塑造成无私、勇敢、奉献的英国形象，具有政治意味的功能记忆发挥了其合法化作用。

第二阶段，19世纪初，亚姆村故事在一定程度上弘扬了宗教权威。随着工业化和城市化的快速发展，旧社会秩序遭到了挑战和侵蚀。亚姆村充满英雄主义的故事，在19世纪还保持着对田园牧歌式的乡村关系的怀旧之情，即宗教领袖的权威得到高度尊重。例如，1842年，生活在亚姆村的威廉·伍德（William Wood）对已有的证据进行总结，大力宣传亚姆村抗疫故事。伍德使用了华丽而浪漫的语言，作品充满传奇色彩，主要是赞颂牧师的高尚和教区村民的虔诚美德。尽管对真实的历史有所改动，但后来的人们普遍接受了伍德的结论并以此进行评论。这些群体性的行为主体与功能记忆相关联，并从中进行意义建构，产生身份认同。

第三阶段，19世纪中后期，亚姆村故事成为公共卫生领域的艺术品，亚姆村故事强调村民自我隔离与其他公共卫生措施，这符合当时对历史性瘟疫及流行病狂热研究的背景。新型冠状病毒于2020年肆虐全球，亚姆村故事又一次成为时代的加工品。例如，同样在疫情快速传播的情况下，亚姆村和武汉市被相提并论。经过一定艺术加工后，亚姆村村民的无私奉献与义举被夸大，例如"自愿""迅速"地自我隔离，以及"封锁400天"等信息，和已有的文献相悖。这种虚假回忆的不可靠性可能源于那些塑造回忆的积极力量。

亚姆村故事是在后来几个世纪中多次重建而形成的。它从最初几乎不为人知，到逐渐成为政治、文化等主题的化身。亚姆村抗疫故事的主题随着时代变迁而不断被加工，被回忆塑造者抹上不同的价值色彩，在特定语境下，以不同叙事偏好促进文化认同。

（三）抗疫记忆的文学复述与艺术再现

在浪漫主义时期，特殊的地点作为事件的发生地是重要的，更为重要的是它可以作为吟诗、写作和阅读的场地。① 在瘟疫发生多年后，亚姆村引起很多作家的关注，众多艺术作品以之为主题。1722 年丹尼尔·笛福发表的《瘟疫年纪事》可能是关于这场瘟疫最著名的小说。作者受到当时启蒙运动和理性主义的影响，借小说表达对 1721 年政府出台的医疗措施的支持和对科学主义和经验观察的推崇，描绘了瘟疫肆虐的惨烈现实。后来许多作家到亚姆村居住，寻求文学创作的原型故事。约瑟夫·哈顿(Joseph Hatton)的小说《匕首与十字架》(*The Dagger and the Cross*)中，出现了亚姆村和起到关键作用的当地人物，例如威廉姆·莫佩森和凯瑟琳·莫佩森。罗伯特·默里·吉尔克里斯特(Robert Murray Gilchrist)小说中的弥尔顿村是以亚姆村为原型，其短篇小说集《山顶怪人》(*The Peakland Faggot*)中每个故事都着眼于村里的某位特定人物。

根据亚姆村故事改编的艺术作品形式较多，除了小说、诗歌，还有歌剧、音乐剧等，大多赞美和歌颂村民的勇敢。早期艺术作品多以灾难叙事为主，夸大瘟疫给人们带来的伤害，渲染一种悲剧氛围。对亚姆村灾祸与悲剧的描写，是将虚拟世界与现实世界相连接，体现为一种对现实的反射，展现人们难言的恐慌，映照出强烈的压力与危机感。② 后期灾难叙事向着人本主义的方向发展，强调责任、爱、正义等品质，有关亚姆村的艺术作品中逐渐体现出爱与希望的主题，宣扬英雄的自我奉献精神。例如威廉·豪威特和玛丽·豪威特(William Howitt and Mary Howitt)在诗作《亚姆村的荒凉》(*The Desolation of Eyam*)中所写，"没有退缩的幸存者，直至坟墓"③。诗人描绘瘟疫的恐怖，但着重塑造了当地村民勇敢、奉献的英雄形象。

从灾难叙事到人本主义转变的背后，暗示社会机制、背景以及人群心态的变化：瘟疫大规模爆发引起人们对于公共卫生的关注，改变了大众的疾病和公共卫生观念，英国开始推进公共卫生立法和管理，公共卫生体系逐步建立。④ 随着社会经济的发展，人们生活水平得到提高，亚姆村事迹带来的恐慌情绪逐渐淡化，

---

① ［德］阿莱达·阿斯曼著，潘璐译：《回忆空间：文化记忆的形式和变迁》，北京大学出版社 2016 年版，第 373 页。

② 陈爱华：《科马克·麦卡锡小说讽喻性的灾难叙事》，《求索》2013 年第 3 期。

③ Tom Fanshawe. Eyam and "the Last Great Visitation". Significance, 2012, 9(5)：38-41.

④ 田明孝：《19 世纪英国的公共卫生观念》，《浙江学刊》2017 年第 6 期。

人们对真善美、共有责任感等本性的追求日益突出。

非虚构的文艺形式使得亚姆村故事更具渲染力和传播性，是一种浓缩化和夸张化的艺术再现，在记忆中提炼了英雄主义、自我牺牲、勇敢、崇敬等意义与情感，也是一种对秩序、责任的怀旧。对过去事件的想象，促进了人们对抗疫村景观的情感和身份认同，并通过既定的认知形象激发人们的想象力，强化意义建构，即"记忆制造意义，意义巩固记忆"①。最终，基于人本主义的认知，营造了人们对抗疫遗产地的文化认同。

三、"亚姆瘟疫村"的建构传播

文化记忆是社会群体以一系列的符号、媒体传播、社会实践和机构运作等方式，通过反复运用而构建的。定期举办的节日或者仪式使得区域性文化得以传承，记忆就具有传播功效并成为成员间所共享的记忆。②"亚姆瘟疫村"的文化记忆被各种符号化形式、特定场景与大众传播等激活，各类社会主体对地方营造的情感、旅游吸引力等进行自我感知，当人们来到亚姆村或听到其故事时，唤醒了被存储的记忆，形成了主观认同。19世纪初，亚姆村许多瘟疫病逝者的墓碑被推倒而盖起楼房，莱利墓地也被耕地占用；随着从工农业到旅游业的转向，亚姆村重视起村内的遗产开发与保护，通过旅游开发、仪式展示等进行瘟疫村的文化空间构造与传播营销，亚姆村成为著名抗疫遗产地。

（一）回忆空间构造：遗产展示与纪念仪式

地点本身可以成为回忆主体和回忆载体，它对于文化回忆空间的建构具有重要意义。一个历史性的场所，不仅能够将回忆固定在某一土地上，使其得到证实，更能体现一种延续性、持久性。亚姆村如今被称作"瘟疫之村""贤者之乡"，通过几百年反复讲述，已经成为遗产、记忆、身份认同、情感等多重表现的形象。

<hr>

① ［德］阿莱达·阿斯曼著，潘璐译：《回忆空间：文化记忆的形式和变迁》，北京大学出版社2016年版，第149页。
② 罗选民：《大翻译与文化记忆：国家形象的建构与传播》，《中国外语》2019年第5期。

除了历史遗存，亚姆村还根据遗迹构建纪念物和举办纪念活动，它们共同构成抗疫遗产。瘟疫小屋（Plague Cottage）纪念的是第一个感染者乔治·维克斯（George Vickers），他全家 13 人最终只存活了 1 人。亚姆博物馆（Eyam Museum）是当地最有名的建筑，当年有一家人全部染疫病逝，后人将其房屋建成了博物馆。博物馆的 LOGO 为线条勾画的老鼠图案，馆内展示着这场席卷整个英国乃至欧洲大陆的黑死病资料，特别是亚姆村民与黑死病抗争的故事；同时展出一些艺术作品，例如埃本尼泽·罗兹（Ebenezer Rhodes）的《山峰风景》（Peak Scenery）中不同时期印刷的绘画作品，这些画作描绘了"瘟疫小屋"前的道路和远处教堂的塔楼；也有业余画家约翰·普拉特（John Platt）具天真风格的画作。疫情过去 300 多年后，亚姆博物馆于 1994 年开馆，与周围其他遗迹共同构成回忆空间。

社会通过构建出一种回忆文化的方式，在想象中建构了自我形象，并在时代相传中延续认同。例如，仪式可以促使一个群体不断地强化其身份认同。自从 1866 年举行鼠疫百周年纪念日活动以来，每年 8 月底的"瘟疫周日"（Plague Sunday），亚姆村都会举办各种活动以纪念这场瘟疫，1934 年约一万人参加了纪念仪式。

无论是亚姆博物馆、瘟疫小屋，还是遗迹遗产的展示与纪念，都是亚姆村抗疫文化的延伸，构成当地村民的集体记忆。来到这里的游客，通过空间再现唤醒对当时场景的想象与感受，在不同语境中其物质与精神文化都延续着旺盛的生命力。

（二）记忆符号打造：朝圣旅游与大众传媒

20 世纪后期，随着当地工业的衰落，"瘟疫村"成为旅游业发展的契机。全球化、现代化使人们生活节奏不断加快，忙碌、麻木与精神危机促使人们去寻找精神归宿。麦肯耐尔（Nean MacCannell）提出"旅游就是一种现代朝圣"，现代人因为自己与世界的"疏离"而选择旅游以获得精神救赎，[1] 朝圣旅游进入人们的视野并逐渐成为一种时尚。

---

① MacCannell D. Staged Authenticity: Arrangements of Social Space in Tourist Settings. American Journal of Sociology, 1973, 79(3): 589-603.

朝圣旅游包括"宗教朝圣旅游"与"世俗朝圣旅游"，前者多指一些宗教或其他信仰的信徒以宗教等为旅游目的或专门朝圣的旅游活动，① 后者对旅游主体无限制，但对旅游目的地怀有崇敬之情，以满足心理需求。这些旅游目的地通常具有"神圣性"，且被社会价值和道德力量引导，在传媒宣传的作用下形成。一直以来关于亚姆村故事的传播，塑造了该遗产地旅游目的地形象和一定的文化价值符号。在亚姆村这个固定地点反复举行纪念活动，代表了人们对此地纪念的兴趣，使记忆之地变成了神圣之地。②

对于亚姆村而言，报纸、书籍乃至互联网等大众传媒的介入，包含小说、戏剧、歌剧、音乐剧、歌曲等被固定下来的客观外化物、编码及展演，都是文化记忆的媒介。③ 即便是未曾来到亚姆村，人们也能通过大众传媒塑造对瘟疫村共通的情感，如英雄主义、勇敢、崇敬等。当地的牌匾、路标，包括"老鼠"标志等基础设施形成了文化符号，将亚姆村作为旅游目的地的精神、记忆与实践协调统一起来，根据当下人们的精神需求，赋予遗产某种精神价值，构建了文化遗产形象。当代的亚姆村具有传播历史文化、再现场所精神、彰显地域形象等功能，游客通过朝圣旅游或媒介感知，对历史进行重新解读，回忆也植根于被唤醒的空间。

(三)记忆活化利用：周边环境与遗产地名声

在没有纪念活动的年月，亚姆村哪怕不作为旅游目的地，也是著名景点的顺访地，其旅游发展与周边景点密切相关。亚姆村不远处有查茨沃斯庄园——英国最美庄园之一，著名电影《傲慢与偏见》的外景地；有世界遗产——德文特河谷工厂群，是早期现代化工业遗存；其所在的峰区国家公园也是受游客喜爱的自驾、露营、徒步游的著名区域。周边环境名气较大，区位优势较强，形成具有辐射效应的主导产业，刺激、带动了亚姆村旅游业的发展，提高了其遗产地名声（见图4-6）。

① 颜亚玉：《宗教旅游论析》，《厦门大学学报(哲学社会科学版)》2000年第3期。
② ［德］阿莱达·阿斯曼著，潘璐译：《回忆空间：文化记忆的形式和变迁》，北京大学出版社2016年版，第377页。
③ ［德］扬·阿斯曼著，金寿福、黄晓晨译：《文化记忆——早期高级文化中的文字、回忆和政治身份》，北京大学出版社2015年版，第51页。

图 4-6 亚姆村周边景点与城市位置图

资料来源:《英国地图》,中国地图出版社 2017 年版

　　古迹遗址和历史地区的周边环境,即"紧靠古建筑、古遗迹和历史区域的和延伸的、影响其重要性和独特性或是其重要性和独特性组成部分的周围环境",它除了实体的存在,同时包含人们进行的习俗活动、各类社会和精神实践等,形成与背景环境之间历史的、艺术的、精神的等重要联系。① 亚姆村被周边名声较大的遗产地所辐射,同时"瘟疫村"的自然、社会、经济、文化等环境被整体呈现,除了抗疫相关场所,其庄园农场风貌数百年来也未曾明显改变,体现了周边环境的完整性、真实性、系统性。周边环境成为遗产展示的背景舞台,使遗产与地域融合发展,唤醒人们共有的责任感、真善美等本性,提升了遗产地整体价值。

　　从某种程度上说,文化遗产的真实性建立在想象之上,旅游则是建立在历史

---

① 《西安宣言——关于古建筑、古遗址和历史区域周边环境的保护》(国际古迹遗址理事会第15 届大会于 2005 年 10 月 21 日在西安通过),《文物工作》2005 年第 12 期。

想象上的再创造。① 目前亚姆村的旅游业已经形成较为成熟的产业链，通过灾难后的文化符号重建，打造回忆空间，提取英雄情怀作为精神标志，吸引着游客前来参观或朝圣。

文化记忆探讨的是过去的记忆、文化的延续和认同，包括功能记忆和存储记忆两种回忆模式。本节以文化记忆理论为基础，探究抗疫遗产地形象建构问题。1665—1666 年伦敦大瘟疫中，英格兰中部的亚姆村抗疫表现独树一帜，其抗疫过程、历史细节、教区档案、遗物遗迹等形成存储记忆并构成景观形象。经过不同时代文化记忆的调整与加工，亚姆村抗疫故事逐渐成为国家身份形象、宗教权威、公共卫生等主题的化身；作家、诗人等对亚姆村故事进行反复渲染和重叠构建，由于公共卫生体系的建立和对美好生活的向往，其艺术创作和精神主题逐渐从灾难叙事向人本主义的方向发展，强调对善良、责任、英雄主义等情感的认同，存储记忆通过意义建构形成功能记忆。亚姆村以空间构造、社会仪式、媒体传播等方式，激活英雄情怀，营造了人们对抗疫遗产地的文化认同，通过灾后文化符号重建和旅游活动等带动当地经济。完成了文化记忆的存储、抽取、提炼与激活，亚姆村成为抗击瘟疫的符号性"圣地"。

纪念抗疫，不仅需要抚慰伤痛、凭吊逝者，更应该铭记历史、告诫后人，还应普及科学促进研究。② 在抗击瘟疫的过程中，英国亚姆村积累了宝贵的历史记忆、文化精神和遗物遗迹，英雄主义、自我牺牲等文化内涵构建了令人崇敬的形象，良好的遗产地名声实现了社会效益与经济效益的双赢。亚姆村先民与瘟疫抗争的故事、方法与精神，其抗疫遗产的保护、传承与利用，对于当前全球抗击新冠疫情的应对策略，和疫后地方文化纪念和产业发展，颇有值得借鉴、参考和深思之处。例如对此次大型公共卫生事件进行公众记录的收集，以文献、遗产为根基建构公众档案记忆，实现对抗疫珍贵记忆的存储和记录，促进中外人文交流；③ 把部分灾难原址改造成为文化空间，让部分不再使用的抗疫

---

①　何景明：《文化遗产旅游目的地：形象建构》，《旅游学刊》2010 年第 6 期。

②　肖波、黄晶莹：《灾难记忆与新冠疫情纪念空间构建理路》，《东南文化》2021 年第 2 期。

③　王玉珏、许佳欣：《档案馆在中外人文交流中的认同功能及其实现》，《档案学通讯》2020 年第 3 期。

场所浴火重生，蜕变成为新的城市地标，都将是促进灾后经济发展和构建瘟疫遗产地形象的重要方式。

第三节 欧洲抗疫遗产地的故事情感与场景再现

瘟疫给人类带来巨大的灾难和伤痛，也留下了独特的历史印记，部分抗击疫情的场所与空间保存至今，成为文化遗产地。欧洲有三处著名的抗疫遗产地①：苏格兰的玛丽·金小巷（Mary King's Close）、英格兰的亚姆村（Eyam Village）、德国的上阿默高镇（Oberammergau）。② 一条都市小巷，一座乡间村落，一个河谷小镇，三处抗疫遗产地都与17世纪大规模持续流行的黑死病（鼠疫）密切相关。它们见证了当地人与瘟疫抗争的悲壮历史，展现出多元的抗疫方法与文化指向，吸引游人络绎不绝地前去探访，将世人对抗疫的纪念、探索和思考延续至今，并指向未来。

新冠疫情期间，英国亚姆村抗疫故事在国内报刊和自媒体上突然热了起来，被广泛宣传并受到推崇③④⑤，但并没有引起学术界的关注和探究。关于玛丽·金小巷和上阿默高镇的介绍，仅零星散见于游记之中，而不见专门的研究。三处抗疫遗产地当年是如何抗击瘟疫的？留下了怎样的故事和遗迹？后人如何进行取舍和传承？文化记忆理论提供了一个独特视角。深入了解三地的抗疫故事

---

① 关于抗疫遗产地，国内外专门的研究非常少。Wallis 于 2006 年第一次明确提出 Plague Heritage，指发生过瘟疫的历史遗存与文化遗产，并点出欧洲的三处抗疫遗产地。遗憾的是，这一概念并没有得到重视与呼应。遗产学领域有一个相近的概念 Dark Heritage，用来指与黑暗、恐惧、痛苦、死亡相关的文化遗产，其范畴明显大于 Plague Heritage。笔者认为：此次肆虐全球的新冠疫情，产生的影响极为深远，因此有必要把抗疫相关的文化遗产作为一类专门的研究对象。抗疫遗产地这一概念值得引起学界重视，其相关研究亟须深入开展。

② Wallis, P. A. Dreadful Heritage: Interpreting Epidemic Disease at Eyam, 1666-2000. History Workshop Journal, 2006, 61(1): 31-56.

③ 陈履生、纪双城：《英国小村有个瘟疫博物馆》，《环球时报》2020年2月14日。

④ 李航：《英国亚姆村奋死阻击黑死病蔓延》，《法治吉林建设研究·疫情防控特刊》2020年第1期。

⑤ 《500年前一个英国村庄是怎样对待瘟疫的，至今被人们敬仰》，https://www.sohu.com/a/372931271_161283，访问日期：2020年2月14日。

与遗产传承，辨析其文化记忆的形成与存储、演化与取舍、传播与再现，不仅对抗疫遗产地的认知有着重要意义，也为全球抗疫及疫后文化纪念提供宝贵经验。

一、记忆存储：抗疫历程的记录与流传

中世纪以来，黑死病数度侵袭欧洲，夺去数千万人的生命。面对肆掠蔓延的瘟疫，人类经过无比艰难悲壮的抗争，遭受了无比辛酸恐怖的磨难，探索积累了一些相对有效的抗疫方法，比如严格的社区封锁、群体性自我隔离，当然还有通过祈求上帝以坚定信心、凝聚希望。① 抗击瘟疫的经历和方法部分记载于传世文献，亦口耳相传于民间大众，经时间的沉淀而形成共同的文化记忆。②

关于抗疫的最初记忆集中于恐惧和抗争，即瘟疫带来的巨大灾难和人类艰难悲壮的应对。一方面，瘟疫的传染性极强、致死率高，一传十十传百，如幽灵般四处扫荡，所到之处哀鸿遍野；另一方面，部分疫区通过采取切断传染源、阻隔传染途径等应对措施，幸运地成为免疫孤岛。比如 14 世纪的波兰，在确定有瘟疫爆发后，国王卡西米尔三世派兵封锁边境，境内各城镇在边区设立检疫站，同时划分隔离区域。流动人口经过一定时间的自然检验，才被允许入境；每当单个村庄出现黑死病，整个区域立刻隔离封锁，从而控制瘟疫的对外输出。③ 又如意大利北部的米兰，据编年史作者阿格诺罗·迪·图拉（Agnolo di Tura）记录：当黑死病抵达，最初有三户家庭感染，市政当局立刻将这三户住宅用围墙围住，把所有门窗都封死，第一时间阻止了病菌的进一步传播；同时关闭了大部分城门，只开放几个小门并且派军队严密把守，只允许极少数的人入城。④ 这样的措施严厉

① Dols，M. W. The Black Death in the Middle East. Princeton University Press，2019.

② Bramanti，B.，Stenseth，N. C.，Walloe，L.，& Lei，X. Plague：A Disease Which Changed the Path of Human Civilization. Yersinia Pestis：Retrospective and Perspective. Springer，Dordrecht，2016：1-26.

③ 米南德：《幸免于难：波兰人如何在黑死病浪潮中建立免疫孤岛》，https：//baike. baidu. com/tashuo/browse/content？id = 51917f417d7afe5470672f19&lemmaId = 7075061 & from Lemma Module = pcBottom，访问日期：2020 年 2 月 29 日。

④ 《黑死病：揭秘那些逃过死神制裁国家的真相》，http：//dy. 163. com/v2/article/detail/D0KE5E9N0523BIQ8. html，访问日期：2017 年 10 月 13 日。

到不近人情，但避免了更大的灾难。经过实践检验和历史筛选，波兰和米兰所采取的封锁隔离措施渐渐成为欧洲对抗瘟疫的共识性方法。

封锁隔离成为知识界和管理层的抗疫常识，也是后来欧洲各地面对瘟疫时最直接的应对措施。① 1645 年黑死病传入爱丁堡，当地采取了封锁隔离的举措，封锁区域包括玛丽·金小巷。瘟疫感染者要么被禁止离开他们的家，要么被驱逐到城墙外的隔离小屋；当局强行把健康人和病人分开。② 玛丽·金小巷拥挤狭窄，地势低洼，没有下水道系统，所以成为疫情的重灾区。因多位居民感染，小巷被彻底封锁；健康的家庭被转移到城外，感染者的家庭则被用砖封门，窗户挂上白旗，以便医生上门治疗、救援人员运送食物和煤；小巷共 600 余位居民，其中约 300 人惨死家中。③ 玛丽·金小巷的悲惨经历是中世纪抗疫的缩影。严格的社区封锁付出惨重代价，但仍是前疫苗时代控制瘟疫的最有效手段。

实施封锁隔离对执行者和被执行者都是残酷的考验，不仅需要政府的外在推动，也需要居民的内在配合；在政府力量薄弱的地方，居民的集体自律是隔离政策执行的关键，也是达到隔离效果的重要保证。④ 亚姆村(Eyam Village)提供了偏远地区村民群体性自我隔离的难得例证。亚姆村是英格兰中部德比郡一个数百人的村落。1665 年 9 月，村里一位裁缝收到从伦敦寄来的一箱布，被布里藏着的虫子咬了一口，三天后死去。数位村民相继死亡，肆虐伦敦的黑死病到达这个远离都市的村子。经过恐惧、犹豫和激烈争论，在当地牧师的劝导下，村民们决定放弃逃散计划而进行自我隔离，不让疫情扩散到别处，"把善良传递下去"。他们在村庄外围垒起一圈石头墙，发誓永不越过这条边界。经过 400 余天艰辛而惨烈的抗争，至 1666 年 10 月，疫情终于消散。全村 689 人中有 257 人死去，死亡

---

① Carmichael A. G. Plague and the Poor in Renaissance Florence. Cambridge University Press，2014.

② Mclean, D. Lost Edinburgh：The Great Plague of 1645. https：//www. scotsman. com/news/lost-edinburgh-great-plague-1645-1541562，访问日期：2014 年 3 月 14 日。

③ https：//www. atlasobscura. com/places/mary-kings-close，访问日期：2020 年 2 月 15 日。

④ Tognotti E. Lessons from the History of Quarantine, from Plague to Influenza A. Emerging Infectious Diseases，2013，19(2)：254.

率达 37%；① 另一种记录显示死亡率达 83%，为全英格兰最高。② 与伦敦大瘟疫约 20%的平均死亡率相比，亚姆村牺牲更加惨重，但瘟疫止步于此，避免了传播到邻近教区。当时人们对瘟疫的认识有限，政府没有强令封锁村庄；亚姆村展现了对抗瘟疫的自觉行为，在众多疫区独树一帜。村民们自我牺牲、集体自律的行为赢得了周边居民的敬仰，亚姆村自此声名远播。

政府强制执行的雷霆行动，村民自发商议的集体自律，都是物质层面的可见措施。除此之外，精神上的抗疫方法也曾经出现，比如德国南部小镇上阿默高（Oberammergau）的"独门秘笈"。上阿默高是德国巴伐利亚州南部的一个小镇，因 380 多年来每隔十年演出大型耶稣受难剧（Passion Play）而闻名。1631 年，当地处于宗教冲突的三十年战争（1618—1648）期间，传染病开始在德国南部蔓延。小镇一直保持充分的警惕，进行严格的检疫隔离；直到 1632 年教会节，一个名叫卡斯帕·斯基勒（Kaspar Schisler）的男子回乡时带来了鼠疫，多人感染，84 人死亡，当时全镇一共只有 600 余人③。战乱加上瘟疫，小镇居民处于恐惧和沮丧之中；但他们没有绝望，而是聚会祷告，祈求神保佑他们免受瘟疫的威胁，并立誓此后每隔十年演出耶稣受难剧以示感恩。据说此后疫情渐渐平息，镇上再没有一个人死于瘟疫，感染者也全部康复。1634 年，以耶稣受难事迹为题材的宗教剧如约上演，演员都是小镇居民④。自此居民自演的耶稣受难剧每隔十年就上演一次，成为地方特色传统。虽然上阿默高对抗瘟疫的方式具有浓厚的宗教气息，但是展现出的乐观精神和感恩行动具有独特价值和特别意义。

人类抗疫历史沉淀为独特的文化记忆，通过史籍文献和口耳相传而存续，并被后人反复回忆。"社会通过构建出一种回忆文化的方式，在想象中构建了自我

---

① Whittles, L. K, & Didelot, X. Epidemiological Analysis of the Eyam Plague Outbreak of 1665-1666. Proceedings of the Royal Society B：Biological Sciences，2016，283（1830）.

② Shrewsbury, J. F. D. A History of Bubonic Plague in the British Isles. The Historical Journal，1971：205-224.

③ Timm，C. P. The Oberammergau Passion Play as a Survival of the Medieval Miracle Play. University of the Pacific，1934.

④ 上阿默高镇耶稣受难剧的历史，https：//www. passionsspiele-oberammergau. de/en/play/history，访问日期：2020 年 3 月 2 日。

形象，并在世代相传中延续了认同"①。瘟疫是人类历史上的噩梦，当人们不得不面对时，封锁隔离往往被证明是有效的措施，集体自律是非常难能可贵的崇高品质，保持信心、凝聚希望则给予人类坚持下去的勇气。从某种意义上说，隔离、自律、信心，都是人类对抗瘟疫的方式，从外在到内在，从物质到精神，引导和鼓舞人们走出瘟疫的阴霾，并与瘟疫记忆紧密相联，不断被提及和复述。"人们回顾过去有各种原因，但是其共同之处是获得自我意识和身份意识"②。抗疫记忆给这三个名不见经传的地方打上鲜明烙印，它们在层层累积的历史叙述中获得独特的文化符号，由此具备了成为抗疫遗产地的线索和基础。

二、记忆取舍：回忆之地的证物与情感

抗击瘟疫是群体参与、悲壮绵长的过程，集体行动的过程会沉淀为集体记忆，即"一个特定社会群体之成员共享往事的过程和结果"③。疫情过后，人们对抗疫的集体记忆仍然延续，部分特定地域的抗疫故事被复述、建构和传扬。随着时光流逝，集体记忆逐渐沉淀、取舍和发酵，散发出独特的风格和味道。

一个地方从拥有抗疫记忆发展到抗疫遗产地，往往少不了两个核心要素：一是回忆之地，二是抗疫故事。回忆之地是抗疫遗产地的物质载体，是凝聚着集体记忆的历史遗存和文化地标，"这些地标可能是具有高可见性和公共意义的吸引物，例如纪念碑、神殿、一处神圣化的战场和墓地，这些可见的标志物可以使一个民族更有意义，它们可以提高地方意识和对于地方的忠诚度"④。回忆之地依托于看得见摸得着的物质形态，作为一种客观存在的地理空间和建筑风景，本身"并不拥有内在的记忆，但是它们对于文化回忆空间的建构却具有重要的意义。

---

① [德]扬·阿斯曼著，金寿福、黄晓晨译：《文化记忆：早期高级文化中的文字、回忆和政治身份》，北京大学出版社 2015 年版，第 8~9 页。

② [美]段义孚著，王志标译：《空间与地方——经验的视角》，中国人民大学出版社 2017 年版，第 154、130 页。

③ [法]莫里斯·哈布瓦赫著，毕然、郭金华译：《论集体记忆》，上海人民出版社 2002 年版，第 335 页。

④ [美]段义孚著，金寿福、黄晓晨译：《空间与地方——经验的视角》，中国人民大学出版社 2017 年版，第 154、130 页。

不仅因为它们能把回忆固定在某一地点的土地之上，使其得到固定和证实，它们还体现了一种持久的延续，这种延续比起个人的和甚至以人造物为具体形态的时代的文化的短暂回忆来说都要持久"①。抗疫遗产的回忆之地，是瘟疫过后所在地的遗物、遗址、遗存，特别是与抗疫经历密切相关的地标，比如亚姆村在抗疫过程中留下的围墙、钱币、水井、教堂、墓碑、书信等，成为这段历史的证物。

抗疫故事是抗疫遗产地的灵魂，它赋予回忆之地以生命力和传播力。"回忆之地是那些不再存在、不再有效的东西残留下来的地方。为了能够继续存在和继续有效，就必须讲述一个故事，来补偿性地代替那已经失去的氛围。回忆之地是一个已经失去的或被破坏的生活关联崩裂的碎块。随着一个地方被放弃或被毁坏，它的历史并没有过去；它仍保存着过去的残留物，这些残留物会成为故事的元素，并且由此成为一个新的文化记忆的关联点"②。抗疫故事让相关联的地方有了被提及、被造访的理由，有了鲜活的形象和吸引力。"沉默的废墟只能借助在记忆中保存的传承故事才能发出声音"③。有形的回忆之地与无形的抗疫故事结合起来，融为不可分割的整体，构成富有魅力的抗疫遗产地。

回忆之地与抗疫故事相互适应、相互印证、相互深化。回忆之地是抗疫故事的载体与证物，是文化记忆存储和激活的"硬件"；抗疫故事是回忆之地的内核与符号，是文化记忆编码与解码的"软件"。抗疫遗产地的每一处回忆之地，都沉淀和承载着独特的抗疫故事，经过历史的选择和取舍，显现和传达出不同的故事基调和主题；每一个抗疫故事，都包含和流传着独特的人物情节，对应着回忆之地的具体遗迹和遗物。回忆之地和抗疫故事水乳交融，共同凸显抗疫遗产地的情感主题。

抗疫遗产地的情感主题之一，是面对瘟疫的恐惧。这是人类最直观最本能的感受。瘟疫带来大面积的感染和死亡，留下令人闻之色变而又挥之不去的恐惧。

---

① ［德］阿莱达·阿斯曼著，潘璐译：《回忆空间：文化记忆的形式和变迁》，北京大学出版社2016年版，第344、357、375页。

② ［德］阿莱达·阿斯曼著，潘璐译：《回忆空间：文化记忆的形式和变迁》，北京大学出版社2016年版，第344、357、375页。

③ ［德］阿莱达·阿斯曼著，潘璐译：《回忆空间：文化记忆的形式和变迁》，北京大学出版社2016年版，第344、357、375页。

1645 年的黑死病夺去了爱丁堡一半人口，玛丽·金小巷就是一个缩影和标本。无力应对的巨大灾难和空前惨烈的抗疫过程，给这个城市留下了无法抹去的阴影。而低矮、狭窄、幽暗、局促的玛丽·金小巷，承载了由历史与故事累积起来的集体记忆。经过历史的积淀和筛选，小巷的抗疫记忆主要由两类形象展现出来，一是装束独特的医生，二是痛苦凄惨的患者。1645 年 6 月，鼠疫夺去了第一位抗疫医生约翰·保利奇（John Paulitious）的生命，几天之后，爱丁堡任命了第二位抗疫医生乔治·雷（George Rae）。雷医生的打扮看上去很可怕，他从头到脚都穿着皮革，披着长斗篷，戴着喙状面具，里面装满香料和玫瑰花瓣，以免受瘴气的侵害。患者被关在家里，窗户上挂一块白床单。雷医生上门治疗，切开伤口清出毒汁，并用烧灼法封住伤口，挽救了不少生命。① 戴喙状面具的医生画像常常出现在后来的文献中，成为抗疫经典形象。病人的形象也受到关注。抗疫的过程艰辛而漫长，玛丽·金小巷弥漫着阴郁和肃杀、伤痛和哀号、忧伤和恐惧。后来小巷经常闹鬼的故事传播开来，幽魂与谋杀的传说层出不穷。这里最著名的鬼魂之一是 10 岁女孩安妮，她死于瘟疫，有人报告说她的房间里经常出现温度变化并给人带来奇怪的感觉。为了纪念安妮，许多人把玩具、布娃娃和糖果放在她的房间里。毫无疑问，无论医者形象还是患者形象，都弥漫着恐怖的气氛。玛丽·金小巷的故事放大了人们对瘟疫的恐惧，延伸到疫后关于幽魂和谋杀的传说，让这个狭窄的空间与抗疫联系得更加紧密，甚至成为许多小说和影视作品中恐怖情节的经典发生地。

抗疫遗产地的情感主题之二，是对抗疫英雄的崇敬。人们在面对死亡和恐惧时表现出的勇敢、坚韧与自律，往往赢得世俗的崇敬。亚姆村有两位抗疫核心组织者：前后任牧师托马斯·斯坦利（Thomas Stanley）和威廉·莫佩森（William Mompesson），他们说服村民隔离了自己的村庄。疫后一百多年间，亚姆村默默无闻，并没有引起太多的关注。直到 18 世纪末，经过作家、诗人、当地学者的多种文体记载和反复渲染，亚姆村成为抗击抗疫的典型村庄，抗疫故事变得完整，情节一波三折，细节催人泪下。故事的发展往往与时代特征相结合，朝着引领潮

① The Real Edinburgh Plague Doctor. https://www.realmarykingsclose.com/blog/edinburghs-plague-doctor/，访问日期：2019 年 6 月 24 日。

流、感动人心的方向叠加累进，主要体现为三个趋势：一是肯定隔离的抗疫方法。随着抗疫经验的丰富和科学认识的发展，亚姆村封锁村庄以防止疫情扩散的做法，被认为是一种远见卓识和崇高的自我牺牲。他们在村庄边界与外界交换补给品，把钱放在水池或小溪里，以防传染，这种做法也传为美谈。二是颂扬女性的责任和美德。牧师莫佩森留下了三封信，写到他的妻子放弃离开村庄的机会，因坚持婚姻的责任而留下，虽然她不幸去世，但其行为体现了美德和责任感。三是渲染牧师的坚定与高尚。两任牧师都展现了勤奋、自律、虔诚的男子气概，他们耐心说服村民采取集体自律的方式，细心安排隔离措施，狠心把逝者集中埋葬在远离教堂的地方，以悲壮而睿智的方式坚持到最后，让瘟疫止步于村庄的围墙。大瘟疫过去 200 周年的 1866 年，亚姆村举办了盛大的庆典活动，发起修复教堂的倡议，开启了三段式的纪念布道，并印刷分发 500 本《亚姆村抗疫的故事》，自此，亚姆村成为全英格兰最著名的"瘟疫村"。① 亚姆村的集体自律体现了道德的崇高与人性的光辉，经过本地人的文化发掘、后人的反复追述和内容取舍，形成主题鲜明的文化记忆，越来越为人们所认知和推崇，从而名扬天下，成为抗疫史上重要的正面典型。

抗疫遗产地的情感主题之三，是对超自然力量的感恩。亚姆村故事透露出牧师的虔诚与村民的信仰，正是深入乡村和人心的宗教影响，让人们在瘟疫面前积极抵抗。真正把宗教作为故事主题并发扬光大的，是德国的上阿默高镇。面对同一时代的大瘟疫，上阿默高的抗疫方法不同于苏格兰和英格兰，上阿默高居民选择向上帝祈祷许愿。他们目睹了瘟疫传染的迅猛与可怕、见证了染病者的痛苦与无助、经历了疫情持续蔓延的恐惧、慌乱与抗争，但是他们没有完全失去信心。"祈祷"这一行为让他们在无可奈何之中仍然怀有希望，从而坚持下去并度过劫难。② 苦难之时，信心无比金贵；疫后上阿默高居民满怀感恩之心，迅速而坚定地兑现了承诺。1634 年，耶稣受难戏第一次在小镇上演。从此，在小镇居民的

---

① Wallis, P. A. Dreadful Heritage：Interpreting Epidemic Disease at Eyam, 1666-2000. History Workshop Journal, 2006, 61(1)：31-56.

② Stenzel J. A Rabbi's Passion, a Hajj's Play：Oberammergau and Its Passion Play Between Performed History and Histrionic Place. Forum Modernes Theater, 2019, 30(1)：162-177.

积极参与下，上阿默高镇每隔十年都会演一次耶稣受难戏，1644 年、1654 年、1664 年、1674 年，皆如约上演；随后改为整数年演出，1680 年、1690 年、1700 年……，一直持续至今。① 17 世纪的德国南部和欧洲其他地方演耶稣戏的并不少，高峰期据说有数百处；即使到现在，世界上至少还有 76 个地方，从斯里兰卡到美国阿肯色州，定期上演耶稣受难剧。不过能够坚持近 400 年而不中断，并与抗疫感恩紧密联系的，只有上阿默高。② 小镇的演出活动声名远播，2010 年的第 41 届演出，德国总理安格拉·默克尔、总统克里斯蒂安·伍尔夫等政要到场。③ 2020 年的第 42 届演出，因新冠疫情而推迟到 2022 年。每次超过 2000 人参加演出，包括演员、歌手、演奏家和技术人员，都是本镇居民，"演耶稣受难剧意味着遵守我们祖先的神圣誓言"。上阿默高镇的抗疫故事情节不算曲折，但当地居民当年在疫情期间的信心与希望弥足珍贵，疫情过后的践诺行动果决坚定、感恩主题鲜明持久，近 400 年自发演出耶稣受难剧的行为让人敬佩和赞叹。

　　文化记忆具有一定的选择性和流动性。灾难时刻留下的集体记忆通过口耳相传、文献记录与仪式活动等方式实现代际传承。抗疫故事在历史的长河中沉淀、取舍和发酵，给后人和外人留下独特的情感主题和意蕴。玛丽·金小巷的抗疫故事留下了深刻的恐惧记忆，亚姆村的集体自律散发出英雄主义的光辉而令人崇敬，上阿默高镇因为果决而持续的感恩行动独树一帜。恐惧、崇敬、感恩，是人类在抗疫历史中的主要情感，也是抗疫遗产地的故事主题。对于每一处抗疫地来说，单一的情感主题或许是片面的，但也是深刻的，它们分别被赋予了独特的文化符号，由相应的故事情节和遗址遗物来印证和支撑，形成有代表性的回忆之地和抗疫故事，进而成为个性鲜明的文化遗产。

---

① Loney, G. Oberammergau, 1634-1990: The Play and the Passions. New Theatre Quarterly, 1991, 7(27): 203-216.

② Michael, C. Historical Notes: A Promise Kept for 366 Years in Oberammergau. https://www.independent.co.uk/news/people/historical-notes-a-promise-kept-for-366-years-in-oberammergau-1131213.html，访问日期:2020 年 3 月 1 日。

③ History of Passion Play. https://www.passionsspiele-oberammergau.de/en/play/history/2，访问日期：2020 年 3 月 2 日。

三、记忆再现：抗疫遗产的激活与传承

人类抗疫的历史和记忆不仅通过故事和文学样式口头流传，还以实物为载体得以保存和呈现，成为可以感知和体验的文化遗产。"遗产是一种求助于过去的现代文化生产模式。遗产生产同时包括拯救过去和将其表现为可参观的体验"。在中产阶级兴起和旅游业快速发展的背景下，抗疫遗产地激活尘封的文化记忆，将回忆之地与抗疫故事活化为可参观的场景体验，面向当下和未来，华丽转身为备受游客欢迎和追捧的热门景点，以新的姿态和方法继续讲述抗疫故事，传承和再现有关抗疫的文化记忆。

遗产的展示体现出挽留"逝去的世界"（runaway world）的渴望。① 作为旅游景点的抗疫遗产地，顺应各自在历史发展进程中沉淀的情感主题，注重打造吸引游客的"卖点"和"亮点"，突出独特性与唯一性，并找到合适的营销方法，保持环境的和谐与旅游行为的可持续性。上文提到的几处抗疫遗产地各有独具特色的历史底蕴、集体记忆、故事风格与主题诉求，在遗产传承的过程中艺术性地体现出来。抗疫遗产地激活与再现文化记忆的方法可以归纳为三种。

一是通过恐惧场景的再现发展探险旅游。瘟疫留下了让人闻之色变、心有余悸的恐怖记忆。玛丽·金小巷当年封锁街区居民密集死亡的严酷故事、地势低洼巷道逼仄的空间特征、后来屡次传出的幽魂谋杀传说等，让这个地方汇聚了浓郁的恐怖气息。当地在遗产保护利用时顺应并强化了这一特点。玛丽·金小巷在19世纪被清空并封闭起来，其上方修建了皇家交易所，21世纪初小巷被重新发现并修复，于2003年作为旅游景点对外开放。小巷再现了17世纪爱丁堡历史街区的风貌，着重营造神秘气息和恐怖暗示，比如幽魂安妮的房间、模拟黑死病人的房间、幽暗的光线与昏黄的灯光、游走的女巫身影等。出于对游客的安全考虑，当地政府还明文禁止游客独行。玛丽·金小巷频繁出现在影视作品中：2004年电视剧《致命的理由》中的一位杀手在小巷中被发现，2006年出现在"最闹鬼的万圣节秀"中，2007年出现在历史频道"城市的秘密"第四集《苏格兰的罪恶之

---

① ［英］贝拉·迪克斯著，冯悦译：《被展示的文化：当代"可参观性"的生产》，北京大学出版社2012年版，第124、135页。

城》中，2008 年出现在美国科幻频道《捉鬼队国际版》中；小巷也是小说《乌鸦男孩》中恐怖事件的发生地。① 距离玛丽·金小巷几分钟的步行距离就是著名的爱丁堡城堡。在这个世界闻名的旅游目的地，以不可错失、值得勇敢者探索的恐怖旅游为号召，小巷在众多景点中独树一帜，特别受到年轻人的青睐。小巷被俄罗斯《真理报》评为世界十大最恐怖地之一，成为热门打卡地。为了增强体验感，旅游常常在傍晚和夜间进行。"惊悚小说中真正的主角是那些被远古时代的鬼魂造访的建筑"②。作为抗疫遗产地的玛丽·金小巷，保存并复原了被瘟疫侵害的社区空间，特别呈现并试图唤起人类在瘟疫面前恐惧惊心的集体记忆，以旅游的方式得到当代人的响应和认同。

二是通过崇敬场景的营造发展朝圣旅游。瘟疫既有让人恐惧与不寒而栗的一面，有着类似地狱的黑暗体验；也有危难中展现抗争过程与人性光辉的闪耀，有着人间的苦难与光明、风雪与温暖。亚姆村抗疫故事广为人知，并被贴上了"瘟疫村"的醒目标签，成为展示抗疫遗迹、缅怀抗疫英雄、致敬闪光人性的遗产地。从 1866 年瘟疫爆发 200 周年纪念起，亚姆村就开始推动遗产旅游。一方面，村里募集资金修复教堂，修整墓地，改建小型博物馆，收集展示当年的抗疫物品、文献、图像，清理水井、界碑、围墙等遗迹，标明它们与瘟疫之间的联系，逐步建设了完整的抗疫遗产展示体系和完备的旅游基础设施，使亚姆村变身为抗疫主题公园，在英格兰中部旅游行程中占据重要的位置。另一方面，村里持续举行抗疫纪念活动，从 19 世纪 80 年代起，每年都举行大型纪念仪式，到 20 世纪 30 年代，亚姆村已成为德比郡游客必去地之一。其纪念仪式更是游客行程中的重头戏，1934 年有 1 万人参加；1966 年的 300 周年纪念活动，约克大主教现场布道，德比主教、德文郡公爵、伦敦市长都发来贺信，村庄俨然成为"国家朝圣地"③。此外，关于亚姆村的文学艺术作品不断累加，学术研究日渐深入，甚至有学者专

---

① About the Mary King's Close. https：//web. archive. org/web/20130402223313/，http：//www. realmarykingsclose. com/about-mary-kings-close/about-the-close. aspx，访问日期：2013 年 4 月 2 日。

② Beers, H. A. A History of English Romanticism in the 18th Century. Holt, 1929：253.

③ Wallis, P. A. Dreadful Heritage：Interpreting Epidemic Disease at Eyam, 1666-2000. History Workshop Journal, 2006, 61(1)：31-56.

门从声音与景观的角度探讨村庄的自然风貌与历史回响。① 虽然亚姆村的抗疫历史还有诸多值得怀疑和商榷的地方，从学术角度看还有颇多疑点和不确定的内容，② 但是这不影响小村成为旅游胜地。亚姆村地处峰区国家公园中部，临近世界文化遗产——德文特河谷的纱厂群，也临近著名的查茨沃兹庄园。即使是没有纪念仪式的日子，前往峰区的游客也会顺路去看看这个特别的村子，满足好奇感，或者体验"朝圣"的现场感和空间依恋。

　　抗疫遗产地激活与再现文化记忆的第三种方式是通过感恩场景的活化发展节庆旅游。抗疫遗产有着神圣的一面，超越苦难和世俗生活，把战胜瘟疫的要诀归结为信心和信仰，把健康平安的生活归功于神灵，并且谦卑而执著地践行娱神的承诺。一代又一代的上阿默高居民持续接力，演出祖先承诺的耶稣受难剧，并在实践中不断优化。演出地点最初在小镇的墓地旁，很快这个场所就显得太小，容纳不了许多吟诵祈祷文的朝圣者；1815 年建造了第一座永久性舞台，1830 年建了第二座更大的露天剧场，1890 年建起了有屋顶和座位的正规剧院，并在随后的 130 年里扩建和装饰，现在可以容纳 4700 名观众。演出季长达 5 个月，从 5 月中旬到 10 月上旬，每周演出三场到五场，每场时间长达 7 个小时，2010 年才削减到 5 个半小时：14：30—17：00 和 20：00—23：00。演员不是剧院的大明星，而是小镇居民，为了带来精彩的演出，他们常常要花一年时间准备排练。③ 演出门票和住宿价格相当合理，与拜罗伊特音乐节或萨尔茨堡音乐节相比要便宜得多。票房收入在 1984 年就达到 4000 万马克，净利润 800 万马克，由巴伐利亚州和小镇平分。剧院总是满座，当地用演出所得改善公共卫生条件和旅游基础设施。④ 游客量不断增加，1830 年有约 1.3 万名游客，包括德国最著名的作家歌德

① Holloway, J. Resounding the Landscape: the Sonic Impress of and the Story of Eyam, Plague Village. Landscape Research, 2017, 42(6): 601-615.

② Massad, E. Coutinho, F. A. Burattini, M. N. Lopez, L. F. The Eyam Plague Revisited: Did the Village Isolation Change Transmission from Fleas to Pulmonary? Medical Hypotheses, 2004, 63(5): 911-915.

③ Massad, E. Coutinho, F. A. Burattini, M. N. Lopez, L. F. The Eyam Plague Revisited: Did the Village Isolation Change Transmission from Fleas to Pulmonary?. Medical Hypotheses, 2004, 63(5): 911-915.

④ "Sanitation at Ober-Ammergau". The Lancet, 1880, 1(5): 473.

(Johann Wolfgang von Goethe); 1860 年游客量升至 10 万, 其中许多来自国外, 特别是来自维多利亚时代的英国; 1930 年有包括亨利·福特在内的 42 万名观众; 2010 年则有超过 50 万名游客。① 演出给小镇带来了巨大声誉, 大量游客的到来也让小镇的木雕技艺和外墙壁画出了名, 加之地处阿尔卑斯山和新天鹅堡的黄金旅游线路之间, 在没有演出的年份里, 因为这儿有童话式的建筑、可爱的木雕和令人愉快的传统, 游客依然络绎不绝。② 上阿默高镇的抗疫方法虽然具有浓郁的宗教色彩, 但在抗疫期间的乐观精神和疫后坚定而持久的感恩活动让世人感动向往, 这个小镇成为著名的抗疫遗产地, 并带动了当地的木雕、壁画和旅游产业。

通过抗疫历史的书写、再现与发展, 本书所介绍分析的三处著名的抗疫遗产地激活并推广了自己的文化记忆, 它们发展的方式各具特色, 主题和基调也明显不同。把三处遗产地放在一起看, 似乎体现了空间精神上的垂直性: 玛丽·金小巷严格封锁的刚性隔离与恐惧惊悚的集体记忆, 展示的是地下力量的阴暗存在, 仿佛家中的地窖; 亚姆村集体自律的善良传递与自我牺牲的集体记忆, 体现的是现实人间的温暖平层, 仿佛家中的起居空间; 上阿默高镇祈祷上帝的乐观坚强与执著感恩的集体记忆, 则指向精神世界的崇高光明, 仿佛家中的阁楼。三地依据自身特点推进遗产的保护修复与活化利用, 发展出多元而蓬勃的旅游产业, 包括通过恐惧场景的再现发展探险旅游, 通过崇敬场景的营造发展朝圣旅游, 通过感恩场景的活化发展节庆旅游等。探险、朝圣、娱神, 是抗疫遗产地作为旅游目的地的重要符号, 既放大了抗疫遗产地的情感主题, 又刺激和释放了当代大众旅游的需求, 在吸引众多游客的同时, 实现了抗疫遗产的活态传承和抗疫记忆的形象再现。

抗疫是集体记忆, 也是文化遗产。经过历史经验的积累, 封锁隔离成为人类应对瘟疫的本能反应和基本方法, 三处抗疫遗产地都采用了这种方法, 只是实施的程度、产生的效果、故事的走向有所不同, 从而形成了不同的风格和主题, 并

---

① Ohm, A. L. Oberammergau: Germany's 376-year-old Passion Play Before and After the Holocaust, Vatican II, and Ongoing Research into Early Christianity. Headwaters, 2010, 27(1): 4-15.

② Groeneveld, L. Theories of Disease, Sanitary Reform and Nineteenth and Early Twentieth-century Tourism to the Oberammergau Passion Play. Studies in Travel Writing, 2019, 23(3): 244-262.

成为各自遗产传承的基调。苏格兰的玛丽·金小巷实行了严格的社区封锁，因大量的病例死亡而留下恐怖的集体记忆，加之低湿狭促的空间环境，后世衍生出诸多幽魂传说，进而发展成为恐惧体验的特色旅游景点。英格兰的亚姆村进行了严格的村庄隔离，其与众不同的地方在于村民的集体主动隔离，他们因在公共利益与私人利益的平衡之间做出的自律选择而受到后人的肯定和褒扬。经过诗人、作家和当地历史学家的反复渲染和重叠构建，亚姆村成为抗疫的符号性"圣地"，并作为旅游景点受到游客追捧。德国的上阿默高镇也进行了自我封锁，后因绝境中的祈祷和疫后的践诺而独树一帜，当地居民把持续 400 余年的演出活动作为感恩的具体行动，让抗疫遗产沾濡希望之光，并以节庆名片带动旅游繁荣。

　　抗疫遗产地的构建过程，主要体现为对抗疫记忆进行存储、取舍和再现。本节所关注的欧洲三处著名抗疫遗产地，共同见证了 17 世纪鼠疫带给人类的深重灾难，分别展现了封锁隔离、集体自律、坚定信心的抗疫理念和方法，留下了深刻的抗疫经验与记忆；它们的文化记忆在过去三百多年被反复渲染、取舍和建构，分别凝聚成"灾难恐惧""人性致敬""乐观感恩"的主题精神，这些精神以及造就精神的场所进一步发展成为有历史内涵的回忆之地；三地进而以恐怖体验、现场朝圣、娱神狂欢等方式发展遗产旅游，实现了抗疫遗产的生动延续与活态传承、文化记忆的激活与再现。这类因地制宜而又别出心裁地存储、取舍、激活抗疫文化记忆的生动案例，可以归纳为抗疫遗产地构建与传承的"欧洲经验"。抗疫遗产地构建与传承的方式是多元和多彩的，也是源于历史、贴近生活的。遗产地先民与瘟疫抗争的故事、方法与精神，其抗疫遗产的保护、传承与利用，对于全球抗击新冠疫情的应对策略，对于疫后各地的文化纪念和产业发展，颇有值得借鉴、参考和深思之处。抗疫方法虽然多元，在疫苗推出之前隔离救治无疑最安全有效。同时，抗疫成功需要全民参与和积极的心态。抗疫值得纪念，方式也丰富多彩，既有对抗疫英雄的崇敬，亦宜平民参与体验，随着时间的推移，也可探索寓教于乐的方式。2020 年全球抗疫，将形成新的文化记忆，当今的记忆亦将被存储、取舍和再现。有幸站在前人的肩膀上，今人在面对共同的灾害时应该能沉着应对、行稳致远。

第五章
文化产业案例

第一节　名人故居保护利用——以英国莎士比亚故里为例

随着文化产业的蓬勃发展，作为重要文化符号的名人文化资源受到各地的空前重视。近年来以"文化搭台，经济唱戏"为主旨的名人故里争夺战此起彼伏、花样百出，不仅争抢曹操、李白、朱熹、曹雪芹等历史文化名人，还争抢女娲、观音、牛郎织女、梁山伯祝英台等神话或传说名人，甚至争抢陈世美、西门庆这样的反面人物。[①] 此类争抢多是地方政府和文化工作者在媒体上打口水仗，借论战造势，争取国家部委或民间组织某种形式的认可，算是"搭台"，随之开展相关的建设项目，开始"唱戏"。尽管争得热热闹闹，干得热火朝天，但国内名人故里文化产业开发的成功案例极为少见，连屈原、李白、杜甫、苏轼的故里都不温不火，更多的名人故里只是一时吸引眼球，赔本赚吆喝，落得个冷冷清清收场。许多地方辛辛苦苦争来了名人故里的称号，却没有合理有效地开发利用，有的过度开发，有的半途而废，文化虚热而产业冷淡，白白浪费了许多建设资金，远未达到预期收益，从而掉入了名人故里文化产业开发的"陷阱"。

名人故里的文化产业开发存在三大陷阱：品牌陷阱、经营陷阱、管理陷阱。

---

① 顾宝林：《名人故里开发乱象的原因及其对策建议》，《西华大学学报（哲学社会科学版）》2011年第2期。

如何有效突破陷阱，实现名人故里文化产业的持续繁荣？本书试以英国莎士比亚故里为例，解析名人故里文化产业的开发陷阱与突围路径。莎士比亚故里在英格兰中部沃里克郡（Warwickshire）的小镇埃文河畔斯特拉特福（Stratford-upon-Avon）。这座只有两万多居民的小镇，每年要接待数百万游客，是英国除伦敦外最受欢迎的旅游目的地之一。英国的历史文化名人不少，其故居保护与开发的案例也不在少数，但像莎士比亚故里人气这么旺、这么持久的，并不多见，其诸多发展经验很有代表性与启发意义。

一、人间温度的文化体验与品牌陷阱突围

名人故里文化产业开发的品牌陷阱，是指对名人效应的乐观估计与过高期待，盲目地打着名人旗号四处开发相关产业，而忽略或忽视了品牌的内容支撑与持续经营，从而导致名人故里品牌的虚化与弱化，失去其应有的外向吸引力与内向凝聚力，相关产业也就无从发展。品牌陷阱的本质在于重产业轻文化，单向看重名人故里品牌的产业相关性，而非文化相关性，以为捧着名人故里的金字招牌，就可以高枕无忧坐地数钱，事实上这样的期待往往会落空。比如河南驻马店，花了很大力气争来了文化部认可的梁祝传说流传地之一的名头，以"梁祝故里、爱情之乡"作为文化品牌，却没有相应的支撑，仅仅把汝南县马乡镇更名为梁祝镇、建了一座牌坊、重修了梁祝坟墓而已，没有核心吸引物，名人文化品牌内涵空洞，相关产业无从谈起。

名人故里品牌陷阱的突破路径，在于文化的支撑与经营，以丰富而鲜活的文化内容来充实品牌的饱满度，以亲切而新奇的人本体验来增强品牌的温润感。名人首先是普通人，沾濡故乡的气息与特质，其成长、其成就与故乡有着一定的关联和让人想象的空间。所以，名人故里不一定要建祠立庙以突出对其褒扬和崇拜，而应尽可能体现名人在此生活时的原生态风貌，还原其作为普通人的生活场景和人生细节。

莎士比亚是世界级文化名人，其故里的品牌影响力也是首屈一指的。即使这样，莎士比亚故里在品牌经营方面仍然精益求精，想方设法丰富其内涵、增添其魅力，主要措施有三：一是建立由多处相关房屋组成的故居体系，二是采用丰富

多彩的展陈方式，三是开展推陈出新的纪念活动。

　　莎士比亚故居并不是只有一处，而是由五处房屋共同构成的故居系列。莎士比亚故居保护、管理与经营工作由莎士比亚出生地基金会（以下简称"基金会"）承担。① 基金会先后购买和保护了五座与莎士比亚密切相关的房屋：一是莎士比亚出生地房屋（Shakespeare's Birthplace），这是基金会购买的第一座故居，虽然学术界对其真实性有所争议，但没有挡住信徒们的脚步；1762 年，理查德·格林手绘了该房屋的素描图，基金会于 1860 年依样复建，尽量保持了当年的风貌。二是纳什之屋和新居（Nash's House & New Place），1592 年，莎士比亚在伦敦发达后衣锦还乡，从威廉·昂德希尔手中买下了当时镇上第二大的房子，取名"新居"；新居后来为其外孙女所有，其外孙女婿托马斯·纳什拥有新居旁边的房子（即纳什之屋）；新居在 1759 年被牧师弗朗西斯·加斯特利尔拆除；基金会于 1876 年买下纳什之屋和新居的场地。三是霍尔农庄（Hall's Croft），这座建于 1613 年的木质房屋，是莎士比亚女儿和女婿的旧居，基金会于 1949 年购得。四是莎士比亚妻子安妮·海瑟薇的小屋（Anne Hathaway's Cottage），基金会于 1892 年从其远房后代手中购得。五是莎士比亚母亲的故居玛丽·亚登农庄（Mary Arden's Farm），基金会于 1960 年买下了这座以"教区农庄"名义对公众开放但面临被拆除危险的房子，2000 年经专门机构调查才发现这就是玛丽·亚登的家。②

　　五所故居都保存修缮完好，内部陈设重点和展陈方式各不相同，各有亮点与特色。其一，莎士比亚出生地房屋，这是故居系列中最核心、最有代表性的一座。房屋的外观、内部结构、家具物品等都尽量还原莎士比亚少年时代的式样，具有典型的都铎时期风格，还依据莎士比亚戏剧和历史资料的描述，陈设了 16 世纪后半期普通英国家庭的常用物件与生活品；莎士比亚出生于商人家庭，主要经营羊皮手套，其房屋的一侧保留了当年手套店的模样，临街的窗户对外经营交易，屋内就是加工制作的作坊；新建的游客中心在莎士比亚出生地房屋侧边一百余米处，入口处通过浮雕、漫画、视频等方式展示了莎士比亚的生平经历和 37

---

① Eckart, V. V. Janespotting and Beyond: British Heritage Retrovisions Since the Mid-1990s. Gunter Narr Verlag, 2004: 88.

② Weis, R. Shakespeare Unbound: Decoding a Hidden life. Macmillan, 2007: 436-439.

部作品。其二，新居和纳什之屋，主要介绍莎士比亚晚年在这里生活和创作剧本的情况；房屋虽然在小镇的繁华地段，但有一个非常宽阔的院子和很大的草坪；随处可见的雕塑，带有浓厚的莎剧元素；还有一个伊丽莎白时期的精美花园。其三，霍尔农庄，是一座精美的詹姆斯一世风格的宅第；莎士比亚的女婿霍尔是当地名医，房屋除了日常生活的客厅、餐厅、卧室之外，突出当时医生诊疗的特点，在不同的房间内布置了医药配制、病例诊断、手术工具、化学实验等方面的陈设；花园里设置了观察自然的仪器，种了不少药材；屋内还设置了儿童寻宝的物件，以增添趣味性。其四，安妮·海瑟薇小屋，这座漂亮的茅草屋内，展现莎士比亚和安妮恋爱婚姻的过程与精彩细节，并保存了当年的家具，第二间卧室内的一把椅子据说是当年莎士比亚向安妮求爱的见证；屋外还有漂亮的花园、果园和林园。其五，玛丽·亚登农庄，是一座半木质结构的古老建筑，主要展现近几个世纪以来当地的乡村生活风貌。①

　　莎士比亚故居不限于静态展示，还不断推出各类活动，以增进游客的互动式体验。莎士比亚出生地房屋的花园中，每天都会在固定的时间表演一段莎翁的经典戏剧，还定期举办不同内容的展览。纳什之屋和新居的遗址不断有考古新发现，陆续充实到室内展览。霍尔农庄有家咖啡馆，提供莎士比亚花茶或咖啡；院内的草坪，可以租用为举办婚礼的场所。安妮·海瑟薇小屋经常举办针对小孩的猜谜、认花、辨昆虫等活动，还在周末举办亲子游戏。玛丽·亚登农庄每天定时有马术、驯鹰等表演，还有都铎时期的音乐、舞蹈和餐饮展示。②

　　五处故居，加上圣三一教堂(Holy Trinity Church)的莎士比亚墓，构成了莎士比亚本人及其家庭的完整谱系：其生长之地、退养之地、长眠之地，皆清晰呈现；其母亲、妻子、女儿女婿、外孙女外孙女婿的居所，也历历在目。故居内不同主题的陈设，不仅可以重温莎士比亚的生活经历和创作成就，还能了解其家庭成员的来龙去脉和生活场景，更能窥知16—17世纪英国中部乡村的风土人情与

① 澳大利亚 Lonely Planet 公司编，陈薇薇等译：《英国》，中国地图出版社 2014 年版，第412~413 页。
② 参见莎士比亚出生地基金会网站，http://shakespeare.org.uk/home.html，访问日期：2015年10月1日。

物产风貌，从而更多角度地展示莎士比亚和他的亲人、他的家乡的丰富文化内涵。长年不断、经常更新的各类活动，让游客既增长知识、增添乐趣，又参与互动、现场体验，更多身临其境的快乐时光与美好记忆，也是多次探访的重要理由。总之，莎士比亚故居形成了互相呼应的系列聚落，比较完整地承载了莎士比亚本人、家庭和他所生活时代的历史记忆，做足了文化味儿，充满了人情味儿，使旅游成为能够深切感知人间温度的文化体验，从而使其品牌光彩夺目、历久弥新。

二、心理层次的空间布局与经营陷阱突围

由于传统的商业模式不尽适用于文化产业，名人故里的产业经营成为业界难题。景区模式、商场模式、品牌延伸模式是名人故里产业开发常用的模式，比如在名人故居附近建购物城、餐饮一条街，在故居出入口处建土特产纪念品一条街等，或者开发以名人命名的酒、茶、食品等。这些经营方式固然有一定的经济效益，但也因为商业味过浓而冲淡甚至淹没名人故里文化味、商业与文化没有必然的关联、商品缺乏创意与个性、同质化竞争严重、购物环境喧闹嘈杂、游客体验效果差等而饱受诟病，其结果是游客回头率低、名人故里美誉度不高、可持续发展性不强。名人故里文化产业的经营陷阱，是由于没有按照文化的特点做市场，没有充分考虑文化消费者的心理特征，从而导致文化与产业的割裂和错位，陷入文化投入多而产业回报少的窘境。比如知名度甚高的炎帝、黄帝故里，每年由政府举办大型公祭活动，规格很高，影响不小，但除了孤零零的纪念性景区之外，只有当地的酒使用了相关的品牌，并没有其他相关的吸引物，也没有相互关联的产业体系，所以公祭活动之后，人气并不旺盛，对当地经济的带动作用相当有限。

名人故里经营陷阱的突破路径，在于研究和顺应文化消费的规律与特征，特别是契合消费者的文化需求层次，合理布局相关业态，形成疏密有致、舒张有度的文化空间与产业生态。名人故里的核心吸引物，最好不是唯一单体，而是由若干处分布在邻近而有区隔的空间，形成互相呼应的体系。名人故里的产业布局，不宜过于紧密地聚集而拥挤一团，而应按照核心产业、外围产业、相关产业的层

次区别对待，尤其要有文化关联与内在逻辑，并避免重复建设与同质竞争。① 名人故里的价格策略，宜着眼市场需求和长远发展而采取灵活有度的方案。在上述方面，莎士比亚故里均提供了值得借鉴的经验。

莎士比亚故里的核心吸引物散落在斯特拉特福小镇的不同方位，空间上互相呼应，共同构成其文化产业的核心层。莎士比亚出生地位于小镇中心的亨利街，这条宽阔的街道禁止车辆通行，是游客最多的地方，距离斯特拉特福火车站0.5英里（步行10分钟）；出生地往南0.3英里（步行5分钟）是纳什之屋和新居；再往南0.2英里（步行4分钟）是霍尔农庄；再往南0.2英里（步行4分钟）是圣三一教堂，莎士比亚墓所在地。出生地往西南1.2英里（步行24分钟）是安妮·海瑟薇小屋；出生地往西北3.3英里（步行66分钟）是玛丽·阿登农庄。② 六处吸引物呈点状分布，除玛丽·阿登农庄和安妮·海瑟薇小屋稍远外，其余四处可连成一线，且两点之间只有几分钟的路程，构成主题集中而空间疏朗的经典游线。寻访莎士比亚故居的游客到此，可依次参观与莎士比亚密切相关的几处房屋，内容丰富而各有亮点，同时需穿过都铎时代风格的历史街区，全面了解莎士比亚生活的社会场景，会获得比较充实的历史体验和真切的文化感知。

在名人文化产业的核心吸引物外围，适宜发展与之密切相关、有着内在联系的业态。莎士比亚是举世闻名的戏剧家，在其家乡上演其戏剧作品，成为故居系列之外最自然的产业延伸，也有着较为广阔的市场需求。早在1875年，莎士比亚纪念剧院（Shakespeare Memorial Theatre）就在斯特拉特福成立，1925年获得皇家特许状（Royal Charter），1961年承女王之命更名为"皇家莎士比亚剧院"（Royal Shakespeare Theatre），由皇家莎士比亚剧团（Royal Shakespeare Company）管理。皇家莎士比亚剧团是英国最具有影响力的剧团之一，也是世界上最著名的经典剧团之一，在斯特拉特福管理三个剧院："皇家莎士比亚剧院""天鹅"（The Swan）和"另一处"（The Other Place），被公认为是莎翁剧作及其他古典戏剧作品最权威的

① Sigala, M. Cultural Heritage Management: A Global Perspective. Journal of Tourism History, 2001, 3(3): 335-337.

② 景点间距离与步行所需时间等数据均根据谷歌地图查询所得，https://www.google.co.uk/maps，访问日期：2015年10月5日。

演绎者。其主要演出地点在埃文河与运河交汇处，临河而建，地势开阔，风景优美，距莎士比亚出生地0.3英里(步行7分钟)。莎士比亚纪念品经营与故居参观紧密衔接，实行特许专营制度，只在五处故居和剧院的售票处或出口处销售，设计精巧，品种较多，均打上了莎士比亚的鲜明烙印，为此地独有，对游客有较强的吸引力。与出生地一街之隔的哈佛故居(Harvard House)，是美国哈佛大学首位赞助人哈佛先生的故居，其母亲与莎士比亚的女儿同龄，该房屋产权属哈佛大学，委托基金会代管，现与莎士比亚故居系列一同实行通票制。与出生地在同一条街的机械艺术与设计博物馆(the Mechanical Art & Design Museum)，面积不大却很有魅力，与出生地风格迥异而旨趣相似，充盈着创造精神与艺术气息。

名人文化产业的核心层与外围层产生足够的吸引力之后，可以开发一批拓展性与配套性的产业，比如休闲娱乐和生活服务，以满足游客多方面的休憩需求。斯特拉特福沿埃文河外围是比较开阔的平坦地带，成为运动休闲设施集中的场所，与皇家莎士比亚剧院、圣三一教堂隔埃文河相望的地方，是一大片草坪，其外缘坐落着蝴蝶园和运动俱乐部，再北边是高尔夫俱乐部、橄榄球俱乐部、足球俱乐部等，各种户外运动吸引着本地和周边的居民，园中漫步、河上泛舟，则为外地游客所钟情。小镇还有国际一线品牌的时装店、皮鞋店、珠宝店，有古董店、面包坊、银行和小超市，各不重复地分散在几条主要的街道，都完好地保存和利用了都铎时期的老建筑，与故居系列融为一体。此外，在商店与故居之间，不规律地分布着本地及世界各国风味的特色餐馆，文艺情调十足的咖啡馆、酒吧。

世界级的文化吸引物，精彩常新的文化艺术活动，古朴别致的都铎风情小镇，贴近自然的户外休闲运动，精致优雅的购物餐饮环境，使斯特拉特福成为享誉全球、人气超旺的旅游目的地。在这里，文化因为有着丰富内涵与实物支撑而不显得空洞，产业因为有着合理层次与科学布局而不显得突兀，文化与产业相安互济、相得益彰。名人故里的产业经营做到润物无声，与文化深度融合，契合受众朝圣、寻幽、休憩的多层次心理需求，主次分明而浑然一体，参差错落而主题鲜明，才会游人如织，才能让人流连忘返。

三、一臂之距的社会运营与管理陷阱突围

名人故里的运营管理有几种较为普遍的模式。一是政府管理，成立名人故里保护管理处，多是隶属文化、文物或旅游部门的事业单位，比如山东的孔子故里，三孔景区管理委员会与曲阜市文物局合署办公，一套班子两块牌子；二是企业管理，成立名人文化开发公司，名人故里景区，或是由公司整体运营，比如浙江的茅盾故里，其经营由乌镇旅游股份有限公司负责，该公司由中青旅控股股份有限公司和桐乡市乌镇古镇旅游投资有限公司共同投资；三是政府与企业双重管理，成立监管性质的名人故里管委会，同时由企业经营景区，比如湖北的诸葛亮故里，隆中风景名胜区管委会行使政府职能，湖北省鄂西生态文化旅游圈投资有限公司成立隆中文化园投资有限公司，负责隆中新区的开发建设和经营管理。几种模式各有利弊，都有成功的范例，也有诸多缺憾。除了名气特别大、历史遗迹品质高的名人故里外，比较常见的情况是：作为事业单位的名人故里保护管理处容易出现机构臃肿、经费紧张、人才匮乏、保护利用后劲不足等问题，作为企业的名人故里经营公司容易出现唯经济指标是图、文物保护不力、与附近居民关系紧张等问题。名人故里的管理陷阱，在于难以妥善处理行政、文化、经济、社会之间的关系，突出一方则难以兼顾其他方，往往顾此失彼，不能很好地持续发展。

名人故里管理陷阱的突破路径，在于管理与运营的有机结合，在于建立文化与产业的平衡机制，在于经济效益与社会效益兼顾的制度设计。英国政府在文化管理方面的"一臂之距"原则可以作为一种参考。一臂之距的核心原则是分权管理，政府并不直接管理文化单位，而是将具体管理事务交给非政府公共文化机构（各类艺术委员会）执行，从而在政府与社会之间寻求权力和效益的平衡点。[①] 在这一原则下，社会组织成为文化单位的管理主体，莎士比亚出生地基金会就是其中的代表之一。

莎士比亚出生地基金会是英国成立最早的文物保护基金会之一。1846 年，

---

① Quinn, R. B. Distance or Intimacy—The Arm's Length Principle, the British Government and the Arts Council of Great Britain. International Journal of Cultural Policy, 1997, 4(1): 127-159.

美国马戏团经纪人 P. T. 巴纳姆（P. T. Barnum）打算出资购买莎士比亚在斯特拉特福的故居，计划将其拆掉后通过邮轮运往美国。"在这关键时刻，作家查尔斯·狄更斯在伦敦、伯明翰、曼彻斯特等地组织了一系列由其他当代文坛名流参加的业余演出，为购买莎士比亚出生地筹款；1847 年，狄更斯等人筹集了 3000 英镑，买下了这栋房屋，其后，莎士比亚出生地基金会成立。1891 年，英国的议会法案规定，基金会的宗旨为造福全国，对与莎士比亚相关的历史文化遗存进行收集和保护。基金会设在斯特拉特福镇，定位是独立的教育慈善机构，现管理五所与莎士比亚直接相关的都铎式建筑和具有国际意义的图书馆、档案馆与博物馆藏品，并代管哈佛故居。基金会通过历史建筑空间、戏剧、诗歌、课堂、工作坊和学习日等不同的形式，举行各种富有吸引力的活动，启发人们了解莎翁的作品、生活和他的时代；同时还邀请世界各地的艺术家、作家、表演家与他们的文化艺术中心合作，以各种形式对莎翁作品进行阐释和表演。"[①]

　　基金会共有 32 位理事，由政界、文化教育界、企业经营界和当地居民代表组成。现任理事中，有 6 位政界代表：爱德华六世国王学校校长、考文垂主教、斯特拉特福高级法官、华威郡首席治安长官、圣三一教堂牧师、斯特拉特福市长；有 11 位文化教育界代表：大英博物馆、国际英语口语联盟、国民托管组织、皇家莎士比亚剧院、莎士比亚环球剧场、伯明翰大学、剑桥大学、伦敦大学、牛津大学、华威大学、英国旅游协会等单位的知名人士；有 12 位基金会任命的代表；另有 5 位当地居民代表。基金会荣誉主席由著名莎士比亚研究专家、伯明翰大学教授 Stanley Wells CBE 担任，主席由著名艺术教育管理专家、国际英语口语联盟总干事 Peter Kyle OBE 担任，副主席由当地居民、罗素阿瓦隆咨询公司总裁 John Russell 担任。基金会日常事务由 CEO、职业经理人、文化运营专家 Diana Owen 博士负责。[②]

　　基金会的重大事项由理事会决策，能够集中业内顶级专家与社会各界精英的

[①]　位灵芝：《北京"曹雪芹西山故里"项目建设刍议——以英国莎士比亚故居为借鉴》，《曹雪芹研究》2014 年第 1 期。

[②]　资料来源：莎士比亚出生地基金会官网，http://www.shakespeare.org.uk/about-us/our-story/governance.html，访问日期：2015 年 10 月 2 日。

智慧，保证其专业性与前瞻性，且不受外部环境的影响，可以保持独立性和延续性。基金会的日常运营由职业经理人团队打理，设施先进，管理规范，服务一流，绩效突出。基金会吸引了众多志愿者，他们大多是文化爱好者，做义务讲解员，穿着莎士比亚时代的服装，在各处故居的房间内向游客介绍房屋的历史、莎士比亚家族与房屋的关系、当时的生活场景等，这样既丰富了故居的文化内容，又增强了游客的现场体验。

基金会以公益为主，没有接受政府资助和公共补贴，其经费来源包括门票收入、礼品店销售收入、学术文化服务收入、房屋租赁收入、投资收入、社会捐赠等。经过多年积累，基金会目前有 2000 多万英镑的存款。

从表 5-1 可以看出：其一，基金会资金充裕，五年保持在 2100 万英镑上下。在资金使用过程中，文物保护专项资金逐年大幅增长，加上新居（莎士比亚从伦敦回故乡后购买的房屋）维修专项经费，基金会投入大量财力，致力于故居的保护和修缮，这也是莎士比亚故居系列不断拓展、保存完好、布展精美的重要保障条件。其二，基金会收入逐年快速增长，五年间增长 33.22%。其中门票和礼品收入是收入的主要部分，并保持强劲增长势头；学术文化服务收入、投资收入相对稳定；房屋租赁收入稳步增长。其三，游客人数较为稳定，每年在 80 万人次上下；志愿者保持相当的规模和工时，虽然志愿者总人数从三四百人减至一百余人，但工时总数保持在 2 万上下，每年工时价值数十万英镑。

表 5-1 莎士比亚出生地基金会五年主要运营指标一览（2010—2014 年）①

	2014 年	2013 年	2012 年	2011 年	2010 年
资金总额（英镑）	21,846,000	22,251,000	20,967,000	21,298,000	21,635,000
专用资金（英镑）	275,000	367,000	453,000	424,000	377,000
非专用资金（英镑）	21,571,000	21,884,000	—	—	21,258,000
战略性资本储备（英镑）	13,012,000	12,058,000	15,420,000	13,053,000	—

① 表格由作者综合整理。数据来源：莎士比亚出生地基金会官网，http://www.shakespeare.org.uk/about-us/our-story/annual-report.html，访问日期：2015 年 10 月 8 日。

续表

	2014 年	2013 年	2012 年	2011 年	2010 年
运营性固定资产(英镑)	1,764,000	1,300,000	1,237,000	2,243,000	—
捐赠资金(英镑)	—	27,000	—	—	—
文物保护专用资金(英镑)	4,734,000	4,658,000	1,361,000	1,270,000	—
新居项目专用资金(英镑)	1,970,000	1,970,000	—	—	—
结余储备资金(英镑)	91,000	1,871,000	-1,486,000	208,000	—
年度收入(英镑)	9,781,000	9,046,000	8,069,000	7,959,000	7,342,000
门票收入(英镑)	5,024,000	4,786,000	4,180,000	4,366,000	4,067,000
礼品销售收入(英镑)	2,539,000	2,359,000	2,114,000	1,856,000	1,743,000
学术文化服务收入(英镑)	623,000	555,000	586,000	698,000	611,000
房屋租赁收入(英镑)	877,000	825,000	806,000	774,000	699,000
投资收入(英镑)	113,000	188,000	193,000	185,000	167,000
其他收入(英镑)	605,000	333,000	217,000	81,000	55,000
游客总人数(人次)	817,500	818,000	762,046	804,000	764,000
志愿者人数(人)	107	131	400	400	300
志愿者工时(小时)	19,000	21,000	29,000	25,000	17,000

基金会实行较为灵活而人性化的门票制度。一是鼓励家庭参观,除了正常的成人票、儿童票、学生票之外,还设有家庭套票,比较优惠,比如最重要的一处故居——莎士比亚出生地,成人票为 16.5 英镑,儿童票为 9.9 英镑,家庭票适用于两个成人和四个小孩,总价为 43.0 英镑。二是设立通票,虽然每一处故居都单独售票,但可以买一张通票参观所有六处故居和莎士比亚墓所在的圣三一教堂,通票比较经济划算,成人票 24.9 英镑,儿童票 14.9 英镑,家庭票 65.0 英镑。三是实行年票制,所有门票都是一整年的有效期,可在买票之日起一年内在开放时间无限次参观故居,六处故居(含哈佛故居)和圣三一教堂构成的空间群落提供了多次参观的场所,不断更新的故居文化活动和文化节庆提供了多次参观的内容。四是实行网购优惠,在网上订票,可以额外享受 10% 的折扣。

表 5-2 皇家莎士比亚剧团五年经营情况一览(2010—2014 年)①

	2014 年	2013 年	2012 年	2011 年	2010 年
总收入(百万英镑)	61.3	62.6	50.1	32.5	31.6
票房收入(百万英镑)/占比(%)	32.5/53.0	31.6/50.5	18.1/36.1	8.3/25.5	8.6/27.2
政府补贴(百万英镑)/占比(%)	15.7/25.6	16.6/26.5	20.1/40.1	15.6/48.0	15.8/49.9
礼品收入(百万英镑)/占比(%)	5.5/9.0	4.8/7.7	4.4/8.8	1.5/4.6	0.9/2.8
捐赠收入(百万英镑)/占比(%)	3.6/5.8	4.1/6.5	5.1/10.2	2.3/7.1	1.9/6.1
版税其他(百万英镑)/占比(%)	3.9/6.4	2.9/4.6	1.0/2.0	1.7/5.3	1.9/6.1
其他补贴(百万英镑)/占比(%)	0.1/0.2	2.6/4.2	1.4/2.8	3.1/9.5	2.5/7.9
总支出(百万英镑)	57.0	62.6	50.1	32.9	31.2
生产成本(百万英镑)/占比(%)	37.2/65.3	42.7/68.2	29.6/59.1	17.8/54.1	18.8/60.2
剧院运营(百万英镑)/占比(%)	6.6/11.6	7.1/11.4	7.1/14.1	7.2/21.9	5.3/16.9
市场营销(百万英镑)/占比(%)	4.8/8.4	5.1/8.1	3.8/7.6	3.2/9.7	3.2/10.4
附属机构(百万英镑)/占比(%)	4.5/7.9	4.0/6.4	4.0/8.0	1.7/5.2	0.9/2.8
学习交流(百万英镑)/占比(%)	2.6/4.6	2.4/3.8	2.2/4.4	2.2/6.7	2.2/7.0

---

① 表格由作者综合整理。数据来源：皇家莎士比亚剧团官网，http://www.rsc.org.uk/about-us/our-work/annual-review.aspx，访问日期：2015 年 10 月 3 日。

	2014 年	2013 年	2012 年	2011 年	2010 年
集资提留（百万英镑）/占比(%)	1.2/2.1	1.2/1.9	1.1/2.2	0.7/2.1	0.7/2.4
管理费（百万英镑）/占比(%)	0.1/0.2	0.1/0.2	0.1/0.2	0.1/0.3	0.1/0.3
发展基金（百万英镑）/占比(%)	—	—	2.2/4.4	—	—

基金会还随着季节的变化而调整故居开放时间。比如莎士比亚出生地，春季（3 月 19 日—6 月 28 日）开放时间为 10:00—17:00，夏季（6 月 29 日—8 月 30 日）开放时间为 9:00—17:30，秋季（8 月 31 日—11 月 1 日）开放时间为 9:00—17:00，冬季（11 月 2 日—次年 3 月 18 日）开放时间为 10:00—16:00，圣诞节期间每天实行不同的开放时间，提前半年在网上预告。

总之，一方面，基金会通过精益求精的故居保护、推陈出新的活动内容、灵活机动的时间票价吸引游客，令许多人流连忘返；另一方面，基金会通过精英汇聚的决策团队、专业精干的管理团队、热心文化的志愿者团队，形成既不同于政府管理，又不同于企业经营的"第三种"运作模式，即"一臂之距"原则下的社会运营。

同在斯特拉特福小镇的皇家莎士比亚剧团，也采取了类似的运营模式。其理事会成员既有资深职业经理人，也有剧团导演、骨干演员等艺术精英，还有政府官员、大学教授以及公益组织、艺术设计、法律实务、工商管理等领域的代表，更有女王和王储担任荣誉职位。通过社会运营，剧团发展成为英国乃至世界上最有影响力的剧团之一，社会效益和经济效益都取得令人羡慕的成绩。

五年来，皇家莎士比亚剧团收入逐年快速增长，总收入将近翻了一番。其中票房收入增长了近四倍，从仅占总收入的四分之一强跃为占总收入一半以上，取代政府补贴，成为最重要的收入来源；政府补贴数额保持稳定，但占总收入的比例从一半左右降至四分之一；礼品收入增长五倍，成为收入的主要来源之一。在支出方面，剧团不像一般企业一样进行大额的分红或利润提留，而是将收入的大部分用于剧作生产，对演出效果精益求精；同时注重剧院运营与市场营销。社会运营让剧团蓬勃发展，充满活力。

名人故里发展文化产业，各地有不同的做法，探索出了不少成功的经验，也遇到品牌、经营、管理等方面的诸多陷阱。英国莎士比亚故里的发展模式值得借鉴。其通过还原名人生活场景、悉心打造充满人间温度的文化体验，营造历久弥新的文化品牌；通过名人故居系列神聚形散的空间布局，关联延伸到相关产业，契合受众心理地发展文化产业，实现经营的持续繁荣；通过不同于政府主管或企业管理的社会运营模式，按照公益为主、独立运营、智库决策、专业管理的原则，实现管理的科学化与效益的持续提升。莎士比亚故里的经验，是对名人故里产业化陷阱进行有效突破的典型案例之一。

当然，名人故里保护与产业开发的模式有很多种，在不同的情境下有不同的应对策略，如家族经营、联合经营、委托经营等类型，笔者将另文探讨。

第二节　旅游演艺的文化失语——以武汉《汉秀》为例

近年来，文化旅游成为热门投资领域，以观赏、体验性强为特点的旅游演艺逐渐成为中国旅游界的亮点，形成了以《印象·刘三姐》《宋城千古情》《长恨歌》《时空之旅》等为代表的颇具知名度和影响力的旅游演艺品牌。[①] "旅游演艺"是旅游业和文化产业结合发展的、以异地观众为主要观赏对象的新型旅游产品，根据演出场所可分为实景演出、剧场演出和主题公园演出三大类。目前我国旅游演艺市场以整体上升状态繁荣发展，但是旅游演艺产品的开发仍存在诸多问题。《2015—2016 中国旅游演艺报告》显示，2015 年全国旅游演出新增 18 台，同时停演剧目达 46 台，全年在演剧目 195 台，相比 2014 年的 223 台减少 28 台，大部分

---

① 陈麦池、黄成林、张静静：《论旅游演艺的文化体验性与原真性》，《旅游研究》2011 年第 4 期。

演出的票房情况都很不理想。① 部分旅游演艺产品存在过度资本化的问题，加上演出脱离文化背景，缺少文化内涵，地方文化体验不足，导致演出票房低迷，难以维持运营。

《汉秀》是万达集团历时 5 年、斥资逾 30 亿元打造，号称"超越目前世界所有演艺水平的舞台节目""世界第一舞台秀"的剧场旅游演出，2014 年 12 月 20 日起在武汉正式上演。② 两年多来，《汉秀》票房高开低走，并未达到成为中部旅游演艺新品牌的预期目标。文化创意与旅游产业的融合是实现旅游演艺业可持续发展的关键。本节以《汉秀》为例，对我国目前旅游演艺业普遍存在的过度资本化问题进行探索，研究由此造成的技术崇拜与文化失语，并讨论其经验教训对我国旅游演艺业今后发展的警示。

一、经济资本主导带来的过度投入与预期膨胀

《汉秀》的规划与定位，带有浓厚的资本气息，是万达集团拿下武汉黄金地块、建设中央文化区的标志性项目之一；《汉秀》剧场与电影乐园位于号称世界最长步行街——楚河汉街的两端，一为巨量的红灯笼造型，一为金色的编钟组合造型，两者皆定位为高端文化产业，大体量、高投入，被称为"武汉双骄"。《汉秀》注重的是经济资本的投入产出，而不是文化资本的积累转化。

剧场旅游演艺具有表演功能丰富、展示层次多元化的优点，能为观众提供更好的文化旅游体验，但也具有投资运营成本高、剧目单一的缺点，且由于高额的投资运营成本需要以较高的票价来收回，因此适度控制投资规模是实现旅游演艺事业可持续发展的重要因素。作为一种特殊的内容产品，旅游演艺的盈利来自文化创意和文化服务，需要投入大量资源进行创意和开发，只有保持产品的独特性才能打造出核心竞争力。③ 合格的旅游演艺产品既应该有独特的文化内涵又需要能经得住市场的考验，即应倚重文化资本，而不仅是经济资本。"文化资本即作

---

① 吴燕雨：《实景演出发展迅速，却问题频现》，http：//www.idaolue.com/News/Detail.aspx? id=1607，访问日期：2016 年 12 月 20 日。

② 来自汉秀官网，http：//www.thehanshow.com/，访问日期：2016 年 12 月 28 日。

③ 徐鹏程：《当前阻碍金融资本与文化产业融合的主要问题》，《金融时报》2016 年 6 月 20 日。

为贡献文化价值的资产。更精细地说，文化资本是嵌入于一种财产中的文化价值存量，该存量反过来可以形成一定时间内的货物和服务流或者商品，这种物品可以既有文化价值又有经济价值。该种财产可以存在于有形的和无形的形式中。"① 可惜的是，相当多的文化项目投资方都很少考虑文化资本。

（一）盲目求大的过度投入与成本收回难题

在经济资本主导的思维下，大投资是国内目前旅游演艺业的发展趋势。在旅游演艺快速发展的近 15 年来，旅游演出平均投资额增长了 10 倍，据不完全统计，2014 年国内新增的 36 台旅游演出中，投资过亿的达 10 个。② 大投资是旅游演艺当前的特点之一，但盲目求大的投资、缺乏亮点的演出，无法获得大规模的收入，高额的投资带来更多的是难以收回的成本。

武汉中央文化区是万达投资 500 亿元打造的文化旅游项目，总规划区域约 1.8 平方公里，总建筑面积约 340 万平方米，万达期望通过在全国二线城市建设同等规模的"万达城"，大力发展文化旅游产业，成为超越迪士尼的世界第一。③ 万达在文化地产业依靠高效率、大规模、流水线式作业取得了巨大的成功，而同样的模式未必适用于以当地文化体验为卖点的旅游演艺产业。位于汉街另一侧、与《汉秀》同期开幕的万达电影乐园，由于不堪亏损，已于 2016 年 8 月 1 日停业整顿。《汉秀》的营业状况也不乐观。《汉秀》总投资达 30 亿元，演出门票最初定价从 2000 多元至 100 多元不等，均价 500 元左右。万达计划演出开幕半年后涨价 50%，以年演出 400 场吸引百万名观众，获得 10 多亿元的年收入。然而，目前《汉秀》上座率不足七成，每天仅演出一场，周末及节假日增加一场演出，门票不但并未涨价反而常常减价出售，靠演出门票收回成本遥遥无期。《汉秀》大场面的演出和高水平的表演，需要长期投入大量的资金，目前《汉秀》年演出约

---

① David Throsby. Cultural Capital. Journal of Cultural Economics，1999（23）.

② 数据来源：吴燕雨：《实景演出发展迅速，却问题频现》，http：//www.idaolue.com/News/Detail.aspx？id=1607，访问日期：2016 年 12 月 20 日。

③ 赵晓军：《万达城首秀一年考：武汉中央文化区的雄心与失意》，《中国房地产报》2016 年 2 月 1 日。

240 场，年观众量约 40 万元，年收入 2.4 亿元，[1] 不足以维持运营和收回投资，需要万达不断"输血"。

无论投资规模的大小，只有具有亮点的产品才能赢得观众，赢得市场。相比《汉秀》，国内许多旅游演艺产品的规模都小得多，其中不乏各具特色的成功案例。北京欢乐谷《金面王朝》是深圳华侨城集团投资 2 亿元、2007 年起在北京欢乐谷华侨城大剧院上演的演艺项目。《金面王朝》通过挖掘四川三星堆文化，将古蜀国文明生动地搬上舞台，获得观众好评。《金面王朝》开演近十年演出 4000 多场，吸引超过 450 万观众，并获得国内外多项大奖。区别于同类型演艺产品，《金面王朝》与博物馆跨界合作，在剧场内设立国内首座概念博物馆"走进三星堆"，同比复制近百件三星堆出土文物，通过"演艺+博物馆"的新形式，实现文化与演出的完美结合。相比国内其他大投资的旅游演出，《金面王朝》另辟蹊径，展现了中国古老的文化底蕴，在演出概念上推陈出新，以独有的中国文化特色征服了观众，成为京城文化旅游的新名片。相比《汉秀》的 30 亿元投资，《金面王朝》的规模微不足道，却以独特的创意赢得市场。在文化旅游这个以特色文化为发展力的领域，万达集团需要学习的不是高额投资和流水线式的复制，而是以文化为核心的特色创意。

在政府鼓励资本多样化进入、旅游演艺行业高速发展的条件下，大投入或许是不可避免的发展趋势。资本进入旅游演艺产业能促进产业发展，合理的投入则有利于长期可持续发展，过高的投入，一方面会淡化文化这个发展核心，另一方面会使演艺项目背上沉重的成本包袱，也使周边配套项目增加成本分摊与资本溢价的巨大压力。《汉秀》作为目前国内投资最大的旅游演出，其不顺利的发展明确显示了文化旅游业与商业地产的流水线式生产的不同，万达以其发展商业地产的经验开发文化产业是用资本为主导的发展模式开发旅游演艺产品，是《汉秀》缺乏内在发展动力的根本原因。

---

[1]　林文忠：《广州长隆大马戏 VS 武汉万达汉秀 高科技不敌大象白虎》，http://www.doc88.com/p-2915238021016.html，访问日期：2016 年 1 月 5 日。

（二）预期膨胀的世界级大场面与市场收益反差

旅游演艺行业高速发展的二十多年来，平均投资额增长到了 3 亿元，但由于文化旅游成本收回普遍较慢、较困难的特性，超过 5 亿元投资的演出寥寥无几，10 亿元上更是凤毛麟角。在室内演艺投资远远低于室外演出的背景下，《汉秀》高达 30 亿元的成本是非常惊人的。或许，这种高额投资在某种程度上是为了匹配武汉中央文化区 500 亿元的总投资规模，是超大型文化产业项目的必要"故事情节"。

如何将 30 亿元投资落地，将文化故事变成看得见摸得着的具象，也是资本方需要花费心思考量的重要问题。《汉秀》的巨额投资体现在了《汉秀》超一流的舞台规模、科技运用和"世界级"的团队建设上，万达一度期待通过这样大规模的世界级演出吸引大量的外国观众，将武汉打造成中国的拉斯维加斯。

万达不惜成本、斥巨资打造的号称"世界第一"的《汉秀》，无论在演出规模、设备还是表演团队方面，都瞄准世界一流。在剧场设计方面，《汉秀》剧场由曾担任奥运会开闭幕式舞台策划的世界著名舞美大师马克·费舍尔（Mark Fisher）设计，是目前世界最大的室内水表演舞台建筑，以中国传统元素红灯笼为外形的《汉秀》剧场建筑面积达 86000 平方米。在舞台技术方面，能容纳 2000 人的观众席由一套 1170 座升降座椅台和左右对称的两套 415 座的旋转座椅组成，其中活动观众席可根据干湿舞台的转换变更移动座位，使观众最大限度地参与到节目中。水舞台由可容纳 4 个奥运会标准泳池，长 58 米、宽 32 米、深 10 米的表演水池构成，可与干舞台瞬间完成变换。在演出团队方面，《汉秀》演员也是世界级的：《汉秀》表演团队是从上万名竞争者中脱颖而出的、来自 13 个不同国家的顶尖表演人才，他们不仅具备健美匀称的体型、丰富的表演经验及高水平的特定才艺等基本素养，还具备水上运动能力、体能负荷能力、学习及适应性能力以及一定程度的英文对话能力。集世界最高水平的舞台和演出团队于一体的《汉秀》包含舞台剧、杂技、音乐、舞蹈、水上芭蕾、特技等多种表演形式，其中 24 米高空跳水，数十米跨度的室内飞行，以及摩托艇、花样游泳等项目更是国内罕见的极限表演。[1] 尽管规模和场面堪称世界顶级，但是万达在旅游演出项目上尚未

---

[1]　顾兆农、田豆豆：《武汉：有了文化娱乐的新卖点》，《人民日报》2015 年 2 月 12 日。

形成有影响力的品牌，却对市场期待过高，没有充分考虑到观众的接受程度和产品体验效果，《汉秀》的市场反应并未达到预期效果。

万达集团于 2011 年在海南三亚投资 6000 万元打造的首个旅游演艺产品《海棠·秀》，由于经营不善而于 2014 年停业。① 《海棠·秀》虽然只是万达在旅游演艺领域的实验性产品，但它的失败说明万达在旅游产品开发方面还非常缺乏经验。与《汉秀》同样出自原太阳马戏团灵魂人物——弗兰克·德贡（Franco Dragone）导演之手的《水舞间》，是澳门新濠集团斥资 20 亿港币打造的与《汉秀》同样类型的水上表演节目。德贡为其准备 7 年，其中仅舞台设计创意就花费 5 年，编剧制作又耗时 2 年。为了《水舞间》，德贡曾多次到中国各地游历，探索中国文化历史，搜集灵感。结合中国传统戏剧艺术及儒家思想，德贡将《水舞间》塑造成一场将传统文化与西方文化完美融合，让观众既觉新奇又倍感亲切的精彩演出。② 万达集团仅给了德贡 3 年时间来策划比《水舞间》规模更大的《汉秀》，不用说让一个外国人去了解、解读深刻而悠久的楚汉文化，仅仅是策划这样一场世界级的表演都是远远不够的。《水舞间》年演出 384 场，平均票价 600 元，年盈利约 1.5 亿元，预计演出 15 年才能收回 20 亿港币的投资，而新濠集团的负责人表示他们的目的并不是靠演出票收回成本，而是以演出打响酒店知名度，吸引更多游客，提高酒店的入住率并拉动周边的消费。为提升品牌作用，《水舞间》推出一系列衍生产品，如整场演出的 CD 音乐碟，印有"水舞间"标志的钥匙扣、明信片、笔等商品。③ 观众不但可以凭"水舞间"门票享受新濠集团旗下酒店的住宿优惠，还可以优惠价格购买"水舞间"衍生商品。相比于提高酒店入住率、拉动周边消费的"水舞间"，万达对《汉秀》的运营发展规划不够成熟，没有使其形成完整的旅游消费链，无法使其真正进入当地旅游市场。

《汉秀》没有带动"中央文化区"的文化、旅游消费，却刺激了当地的房价：万达官方资料显示，2011 年 8 月正式对外销售以来，武汉中央文化区连续 4 年成

---

① 王晓芳：《"海棠"凋零的启示》，《中国文化报》2014 年 8 月 15 日。

② 高历霆：《〈水舞间〉VS〈Zaia〉：以观众为本者胜》，《中国文化报》2011 年 11 月 12 日。

③ 王凤娟：《新濠影汇多元拓展澳门旅游》，《中国报道》2015 年第 2 期。

为武汉地产销量冠军，豪宅、办公、商铺等物业累计销售额超过 300 亿元。① 或许，以《汉秀》、电影乐园为"故事"的文化产业，其主要目的是以文化为价值符号，引领或带动整个中央文化区的经营，通过土地溢价、地产收益和商业收益来收回投资并获得回报。

相对于酒店及周边旅游这样的长期重复性消费产品，房地产的消费链要短得多，且市场容易饱和。在楚河汉街的房地产彻底饱和之后，《汉秀》如果还不能依靠自身维持运营，也许就将面临与"武汉万达电影乐园"同样的停业危机。万达集团负责人在《汉秀》上演之初也曾表示，并不打算靠演出门票收回成本，而是以演出为中心，配套酒店和商业街的模式建立万达城，发展文化产业。《汉秀》旅游演艺与商业区的多产业结合是发展文化旅游的有效途径，《汉秀》的建立究竟是为了发展文化产业还是作为房地产的"噱头"，值得深思。以发展文化产业为名，万达得到当地政府的各项优惠政策，以相对较低的价格获得土地，再以房地产高额盈利。在地产热潮消退后，如果万达并没有继续致力于将《汉秀》打造为武汉文化旅游的新名片，以其目前令人担忧的发展状况来看，将极有可能成为第二个《海棠·秀》。

二、技术崇拜驱动的文化隔离与本土隔阂

《汉秀》的宣传语主打"世界顶级秀场""一生必看的舞台秀"，支撑其内涵的，除了高投入与大场面之外，投资方特别强调的是世界最新科技与世界顶级团队，这样既突出了技术水准，又彰显了团队水平，还暗示了巨额投资的去向。

区别于传统演艺，旅游演艺是一种通过新技术、新方式带给异地游客本地文化体验的演出，科技的发展为满足观众的需求提供了更多方法和可能性。以传说故事为主线，辅以声光影像技术是目前我国旅游演艺的基本模式。作为文化旅游的衍生品，合理利用高科技表现传统文化，才能打造具有地域特色的演出。但过于崇拜技术、过度使用高科技，则会削弱文化的核心地位，导致演出内容无法传

---

① 赵晓军：《万达城首秀一年考：武汉中央文化区的雄心与失意》，《中国房地产报》2016 年 2 月 1 日。

达给观众。

(一)高科技与观众文化体验感的隔离

现代科技的应用在旅游演艺中发挥着重要的作用,是将文化体验融入旅游演出的有效方式。现代化的音响、灯光、机械效果,极大地丰富了舞台内容,扩大了舞台表现力,推动了旅游演艺的发展。但是旅游演出的本质是观众的虚拟文化体验,高科技只是众多打动观众的演艺手段之一。一场成功的演出中,内容创意是主演,舞台是配角。《汉秀》把精湛的高科技舞台当作主角,大手笔打造,突出了对观众感官的刺激,但忽视了对观众内心的打动,演出文化内涵不足,观众对当地文化的体验感及互动交流感没有得到满足,因此逐渐丧失了市场。

出于对"世界级"的强烈追求,《汉秀》非常注重高科技在剧场建设和现场演出中的应用,并有多项创新成果。《汉秀》剧场硬件设施一流,有很高的科技含量,拥有多个技术专利。剧场中央由 3 块 75 平方米的巨型 LED 屏幕组成,不同于传统剧院中固定安装的 LED 显示屏,为了营造更生动的舞台效果,《汉秀》剧场在舞台工艺上大胆创新,研发并搭建了 3 套技术最先进、功能最复杂的大型 LED 机械臂系统。3 块总重超过 800 吨的屏幕被万向轴臂和机械臂控制,可以在空中随意转动、拼接、拆分,升降幅度超过 27 米。每套机械臂长约 27 米,高约 32 米,重约 280 吨,有 6 个活动关节,共由 12 个电机和两个液压缸的 14 分机械轴驱动,使大屏幕能够翻转自如。[①] 舞台上方有运动控制器和驱动系统操控的 60 多台单点吊机和 12 辆飞行小车。飞行小车在总长 310 米的高空轨道上运动,呈献给观众跨度 10 米、速度 6 米每秒的空中飞人表演。[②] 为了提高观众的体验感,《汉秀》首创 2000 座活动观众坐席,由中心升降座椅台和左右对称的两套旋转座椅台组成的活动观众席不但可以根据舞台变换开放、合拢,还可以配合演出内容升降或旋转,使观众享受大幅度视野。这样大规模的活动观众席为世界首例,实

---

① 郑志荣,李利,邢伟等:《舞动的屏,灵动的臂——简述汉秀剧场 LED 机械系统》,《演艺科技》2015 年第 2 期。

② 熊元:《"汉秀"大舞台》,《21 世界商业评论》2015 年第 1 期。

现了观众观演模式的变化，加强了观众与舞台的互动。① 目前《汉秀》已有七项技术拿到中国专利或知识产权，有些正在申请全球专利。

　　单一的"炫技"容易导致旅游演艺的"空心化"，很难获得市场认可。观众对于《汉秀》的高规格硬件与科技配置反响并不热烈，普遍反映演出机械动作占用时间过长，给人造成视觉疲劳。打造成功的旅游演出需要让高科技与表演协同并进，《宋城千古情》是国内旅游演出中将科技合理运用于演出的成功案例之一。《宋城千古情》年演出 2000 余场、旺季经常每天演出 9 场、累计演出超过 19000 场、接待观众达 5700 余万人次，利用地理优势，充分发挥杭州地域文化特色，借用高科技制造出令人震撼的舞台效果，以良渚文明、大宋文明、岳飞抗金、西湖传说为中心策划了一幕幕精彩绝伦的舞台演出。②《宋城千古情》的演出中，亦不乏先进的舞台机械、观众移动席、LED 高清大屏幕等高科技手段，然而不同于《汉秀》的过度炫技，《宋城千古情》的激光技术是为了使梁祝化蝶，空中水幕是为了再现水漫金山，高科技效果充分配合舞台剧情，使观众充分体验杭州的文化魅力，了解杭州的历史文脉。上演十几年来，为了满足观众日益提升的文化旅游需求，《宋城千古情》不断创新改版，使观众常看常新，不仅不断吸引新观众，还带回一大批老观众。《宋城千古情》之所以能获得成功，产生持久运营的高客流量、高收益，并不是强调舞台和特效如何，而是贴合了大众市场。只有赢得观众的认可，才能赢得市场。

　　文化是旅游演艺发展的基础，丰富的文化内涵可以为旅游演艺发展提供持续的创新动力，科技的发展可以为创新提供更多手段，表现手段虽然可以千变万化，但文化灵魂不能变，没有文化内涵的演出，无法与观众产生良好互动，最终只能失去观众、失去市场。

　　（二）国际化与本土发展的隔阂

　　旅游演艺的灵魂是文化，制作团队如何有创意地将文化融入演出是决定旅游

---

　　①　李利、郑志荣、高敬东等：《两千观众的空间变换——汉秀剧场活动观众席介绍》，《演艺科技》2015 年第 1 期。

　　②　苏唯谦：《〈宋城千古情〉：旅游演艺的成功案例》，《中国文化报》2010 年 11 月 16 日。

演艺成功与否的重要条件。目前国内旅游演艺市场的主要代表是《印象》系列、《千古情》系列和《山水盛典》系列，三大演艺占领我国旅游演艺票房收入的大半。三大演艺家族成功的共同因素，不仅在于依托实景山水，还在于以中国知名导演张艺谋、中国旅游演艺导演第一人黄巧灵、中国实景演出创始人梅帅元为代表的制作团队熟知国人审美意趣。宋城演艺董事长、《千古情》总导演黄巧灵说："我们只用了迪士尼2%的投资，照样达到香港迪士尼500多万人的客流量，其中的法宝就是用中国文化，用体验和感动。迪士尼不可能知道外婆喜欢给我们做的糕点，不知道妈妈给我们做的咸菜，不知道爸爸给我们做的玩具，而我们知道。所以，迪士尼只是我们学习的榜样，但是不可以照搬，我们中国的旅游业和中国文化一定可以和它平起平坐，甚至反超。"①

在对高科技不懈追求的同时，《汉秀》还强调世界一流的主创团队。《汉秀》的制作团队中不乏国际化、高层次的人才：《汉秀》剧场建筑设计师马克·费舍尔是英国著名舞台美术和建筑设计师，在现场娱乐演出布景设计中享有很高的国际声誉，是北京、伦敦奥运会开闭幕式的艺术总监，还曾为"太阳马戏团"的《"KA"秀》设计舞台；《汉秀》演出总导演弗兰克·德贡是太阳马戏团的灵魂人物，其代表作有世界知名的《"O"秀》《梦秀》和《水舞间》；舞美导演叶锦添是奥斯卡"最佳美术设计"、"英国皇家影艺学院最佳服装设计"奖等世界最具分量的大奖获得者，也是世界知名当代艺术家。②《汉秀》号称用高科技手段演绎中国传统文化，但上演以来其对文化元素的生硬拼接受到了大量负面评价，万达"高大上"的顶级国际大师团队并没有征服国内观众。汲取国外优秀演出的经验固然重要，培养一支属于自己的独立团队，结合国内外优点，增强自我研发能力更是长期发展道路上必须实现的目标。

邀请有经验、有名气、有实力的外国团队参与制作，是目前许多大型文化旅游演出的发展趋势。广州长隆大马戏采取"中国创意、全球采购、世界生产"的理念，邀请了各国顶尖马戏大师加盟：国际马戏泰斗莫里罗，全球艾美奖最佳导演多尼·安纳，俄罗斯国家马戏公司总裁、俄罗斯马戏之父扎巴斯尼，等等。目

---

① 黎彦、徐文潇：《宋城千古情 打动千万人》，《中国旅游报》2012年4月30日。
② 宋磊、杨婷婷：《汉秀对舞美设计是巨大挑战》，《长江日报》2015年1月13日。

前长隆国际大马戏已经发展成为成熟的旅游品牌：累计演出超过 4000 多场，接待观众达 1500 万人次，是目前世界上演出场地最大、演员国籍最多、节目内容最丰富的大型国际马戏艺术节目，并于 2014 年获得吉尼斯世界纪录"面积最大的永久性马戏建筑"。① 长隆马戏与外国团队合作的道路并非一帆风顺，2005 年马戏团成立之初与俄罗斯马戏之父扎巴斯尼合作推出的《月球侏罗纪》曾一度萧条萎靡。马戏团经过不断地创新、修改，推出更符合中国观众审美的表演，才渐渐赢得市场。大众化是文化旅游产品应具有的基本属性。尽管万达曾经强调《汉秀》面对的是世界各国的观众，但不可否认的是，其消费群体更多的是由中国本土观众构成，因此，《汉秀》首先需要满足的是中国观众的文化体验需求。

名设计师、名导演、名制作，固然有一定的广告效应，能吸引观众的注意，但决定演出本身质量的仍是表演的内容。旅游演出的受众是异地观众，本体是对当地文化的再发掘、再演绎，能使异地观众充分体验、享受当地文化的演出才是高品质的演出。《汉秀》的国际化顶尖团队虽然在策划演出舞台方面经验丰富，但缺乏对本地文化的深入了解，因此《汉秀》虽然在技术层面上超越国内甚至国外的旅游演出，但由于缺少文化内涵，不能满足观众对当地文化体验的要求。文化是旅游与演出之间的黏合剂，成功的旅游演出不但要具备文化特色，更需要符合国人审美，将外国经验本土化是我国旅游演艺发展的重要课题之一。

三、文化失语导致的魅力缺失与创新缺位

《汉秀》一再强调经济资本的投入与技术层面的水准，而对其演出的内容特征与故事情节较少提及，这正是由于其文化资本的存量不足，从而导致的"文化失语"现象。"文化失语"也许是《汉秀》的"命门"，不仅在很大程度上抵消了其巨额投入的效应，还限制了其创新的空间与发展的后劲。

旅游具有地域性，游客的目的是欣赏和享受当地特色文化，旅游演艺应该为游客更深刻理解、品味当地文化提供更直接的途径，"白天观光，晚上看戏"，将演出元素与游客观赏过的历史名胜相结合，加深观众印象，更好地传播文化，

---

① 郭光明、白羽：《广东长隆创建"马戏王国"》，《中国旅游》2016 年 12 月 19 日。

才能达成旅游演艺的目标。旅游演艺也是传播文化语言的一种载体，如果忽视对本土文化的输出就不能通过演出传达文化内涵，就会造成文化失语，而没有文化魅力的演出自然也无法吸引观众。旅游演艺本身是一种文化创意产品，不断创新才能维持自身活力。因此，旅游演艺的健康发展不仅需要具有独特的文化魅力，更需要不懈的创新精神。

(一)"汉"文化元素不足与《汉秀》魅力缺失

旅游演艺带有明显的地域文化色彩，是将文化资源转化为文化资本的新型旅游产品，在很大程度上依托着中国丰富的传统文化。在我国目前大力提倡创造性传承和创新性发展传统文化的背景下，旅游演艺以其活化传统文化的特点，成为"两创"传承和发展传统文化的新载体。《禅宗大典》《大宋·东京梦华》《封禅大典》等国内知名旅游演艺作品都体现了这种将传统文化进行现代化演绎的发展路线。深刻、真实地展现传统文化特色决定了旅游演出是否具有文化内核与资本转换潜力。

武汉是著名的历史文化名城，不但拥有盘龙城、黄鹤楼、古琴台等名胜古迹，也是楚文化的发祥地之一，辛亥革命等著名的历史事件更是赋予了武汉独特的历史意义。游客来到武汉，想要体验的是这些丰富的文化资源，而《汉秀》并没有充分利用武汉文化资源，将其转化为发展《汉秀》的文化资本。以旅游演艺一般表演形式而言，其演出场景往往与演出地点的历史文化紧密相连，例如《长恨歌》直接利用华清池的历史场景增加演出的真实感。《汉秀》虽号称取自汉族、楚汉、武汉文化精髓之意，其剧场也以具有中国传统文化特色的红灯笼为外形，《汉秀》演出中亦不乏十二生肖、汉服、龙、编钟、丑角等一些基本的中国元素，但并没有体现武汉本地文化特色，缺乏对当地文化历史传统的梳理，文化元素被生硬插入，没有统一性和连贯性。另外，旅游演出想要吸引观众必须做到主题明确、故事流畅，主题分明能够引起观众注意，紧凑的故事情节配以合理的场景才能引人入胜。《汉秀》以一对男女穿越时空的爱情故事为主线，中间穿插了丰富的舞台表演，然而场景过于零碎，没有紧密围绕爱情主题，故事情节被弱化，贯穿始终的"丑角"似乎取自本地名剧《徐九经升官记》，却并未起到承上启下的作用，整体演出缺乏统一的风格，没有独特的文化魅力。

立足于地域文化，深入挖掘其独特的内涵进行表现，才能打造一场独一无二的演出。上海马戏团的《ERA 时空之旅》总投资超 3000 万元，融合杂技、音乐、舞蹈、武术等表演手段，并由同样来自"太阳马戏团"的导演黛布拉·布朗打造，于 2005 年首演，仅用 21 个月就收回了全部投资成本，成为上海"叫好又叫座"的文化名片。2015 年《ERA 时空之旅》迎来演出 10 周年，总计演出 4985 场，接待中外观众超 450 万人次，票房收入达到 4.5 亿元。① 《ERA 时空之旅》之所以取得巨大成功，不仅因高超的技艺，更因其赋予技艺以丰富的人文内涵，完成了杂技艺术质的飞越。《ERA 时空之旅》充分展示了中国传统杂技的文化内涵：兵马俑、青花瓷、十二生肖、四大发明等都被巧妙地融入表演中，并穿插着江南小桥流水、上海霓虹街景，切合主题时空之旅。《ERA 时空之旅》创作团队从制作伊始便确立了必须呈现中国文化和上海文化的创意基础：上海石库门、三轮车、传统杂技"踢碗"、司南小船等都在演出中有所体现，中国传统杂技的精彩与中国深厚的文化底蕴都得到了充分的展示。② 海派杂技是中国优秀的传统文化，上海马戏团通过现代化、国际化的表现手段赋予了这种传统文化符合时代感的新魅力，对传统技艺的充分理解和对传统文化的充分发掘使技术糅入文化、使文化融入技术，《ERA 时空之旅》凭借上海城市文化历史开拓了独特的视角。外来游客希望通过旅游演艺体验本地文化历史，抓住地区特色文化，才能赋予演出以独特的文化魅力。

作为世界文明古国，中华优秀传统文化是重要的文化资本。旅游演艺这种新形式的旅游体验产品更是传播传统文化的有效途径。而要打造一场符合当代人审美的以传统文化为核心的演出绝非易事，既需要广泛、深入地挖掘优秀传统文化，又需要以现代化的、艺术的手段合理地将其再现。正如习近平主席所说，"让收藏在博物馆里的文物、陈列在广阔大地上的遗产、书写在古籍里的文字都

---

① 《〈时空之旅〉演出十周年 召开改革发展研讨会》，http://sh.qq.com/a/20150926/026889.htm，访问日期：2016 年 12 月 20 日。

② 荣广润：《〈ERA 时空之旅〉雄踞演艺市场 9 年的文化解读》，《文汇报》2014 年 9 月 26 日。

活起来"①。

(二)创新缺位导致同质化严重

我国旅游演艺市场虽然整体上升发展，每年都有一批新剧目上演，然而真正成功的产品极为稀少，这不仅是因为演出水准参差不齐，也是由于许多节目同质化严重，缺乏特色。作为当前极具发展前景和潜力的产业，旅游演艺迎来发展热潮，作为文化创意产品，旅游演艺产品需要通过对自身不断地改进、提升来适应这种高速的发展趋势。创新是发展旅游演艺的核心驱动力，在同质化严重的背景下，只有不断提高创新能力才能提升演艺产品的市场竞争力。

《汉秀》没能取得成功的原因之一就是缺乏创新精神。《汉秀》的配置上可以看出，万达想要复制的是拉斯维加斯的《"O"秀》与澳门的《水舞间》这一类大型水舞台演出。《"O"秀》是太阳马戏团在美国拉斯维加斯百乐宫酒店（Bellagio Hotel）的常驻演出之一，同样出自德贡导演之手，同样以水表演为卖点，以"O"为名，取自法语中"水"（eau）这个单词的发音。截至2011年初，1998年开幕的《"O"秀》已盈利超过10亿美元，并获得多项大奖：1998年娱乐设计奖的最佳制作奖、《拉斯维加斯评论报》1999年至2006年最佳制作奖、娱乐主题协会颁奖典礼的1999年现场表演类大奖等。到2015年7月20日，《"O"秀》已上演达8000场，热演近20年的《"O"秀》至今仍是一票难求。②《"O"秀》与《水舞间》的成功都与其特殊背景有着紧密的联系，拉斯维加斯与澳门是两个旅游和博彩业十分发达的城市，而且每个区域都有大大小小上十个不同水平的演艺产品，这两个城市的娱乐产品非常单一却极其发达：数以十万计的游客在上述两地的夜间只有赌场和表演秀场可去。武汉相比拉斯维加斯和澳门，并不具备这样的背景优势，且文化旅游消费水平相对这两座国际旅游城市也有较大差距，因此单纯的复制并不可行。而且，《汉秀》只复制到了这两部水上演出的形式，并没有复制到其灵魂，特色文化作为演出的灵魂是无法复制的。从开演至今，《汉秀》也曾经进行过改

---

① 习近平：《在联合国教科文组织总部的演讲》，《人民日报》2014年3月28日。

② 数据来源：太阳马戏团官方网站，http://www.cirquedusoleil.com，访问日期：2017年2月22日。

版，缩短演出时间、增加高空跳水项目等，但始终没有将创新演绎文化内涵作为重点，演出"有形无神"，不能适应市场需求。

文化旅游的核心是创新，华清池在西安众多旅游景点中并不突出，却依靠《长恨歌》的演出吸引了更多游客，靠的就是不断创新。《长恨歌》是陕西旅游集团花费9年时间制作、以华清宫为舞台、以唐朝诗人白居易的同名诗歌为蓝本的大型实景历史舞台剧，是国内目前实景演出最成功的案例之一。从2007年正式公演到2015年，《长恨歌》演出近3000场，观众300多万，收入超过5亿元，占整个华清宫景区收入的近30%。①《长恨歌》成功的品牌效应有效带动了华清宫景区游客人数的大幅上升，打破了陕西旅游"白天看庙、晚上睡觉"的传统模式，拉动了区域经济的发展。为迎合市场发展和观众需求，《长恨歌》每年都进行提升与修改，不断丰富舞台效果，增强演出的艺术性与观赏性，常态创新，成为陕西旅游的"金字招牌"。《长恨歌》创造性地选择了华清池这个真实的历史地点作为演出场地，既贴合历史又与旅游景区发展结合；《长恨歌》也对历史故事做了创新性的演绎，将重点放在爱情这一更具大众性的主题上，既贴合历史又有丰富的情节，更符合观众口味；此外，《长恨歌》的演出不仅还原了许多历史著名的舞蹈，如霓裳羽衣舞、胡旋舞等，还将这些传统的舞蹈场景与现代化的科技相结合，使演出更具感染力；更重要的是，《长恨歌》以观众为中心，在尊重历史的基础上不断进行改版创新，并提出了实景演出的服务标准，以精细化的创作、管理与服务打造出常盛不衰的旅游演艺节目。

创新不仅体现在对演出内容的精益求精，不断改进，也体现在旅游演艺商业运作模式的创新。依托城市文化资源、依托景区、依托主题公园，旅游演艺作为文化旅游产业链上的核心环节需要的并不是庞大的投资规模和世界级的大场面，而是以创新的方式满足观众不断发展的文化需求，开发与博物馆、餐饮、节庆、综艺、影视等多元化的合作。将产业链不断延伸，才能创造新的竞争力，推动旅游演艺业的发展。

虽然并未如《海棠·秀》一般黯然收场，但《汉秀》的发展与预期相差很大，

---

① 刘文丽：《〈长恨歌〉模式引领华清宫景区突破发展》，《陕西日报》2015年8月20日。

算是"不成功"的旅游演艺产品。《汉秀》并非旅游演艺界的特例，资本主导、技术崇拜、文化失语是我国旅游演艺业较为普遍的现象，过度商业化和缺乏文化内涵是文化旅游的通病。为了实现我国旅游演艺的可持续健康发展，为了更好地传播优秀的传统文化，不仅需要企业自身进行反思和改进；也需要政府制定相关政策，限制资本过度进入文化旅游产业市场，造成"文化圈地"等不良现象，并建立完善的法制及监督体系，使旅游演艺更加规范化；更需要培养一批优秀的行业人才，深入挖掘当地文化资源，将外国经验模式本土化，激活区域文化资本，提升我国旅游演艺市场整体水平。文化是旅游演艺的灵魂，国际化与本土化融合是方法，以观众、市场为中心，不断创新是关键。无论是以山水风景为卖点的实景演出，还是结合主题乐园发展的旅游演出，其根本都是文化旅游，其依托都是当地的历史文化特色，学习利用国外的先进技术手段可以更精彩、丰富地表现故事，但立足于地方文化特色才能够吸引众多国内外游客。只有认真分析市场，深入挖掘文化内涵，充分利用文化资源，才能制作出文化旅游的精品。

第三节 实景演出的风险防控——以桂林《印象·刘三姐》为例

中国山水实景演出开山之作《印象·刘三姐》的经营公司桂林广维文华旅游文化产业有限公司(以下简称"广维文华")，因资产困境而破产重组，引起社会广泛关注与热烈讨论。《印象·刘三姐》由张艺谋、梅帅元、王潮歌主创，是全国第一部新概念山水实景演出，也是张艺谋"印象"系列的开山之作；自2004年首次公演以来，累计接待观众上千万人次，已经成为广西桂林旅游文化的一张金色名片。广维文华因《印象·刘三姐》而被授予"国家文化产业示范基地""中国驰名商标""桂林最具影响力品牌功勋企业"等荣誉，是阳朔县纳税大户。2017年8月，广维文华向广西高院申请破产重组，根据裁定书，广维文华的资产总额为1.6亿元，负债总额为9.29亿元，所有者权益总额为-7.69亿元;① 其确定债权

---

① 三湘印象:《关于参股公司桂林广维文华旅游文化产业有限公司破产重整事项进展情况暨公司复牌的公告》，http://www.cfi.net.cn/p20171214001467.html，访问日期：2017年12月14日。

高达 15.8 亿元，而固定资产、土地使用权及商标等估价仅 1.74 亿元。① 严重资不抵债迫使广维文华陷入破产的境地，为保护和挽救该公司旗下旅游演艺产品及文化品牌《印象·刘三姐》，广西高院裁定其破产重组。这一利润稳定可期的名牌文化产品为何突遭重创？以其为代表的实景演出产业如何避免类似困境？以《印象·刘三姐》为案例，厘清旅游文化资本与市场的内在关系、梳理文化资源与资本的运作逻辑，进而促进文化旅游产品有效应对潜在风险、实施防控策略，是本书的出发点与着力点。

一、资本转化：《印象·刘三姐》与实景演出的兴起

以《印象·刘三姐》为代表的实景演出产业于 21 世纪初在中国的兴起与蓬勃发展，反映了资本介入文化后大众文化趣味的变化和产业融合的趋势。文化资源为资本注入了新的活力，创造了全新的文化业态和经济增长点。这一现象内在的文化逻辑和经济逻辑，显示了我国文化产业的运行机理与现实特征。

(一)文化资源向文化资本的创意转化

《印象·刘三姐》是文化资源向文化资本转化的典型成果。非正式的人际交往技巧、习惯、态度、语言风格、教育素质、品位与生活方式，在一定情境下均会转化为经济资本。《印象·刘三姐》所蕴含的广西多民族文化元素是对地域文化的选择与建构，经过文化整合与商业运营，实现了文化资源向文化资本的转化，最终以实景演出这一新型文化产品的形式存在。

文化产品 (cultural product) 与文化能力 (cultural competence)、文化体制 (cultural institution) 一并构成了文化资本的三种存在方式。② 《印象·刘三姐》在本质上为旅游文化资本的客体化表现形式，并为生产者所占有。一方面，文化资

---

①　盖源源、张玉路：《张艺谋 IP"印象·刘三姐"年净利润 7000 万，为什么宣告破产?》，《每日经济新闻》2018 年 1 月 23 日。

②　Pierre Bourdieu. Social Space and the Genesis of Appropriated Physical Space. International Journal of Urban and Regional Research，2018，42 (1)。

本的积累是处于具体状态之中的，预先假定了一种具体化、实体化的过程。① 对《印象·刘三姐》等实景演出而言，具体化的资本即为文化资源。广西是多民族聚居的地区，壮族、瑶族、侗族、苗族等四十多个少数民族在该地均有分布，积淀了丰富多样、异彩纷呈的民族文化资源。《印象·刘三姐》秉持"天人合一"的理念，将刘三姐传说、广西山歌文化、少数民族生活方式、民族节庆等地域文化元素提炼汇集成"序·山水传说""红色印象·山歌""绿色印象·家园""金色印象·渔火""蓝色印象·情歌""银色印象·盛典""尾声·天地颂唱"等剧情篇章。② 另一方面，在物质与媒介中被客观化的文化资本，呈现出物质性与象征性的特点，这成为文化产品获取利润的先决条件。《印象·刘三姐》的演出舞台坐落于桂林山水的核心地带、漓江与书童山之间的宽阔水面，风景绝佳；其利用现代舞蹈理念和声光电技术，以极强的视觉和听觉冲击力创意性地满足了观众的审美需求，也将演出塑造成具有民族性、原生态的旅游文化产品。《印象·刘三姐》作为一种被有效占有的文化资本，具备一定的独立性，伴随着知名度与利润的提升，山水实景演出逐渐发展成为知名文化品牌，文化资本以客观化的形式得到了合法保障。

（二）文化资本的溢出效应与产业带动

优秀的文化产业能够发挥较大的经济效应。截至 2017 年 12 月 31 日，《印象·刘三姐》当年累计销售门票 162 万张，票房总收入 2.1 亿元，净利润近 1 亿元。③ 文化产业另外一个特征是文化资本的溢出效应，一般体现为对周边产业与区域的带动作用。《印象·刘三姐》在拉动地方产业升级、经济发展和社会进步方面发挥了积极作用，资料显示，《印象·刘三姐》对当地县域经济拉动效应显著。旅游产业是阳朔县的重要经济支柱。2017 年阳朔县全年共接待游客 1550 万人次，同比增长 7.6%。全年旅游总消费达 132.5 亿元，同比增长 12.4%；第三产业增加

---

① ［法］布尔迪厄著，包亚明译：《文化资本与社会炼金术：布尔迪厄访谈录》，上海人民出版社 1997 年版，第 199 页。

② 李小芳：《桂林人文旅游资源评价与开发研究》，《商场现代化》2007 年第 9 期。

③ 王凡：《〈印象·刘三姐〉破产重整，旅游 IP 能否继续前行？》，http://finance.cnr.cn/gundong/20180202/t20180202_524122874.shtml，访问日期：2018 年 2 月 2 日。

值 56.38 亿元，同比增长 9.2%，对经济增长的贡献率达 58.6%。①《印象·刘三姐》作为具有全国影响力的现象级实景演出项目，对当地旅游产业的发展起到了关键作用，对当地经济的拉动效应达到 1：5。②

《印象·刘三姐》为当地县域经济带来的显著产业溢出效应，主要体现在三个方面。一是为当地带来了大量游客流量。2018 年春节期间，作为桂林市重点关注的景区和演出，《印象·刘三姐》接待观众达 4.67 万人次，其中包括来自美国、新加坡、澳大利亚、英国等国家和中国港澳台地区的游客。二是与相关产业产生的联动效应。《印象·刘三姐》不仅票房表现抢眼，还对周边产业的发展作出了直接贡献。为了突出展现地域文化的特色与原生态，大部分演员为阳朔县周边五个村庄的渔民和农民，演出创造了约 700 个就业岗位，平均每人每年增加创收约 1.5 万~2 万元③。有吸引力的实景演出刺激了游客在阳朔的住宿和消费，阳朔西街酒吧林立、民宿发达、餐饮兴旺，已发展成为著名的浪漫街区，深受年轻一代的喜爱。阳朔的骑车游、徒步游、热气球观光等新型旅游项目备受追捧。三是《印象·刘三姐》舞台周边的商业活动与教育事业逐渐繁荣。商业上，阳朔的房地产开发、交通建设、酒店运营等项目引起的土地溢价和经营收益，为产业背后的投资企业带来了丰厚的利润；教育上，张艺谋漓江艺术学校坐落于演出剧场的田园路上，招收广西、贵州等边远山区的儿童，为全国各大实景演出培养和输送专业人才，解决了部分地区贫困儿童的教育及未来就业问题。

在《印象·刘三姐》带动下，阳朔县旅游产业在桂林市、广西壮族自治区发挥了积极作用。2017 年，桂林市着力推进旅游供给侧结构性改革，旅游"双创"工作在广西遥遥领先。近年来广西旅游产业发展迅猛，2017 年广西接待国内外游客5.23 亿人次，同比增长 27.9%，实现旅游总消费 5580.36 亿元，同比增长 33.1%；接待入境过夜游客 512.44 万人次、国内游客 5.18 亿人次，国内旅游消费 5418.61

① 阳朔县统计局：《阳朔县 2017 年国民经济和社会发展统计公报》，http：//www.yangshuo. gov. cn/zfxxgkzl/tjxxl/201806/t20180619_816334. htm，访问日期：2018 年 6 月 19 日。

② 桂林广维文华旅游文化产业有限公司：《〈印象·刘三姐〉十年回顾报告》，http://news. china. com. cn/2014-04/14/content_32084985. htm，访问日期：2014 年 4 月 14 日。

③ 刘昆、于敏：《〈印象·刘三姐〉：文化产业的成功范本》，《光明日报》2008 年 10 月 6 日。

亿元, 同比增长 33.9%。① 中央电视台 2017 年春节联欢晚会设置桂林分会场, 在象鼻山景区搭建水舞台, 实景演绎《刘三姐》《歌从漓江来》《带上月光上路》等歌舞节目, 明显延续和发展了《印象·刘三姐》的文化元素与演出技法。作为一档别具民族特色的实景演出,《印象·刘三姐》对于丰富桂林山水的文化内涵、增强广西旅游的时尚魅力、引领实景演出的发展潮流, 未来仍将发挥不可小觑的作用。

(三)《印象·刘三姐》的示范引领与实景演出的兴起

大多数文化活动和表演实践都以消费为中介, 消费也越来越多地包含了符号和形象的消费。② 丹尼尔·贝尔指出 "当代文化正在变成视觉文化, 而不是印刷文化"③。实景演出作为整合了视觉与听觉、文化与科技的文化产业典型形态, 迎合并引领了当代大众文化的审美趣味与消费趋势, 成为旅游演艺行业颇受欢迎的文化产品之一。

《印象·刘三姐》引领和带动了实景演出在中国大地上生根发芽、遍地开花。在旅游演艺行业"温和升温"的背景下, 实景演出与以主题(T)为核心、资源(R)为基础、市场(M)为导向、产品(P)为成果的, 用于民族文化旅游开发的 RMTP 理论基本框架相契合。④ 据统计, 2017 年全国实景演出数量达 66 台, 2018 年增长至 78 台, 其中新增剧目 15 台, 停演 3 台。⑤ 我国实景演出每场座位数量平均约 2000 个, 每个项目投资平均在亿元左右, 其中不乏《文成公主》这类投资高达 7.5 亿元的项目。实景演出的兴起是中国文化产业的一大特色, 也是中国对于世界文化产业的一项贡献, 其发展有自身的内在逻辑。一方面, 实景演出具有消费

---

①　《2017 年旅游主要指标数据通报》, http://wlt.gxzf.gov.cn/zwgk/sjfb/t3922926.shtml, 访问日期: 2018 年 1 月 18 日。

②　[英]迈克·费瑟斯通著, 杨渝东译:《消解文化: 全球化、后现代主义与认同》, 北京大学出版社 2009 年版, 第 105 页。

③　[美]丹尼尔·贝尔著, 赵一凡、蒲隆、任晓晋译:《资本主义文化矛盾》, 三联书店 1989 年版, 第 156 页。

④　陆军:《实景主题: 民族文化旅游开发的创新模式——以桂林阳朔"锦绣漓江·刘三姐歌圩"为例》,《旅游学刊》2006 年第 3 期。

⑤　李军:《2018 中国实景演艺发展报告》, http://www.tripvivid.com/articles/17209, 访问日期: 2018 年 10 月 20 日。

主义的文化逻辑。演出中体现的符号消费，不仅表现在作为内容符号的自然风光和人文历史上，也反映在其注重发挥名导、明星的符号效应和号召力的创作与宣传活动上，① 激发了公众的消费欲望。另一方面，实景演出具有功利主义的经济逻辑。演出有着完整的运营体系，通过对市场融资、经营管理、品牌塑造、票价制定等环节的把握，保持内部活力；通过满足和协调相关利益者的需求，形成完整的旅游文化产业链，促进经济增长。以票价为例，我国实景演出普通票价为 160～290 元，贵宾票价为 290～600 元，总统票则为 600～1000 元不等。② 分级别的高票价反映了实景演出作为一种文化产品所具有的商业意识形态。（见表 5-3）

表 5-3　部分实景演出票价标准③

名称	类别	区　域				
《印象·刘三姐》	成人票	普通席 C 区	贵宾席 B2 区	贵宾席 B1 区	总统席 A2 区	总统席 A1 区
		198 元	238 元	320 元	480 元	680 元
	儿童票	1.2 米以下免票，1.2 米～1.4 米 85 元/人，1.4 米以上需购成人票				
《长恨歌》	成人票	第一场			第二场	
		东西区	中区		228 元	
		238 元	298 元			
《印象·大红袍》	成人票	普通席		贵宾席		尊宾席
		218 元		298 元		688 元
《天门狐仙》	成人票	A/B/C 区		贵宾席 B 区		贵宾席 A 区
		238 元		580 元		688 元

---

① 刘中望：《技术膜拜与艺术消费——大型实景演出的文化社会学分析》，《湘潭大学学报（哲学社会科学版）》2015 年第 6 期。

② 刘筠梅：《实景演出项目运作特点分析》，《大舞台》2012 年第 10 期。

③ 数据来源：携程旅行网、宋城集团官网、陕旅集团华清宫官网、天门狐仙演出官网，http://piao.ctrip.com/dest/t22077.html；http://www.songcn.com/Song；Scenic/Service/Fare.shtml；http://www.hqc.cn/booking/；http://www.0744.cn/spots/show_14.html，访问日期：2018 年 5 月 19 日。

续表

名称	类别	区 域		
		观众席	贵宾席	带桌豪华沙发席
《宋城千古情》	成人票	310 元	320 元	580 元
	优惠票	260 元	260 元	—

注：票价均为 2018 年门市价。《印象·刘三姐》演出一般于 20：00 开始，每天演 1 场；周末、黄金周及旅游旺季，每天会演出 2~3 场；春节前期一般会停演 1 个月左右。

实景演出在我国生根发芽并蓬勃发展，是文化创意鲜明、产品质量过硬、发展环境良好的综合作用结果。然而在追逐利润与关联交易的资本市场，文化产业面临诸多难以预知的风险。为维护文化产品的生命力并避免其遭遇严重冲击，调控与监管显得尤为重要。

二、管理失灵：《印象·刘三姐》遭遇破产困境的多重原因

《印象·刘三姐》长期保持正常演出，盈利能力相对理想。然而越来越频繁、越来越复杂的资本运作，使文化产业面临着前所未有的风险，资本的野蛮与残酷考验着文化产业的生存能力与生命周期。《印象·刘三姐》在首演 13 年后遭遇经营滑铁卢，在公权力的保护下才得以继续存在。深入探究多年来广维文华的运营情况，可以发现其在公司管理、业务经营与风险防控方面存在诸多漏洞。

（一）内部运营：股权转让频繁、市场运作未果

广维文华是《印象·刘三姐》的经营公司，由广西维尼纶集团有限公司与广西文华艺术有限公司作为直接股东，前者持股比例为 67%，后者为 33%。2012年，广西红树林投资有限公司以每元注册资本 6.72 元的价格收购了广西维尼纶集团，并将红树林公司改名为广西印象刘三姐公司。2013 年起，《印象·刘三姐》经营公司的资本市场运作逐渐增多。表 5-4 显示了广维文华从成立伊始到宣布破产重组时期的股权变更情况。

表5-4　广维文华股权变更情况①

时间	控　　股	股权转让方式	状态
2001	桂林广维文华旅游文化产业有限公司	—	—
2012	广西红树林投资有限公司	收购	有效
2013	索芙特责任有限公司	收购	无效
2014	山水文化传播股份有限公司	重组	无效
2014	南宁八菱科技股份有限公司	收购	无效
2016	毅信控股有限公司	收购	无效
2016	三湘股份有限公司	拍卖	有效
2017	北京天创文投演艺有限公司	招投标	有效

在广维文华的控股方自2012年以来不断更迭的过程中，有意收购其股份的大多为上市公司，这从侧面反映出广维文华一直企图实现上市。然而法院信息显示，广维文华市场运作的失败，主要原因在于债务过多、信用不佳，多次为母公司进行关联担保，使其承担了巨额债务。随着控股方的屡次转让，相关资本运作活动逐渐增多，《印象·刘三姐》这一文化产品面临的风险越来越大、承受的负担越来越重。2017年广维文华破产重组后，其15.8亿元的债务涉及20位主体，其中最大的债权人是柳州银行，债权核定总额为8.48亿元。② 广维文华的破产，带给当时控股方三湘股份一定的冲击，对其2017年度合并财务报表净利润影响为 -4938万元，而这部分股权投资收益也都将不再存续。③ 值得一提的是，在广维文华的诸多债权人中，包括张艺谋、马云等间接持股的名人，如三湘股份收购的观印象艺术发展有限公司，张艺谋间接持有25%的股份。

股权转让频繁、市场运作未果，不可避免地给广维文华带来了更大的经营风

① 数据来源：《桂林广维文华旅游文化产业有限公司企业信用报告》，https：//www.tianyancha.com/company/461440363，访问日期：2018年4月14日。

② 盖源源、张玉路：《张艺谋IP"印象·刘三姐"年净利润7000万，为什么宣告破产？》，《每日经济新闻》2018年1月23日。

③ 数据来源：《三湘印象股份有限公司2017年度报告》，https：//pdf.dfcfw.com/pdf/H2_AN201806291160844765_1.pdf，访问日期：2018年6月29日。

险：一方面，股权转让失败会打乱原本的经营计划，使优质资本注入的可能成空；另一方面，证监会对股权转让失败的相关企业加强监督，若存在杠杆买壳的现象，则会对其进行相应警告和处罚。而这些经营风险，无疑会直接牵连和影响《印象·刘三姐》的生命力。

(二)运行逻辑："野蛮"的资本与文化产业的隐疾

《印象·刘三姐》的困境，反映出资本市场的野蛮性及其带给文化产业的隐疾。正如广维文华股权更迭状况所显示的，时下不断出现的文化公司与 A 股公司的兼并重组，实质上是 A 股公司希望依托优质的文化概念以放大股价，实现收益的增长；而实景演出和旅游演艺行业高投资风险下的热潮，本质上更像是一场轰轰烈烈的文化圈地运动。以文化为核心吸引物而衍生的旅游文化产业链，带动了周边餐饮、商业、住宿等产业的发展，更助推了所在片区的土地溢价，这是实体经济引入文化元素的最大诱因。如武汉的《汉秀》演出周边房产正式销售以来，武汉中央文化区连续 4 年成为武汉地产销量冠军，豪宅、办公、商铺等物业累计销售额超过 300 亿元。[1] 海口观澜湖华谊冯小刚电影公社，是以冯氏电影为元素创办的综合文化商街；2017 年电影《芳华》拿到 14.23 亿的票房成绩，拍摄地"芳华小院"成为诸多观众的朝圣之所。

在看到文化创造商业价值的同时，不能忽视资本对文化的剥削。广维文华的破产以及《印象·刘三姐》的困境，原因不仅仅在于一次次未果的资本活动，还在于公司经营者与管理者以《印象·刘三姐》为质押进行的多次不当关联担保。由于广维文华对企业资产情况以及对外担保状况等信息选择不公示，因此无从获知相关经济指标的具体数据。但公开报道的数据显示，广维文华的担保债务不低于 10 亿元，关联企业拿钱去投资其他项目，结果大多失败，这是《印象·刘三姐》演出常年盈利，但公司仍资不抵债、最终破产重组的关键原因。广维文华经历多次被收购后，成为了上市公司的子公司，同时也丧失了选择的自主权。《印象·刘三姐》成为一种商业噱头，逐渐沦为资本的附庸，在资本市场的运作中不

---

① 　肖波、钱珊：《旅游演艺业的技术崇拜与文化失语——以武汉〈汉秀〉为例》，《同济大学学报(社会科学版)》2018 年第 1 期。

断被利用、被消费。资本行业另有一个恶劣的风气：资本希望拿文化获利，但极少进行再投入。十几年来，《印象·刘三姐》演出内容不断被压缩，极少考虑更新升级，导致演出质量"缩水"。随着实景演出行业"一招鲜，吃遍天"时代的渐行渐远，不少新的演出后来居上，如注重叙事的《印象·大红袍》、注重沉浸式体验的《又见平遥》、注重文化科技融合与精细服务的《长恨歌》。相比之下，《印象·刘三姐》还在原地：它是这个行业绚丽的开端和旗帜，却由于资本管理的失范而无法开创新的局面。

诚然，资本介入文化生产，使文化生产遵从着一定的资本逻辑。但资本对经济实效的追求，强化并固化着文化生产精神价值的现实性。从《印象·刘三姐》的境遇不难发现，当下的资本逻辑使文化产业越来越走向"泛资本化"，文化的生产受到资本运作和经济结构的规范，被迫改变其基本的社会角色与功能。[①] 高度的工业化制作与强力的市场化经营，往往会使符号快感代替文化内涵，导致文化产品走入误区。长此以往，文化产品中的文化元素就将被逐渐稀释、降解，成为只有形式而无本真的消费产品。

（三）外部监督：监管缺失与风控体系的不健全

在广维文华被广西红树林投资有限公司(已更名为阳朔印象刘三姐旅游文化产业投资有限责任公司)收购后的 2015—2017 年，该公司曾有多次失信行为，如广维文华给付广西桂香建设集团有限责任公司工程款 823 万元及利息 11.5 万元，但并未完全履行；该公司实际控制人 31 次被列入最高人民法院的失信被执行人名单，其中多是因欠债被法院要求偿还却拒不履行，如隐匿财产规避执行、转移财产规避执行等。[②] 在多次失信的影响下，广维文华已经被列入全国失信被执行人名单。

根据表 5-5，广维文华的失信行为发生在并购及资本多次介入、企图借壳上市之后。同时，该公司多次未能与债权人达成和解，这些信用危机也是资本运作

---

① 胡潇：《资本介入文化生产的耦合效应》，《中国社会科学》2015 年第 6 期。

② 丁舟：《广西资本玩家丁磊 5 年前入局〈印象·刘三姐〉31 次被列入"老赖"黑名单》，《每日经济新闻》2018 年 1 月 24 日。

未果的重要原因之一。诸多现象表明，广维文华在 2012 年股权更迭后，存在着内部管理混乱、监管不力的问题。一方面，广维文华未能准确预估资本介入文化后可能面临的风险，导致风险来临时没有有效的预警机制和解决措施；另一方面，广维文华缺乏对经营者、管理者以及财务运营等有力的监管体系和追责机制，以致实际控制人将其反复质押担保后，缺乏自救能力。

表 5-5　广维文华失信情况①

立案时间	案　　　号	履行状态	执　行　法　院
2017-05-12	（2017）桂执 3 号	全部未履行	广西壮族自治区高级人民法院
2016-05-24	（2016）京 0105 执 8572 号	全部未履行	北京市朝阳区人民法院
2016-02-05	（2016）京 04 执 57 号	全部未履行	北京市第四中级人民法院
2015-06-30	（2015）桂市法执字第 00073 号	全部未履行	广西壮族自治区桂林市中级人民法院
2014-11-05	（2014）阳执字第 00391 号	全部未履行	阳朔县人民法院

与此同时，金融监管与社会监管的乏力与缺位也是造成广维文华陷入困境的原因之一。第一，实景演出行业的金融监管权力分散，存在着重复监管与监管空白并存的现象。尽管广维文华及其实际控制人多次被列入失信名单，相关部门还是无法敏锐地察觉到广维文华屡次出现的股份无效转让的隐患，更未能对该公司的财务状况、运营困境加以有效的监督与管控。第二，实景演出作为一种尚未完全发展成熟的文化行业，拥有监督权限的第三方机构较少，演出企业和控股公司的管理与财务信息透明度不高，社会监督机制尚未完全建立。广维文华的市场信用缺失，诚信体系建设需要汇集整合多方资源进行评估与改良。社会监督的缺位也是制约实景演出行业健康发展的关键因素之一。

---

①　数据来源：《桂林广维文华旅游文化产业有限公司企业信用报告》，https：//www.tianyancha.com/company/461440363，访问日期：2018 年 4 月 14 日。

三、文化例外：破解实景演出资本困局的探讨

"文化例外（Cultural Exception）"这一概念源于 1993 年法国在"乌拉圭回合"谈判中提出的一项原则："文化产品体现人类的精神价值，事关一个国家的形象和民族身份，不能等同于一般商品，无法完全由市场进行调控，而是需要国家公共权力的干预和国家文化政策的引导"①。虽然"文化例外"提出的语境是国家对于本国文化的保护，但这一概念关于文化在市场经济中不同于一般商品的特性、公共权力对文化产品的干预等核心理念，对于实景演出行业发展及至文化产业监管与可持续发展，具有很强的借鉴意义。通过公权力对文化市场进行制约，保护文化资源在商业活动中不被滥用、不受耗损，是能够被业界广泛接受的观念。

（一）市场经济条件下"文化例外"的适用原则

"文化例外"是法国于 20 世纪 80 年代酝酿讨论，并于 1993 年在关税与贸易总协定谈判中正式在国际场合提出，要求将文化产品与其他商品区别对待，不适用于贸易自由化原则。"文化例外"原则后来发展成"文化多样性"并得到诸多国家的认同与响应，其内涵从对外贸易领域延伸到本土文化产业领域。"文化例外"原则的核心要义在于："文化产品并非一般产品，文化产品因其特殊价值不能屈从于市场"，由于"文化产品的特殊性决定其不能像普通商品一样完全接受市场调控"，所以"政府等公共部门介入文化领域十分必要"②。在资本与文化的结合不可避免的情况下，要破解实景演出面临的资本困局，须考虑文化资源与文化产业的特性，实行市场经济条件下一定程度的"文化例外"原则。

"文化例外"的目标是保护文化产品和文化服务的商品属性与文化属性，使其避免在资本介入之后过度市场化、商业化和同质化。从《印象·刘三姐》的困境可以看出，目前我国实景演出的热度，根源在于其能为资本占有者创造更多收益，而演出质量的高低、创意的更新以及产品的迭代升级显得并非十分重要。实景演出走向同质化、沦为资本的玩物，最初蕴含的文化意义被不断解构、稀释。

---

① Gourney B. Exception Culturelle et Mondialisation. Presses de Sciences Po, 2002: 93-98.
② 王吉英：《从"文化例外"看法国的文化保护主义政策》，《科教文汇》2013 年第 10 期。

为应对并减少市场失灵带给实景演出行业乃至整个文化产业的耗损，亟须坚持"文化例外"原则，在文化市场引入政府公权力并对其进行制约。

"文化例外"原则适用于我国实景演出行业的发展现实。一方面，文化产品具有经济价值与文化价值，能够传递特定的文化符号和意识形态，需要在市场自由的前提下辅以政府管制。另一方面，文化产业面临着不同于普通产品的风险，传统文化成果与优秀文化内涵被过度商业化后易流失、变质，因而需要政府"看得见的手"为其提供保护。按照"文化例外"原则，政府对实景演出行业的制作、运营、推广进行适当资助，有助于行业内形成文化生产的良性循环。首先，合理、恰当的资金扶持有助于解决实景演出经营公司面临的融资压力，使其有足够的精力专注于演出质量的提升，不必为获取资本支持而过多地承担市场风险。其次，在政府公权力监督与管理下，文化市场运作会受到一定约束，有利于保护民族优秀传统文化不受资本过度蚕食。此次《印象·刘三姐》破产风波中，政府和法院为保护这一文化品牌，没有选择破产清算，而是采取破产重组、批准公司重整计划草案。计划执行后，北京天创文投演艺有限公司持有其100%的股权。《印象·刘三姐》破产重组后，2018年度桂林市阳朔县接待游客突破1751.95万人次，旅游总消费242.32亿元，分别同比增长13%，33.7%。[1] 这一数据从侧面反映出政府对文化创意企业和文化创意产品的保护是有效且必要的。

（二）实景演出业的风险防控与行业监管

实景演出行业需要更加有效、更具针对性的风险评估机制与运营监管体系。第一，实景演出的基础是文物古迹、非物质文化遗产、自然景观等公共文化资源。对于具有非排他性的公共文化资源而言，当金融资本介入时，其价值无法进行精准估计，其产出能力亦难以统计，这使《印象·刘三姐》这类文化产品的融资产生了一定难度。第二，实景演出行业的核心是创意与个性。文化产品一旦陷入同质化，就会面临市场流失、萎缩的问题。《印象·刘三姐》成功后，涌现了大量模仿该产品形式或内容的实景演出，大规模的工业化与过度的商业化导致文

---

[1] 阳朔县人民政府：《2019年政府工作报告》，http://www.yangshuo.gov.cn/zfxxgkzl/gzbg/201903/t20190301_1098025.htm，访问日期：2019年3月15日。

化产品越来越易于复制，随之而来的则是质量水平的下降与投入产出的失衡。第三，"文化+"与产业融合趋势下诞生的旅游实景演出等新兴业态，强化了文化在资本领域的可操作性，忽视了文化的生态性与延续性。实景演出往往不自知地沦为背后企业实现土地溢价的手段，处于随时被摒弃的危机之中。

文化产业的"文化负载"与"伦理属性"决定了文化产品直接作用于人的精神世界，对社会风尚和伦理道德建设影响巨大。[①] 因此，对实景演出等文化行业的风险进行有效防控、对经营实景演出的文化企业加强监管，是急需且必要的。首先，政府应该进一步推进文化企业信用评估工作，形成一套能够具体反映文化行业效率、兼顾经济与社会双重属性的评价指标体系，并委托相关部门或第三方及时对企业进行信用调查，惩戒失信人、实行追责机制，避免急功近利的经营者过度染指优秀的文化产品。其次，政府在对实景演出等文化行业进行资金扶持的同时，应当对资金流向进行有效监督，避免资本运作过程中某些企业为获取资助而建设低质量的文化项目，以提高资金的使用效率，促进文化市场秩序稳定、文化产业良性发展。此外，政府还应推动建立以项目为导向的文化金融，对实景演出等文化产品或项目的无形资产进行全方位评估并合理预测文化产品或项目的全产业链风险。[②] 总之，应正视文化的多元属性与经济特性，研究解决实景演出及至大文化产业中文化与商业的复杂关系，预防并化解其间的主要风险，需要及早行动、精准施策。

实景演出在中国的兴起与成功，代表着产业融合趋势下"文化+"新兴业态的胜利。《印象·刘三姐》所代表的实景演出是文化与旅游结合的产物，更是有效发挥地域民族文化资源价值、激发文化产业活力的有效途径。然而《印象·刘三姐》经营公司广维文华的破产重组，反映了市场化背景下资本介入文化后给实景演出等文化行业带来的另类风险。由于文化产业的特殊性，相比于传统行业，实景演出存在着投资融资困难、规模生产不便、版权意识薄弱、生态意识缺乏等问题。实景演出行业的市场管制一旦过度放松，就会产生"市场失灵"的现象，使

① 张永奇：《当前中国文化产业发展中的伦理风险及其化解策略》，《云南社会科学》2017年第4期。

② 孙丽君：《全产业链视角下我国文化金融风险形成原因及其防范机制》，《福建论坛(人文社会科学版)》2017年第4期。

优秀的文化产品遭受严重打击。实景演出乃至整个文化产业的健康有序发展，不仅需要文化企业不断完善自身经营方式，更需要遵循"文化例外"的原则，合理依靠公权力的引导与保护。一方面，推行积极的投融资政策加以经济扶持，使之不再为资金困难所扰不得不使演出质量大打折扣；另一方面，鼓励金融监督与社会监督并行，为实景演出行业的潜在风险做出准确预警与评估，及时采取防控策略。总之，在市场之手与政府之手相结合的管理模式下，实现企业、政府、社会的三维协同合作，才是推动实景演出行业健康发展的科学之路。

第四节　旅游目的地形象构建——以新疆赛里木湖景区为例

在旅游消费升级、文化和旅游加速融合的时代背景下，旅游目的地之间的竞争日趋激烈，如何提高旅游目的地的竞争力，成为学界、业界和政界共同关注的焦点。旅游目的地形象作为吸引旅游者、创造地方识别的核心因素，是旅游目的地竞争优势的核心来源。[1] 随着"互联网+旅游"时代的到来，网络成为旅游目的地传播自身形象的重要途径，游客可以通过旅游网站、官方媒体提供的网络信息，初步了解和感知旅游目的地形象；同时，越来越多的游客借由网络传达心声，以评论、游记等形式将自身的旅游体会发表在网络平台上，这些网络文本较为真实地表达了游客对旅游目的地形象的感知，具有重要的研究价值。

学界有关旅游地形象研究起源于 20 世纪 70 年代。国外有关旅游地形象的定义主要围绕"image"展开，Crompton 认为旅游地形象（Destination Image）指个体对旅游地的总体感知或全部印象的总和，[2] Baloglu 认为旅游地形象是个体对目的地的认识、感觉、总体印象的精神表征。[3] 国内有关旅游地形象的提法较多，如旅

---

[1]　Crompton J. L. Motivations for Pleasure Vacation. Annals of Tourism Research, 1979, 6(4): 408-424.

[2]　Crompton J. L. An Assessment of the Image of Mexico as a Vacation Destination and the Influence of Geographical Location upon that Image. Journal of Travel Research, 1979, 17(4): 18-23.

[3]　Baloglu S., Mccleary K. W: A Model of Destination Image Formation, Annals of Tourism Research, 1999, 26(4): 868-897.

游目的地形象、旅游区形象等，总的来说，旅游目的地形象是公众对旅游地总体的、抽象的、概括的认识和评价，是对区域内在和外在精神价值进行提升的无形价值，是旅游地现状的一种理性再现。

旅游目的地形象具有多维性。Grosspietsch 提出旅游地形象由"感知形象"和"投射形象"组成，感知形象（Perceived Image）是指旅游者对目的地所持有的心理认知，受到旅游者个人特质、学历、文化背景等因素的影响，[①] 投射形象（Projected Image）是指供给方通过各种宣传手段传递给游客的目的地形象[②]，二者共同决定着旅游地的竞争力。[③] 本书借鉴此分类，从供需视角出发，将游客感知形象和官方投射形象进行对比分析，研究结果对于旅游目的地更好地借助网络、塑造投射形象和改善游客感知形象来讲，具有积极的现实意义。

一、理论基础和文献综述

（一）理论基础

基于传播学的理论，传播具有双向性，如果不考虑受众的感知，单方向自我形象的传播是没有意义的，[④] 旅游形象的传播，必须从旅游形象的供给者和需求者这两个方面来进行研究。由于旅游活动的特殊性，旅游者实际感知的形象在传播的过程中会与旅游投射者传播的形象有所差异，因此，在旅游形象传播双向性的特征下，本书从供需视角出发，试图分析赛里木湖景区游客感知形象与官方投射形象是否存在差异。此外，Baloglu 等学者提出旅游目的地形象是情感形象产生的基础，并构建了"认知-情感"理论模型（见图 5-1），[⑤] 其中，认知形象（Cognitive Image）属于游客对旅游目的地属性的认知，情感形象（Affective Image）

①　Grosspietsch M. Perceived and Projected Image of Rwanda：Visitor and International Tour Operator Perspective. Tourism Management，2006，2(27)：234-255.

②　高静、肖江南、章勇刚：《国外旅游目的地营销研究综述》，《旅游学刊》2006 年第 7 期。

③　Andreu L.，Bigne J. E.，Cooper C. Projected and Perceived Image of Spain as a Tourist Destination for British Travellers. Journal of Travel & Tourism Marketing，2000，9(4)：47-67.

④　邵培仁：《传播学》，高等教育出版社 2000 年版，第 6 页。

⑤　江璐虹：《遗产地旅游形象影响因素及其作用机理研究》，北京第二外国语学院硕士学位论文，2017 年。

可理解为游客对旅游目的地的情感投射，整体形象（Overall Image）则是认知形象和情感形象相互作用、协调影响的结果，是游客实地游览后对旅游地所持有的整体印象。① 本书借鉴该理论模型，构建了赛里木湖景区的形象类目，既包括由旅游吸引物、综合服务、景区环境组成的认知形象，又涵盖情感形象和整体形象所产生的行为意向分析。

图 5-1　旅游目的地形象内部形成机理分析图

（二）文献综述

国外学者较早研究旅游目的地形象感知构成，多是从游客的角度进行研究。Gunn Clare 提出旅游地形象包括原生形象和诱导形象两个层次，原生形象指旅游者旅游之前通过信息形成的印象，诱导形象则是旅游之后形成的印象;② Baloglu 将旅游形象分为品质体验、吸引力、价值和环境等方面;③ Beerli & Martin 认为旅游目的地形象感知由旅游吸引物、接待设施与服务、情感、社会环境与气氛四方面组成。④ 国内研究起步相对较晚，谢朝武等认为旅游资源、旅游地设施、旅游地服务、行业管理和社区参与五个方面构成了游客对旅游目的地形象的感知;⑤ 李玺等提出旅游目的地形象感知包括食、住、游、购等旅游体验和对政

①　王艳:《红色旅游目的地形象感知实证研究——以湖南第一师范旅游景区为例》，湖南师范大学硕士学位论文，2009 年。

②　Gunn C. A: Vacation Scape: Designing Tourist Regions. University of Texas，1972: 10.

③　Baloglu，Mccleary: A Model of Destination Image Formation. Annals of Tourism Research，1999，26: 868-897.

④　Beerli & Martin: Factors Influencing Destination Image. Annals of Tourism Research，2004，31: 657-681.

⑤　谢朝武、黄远水:《论旅游地形象策划的参与型组织模式》，《旅游学刊》2002 年第 2 期。

治、经济、文史等的整体感知;① 黄胜男认为游客对旅游目的地的形象感知实为游后认知形象和情感形象反复作用下形成的复合形象;② 黄召强等选取青藏高原湖泊型旅游目的地为研究对象,将形象感知划分为地域性感知和共同性感知两方面。③

目前,旅游目的地形象感知的测量方法主要有结构法和非结构法两种。④ 结构法属于定量研究,选取一定的评价属性后,通过既定方法获取定量评价,从而得到反映旅游目的地形象的量化数据,常用方法包括 IPA 分析法、因子分析、均值分析、路径分析、对应分析等方法,⑤ 如 Pike S.⑥、乌铁红等⑦学者的研究;非结构法属于定性研究,通常采用自由阐释、开放性问题等方式,主要采用名称联想和形容词自由描述,统计频次靠前的关键词来获取游客对旅游目的地形象的感知,以 Andersen V.⑧、廖卫华⑨等学者为代表。结构法具有易于统计、直观性强等优势,非结构法能更接近地反映目的地的真实性和独特性,因此,将两种方法相结合更能准确测量目的地的感知形象。

随着信息网络的高速发展,网络文本分析法逐渐用于旅游目的地形象研究,Stepchenkova 分析了美国和俄罗斯两国旅行社网站内容,研究网络环境下俄罗斯

① 李玺、叶升、王东:《旅游目的地感知形象非结构化测量应用研究——以访澳商务游客形象感知特征为例》,《旅游学刊》2011 年第 12 期。

② 黄胜男:《基于网络文本分析法的旅游目的地形象感知研究》,安徽大学硕士学位论文,2014 年。

③ 黄召强、黄芸玛、马一帆:《基于游客的青藏高原湖泊型旅游目的地形象感知研究》,《乐山师范学院学报》2017 年第 5 期。

④ 杨永德、白丽明、苏振:《旅游目的地形象的结构化与非结构化比较研究——以阳朔旅游形象测量分析为例》,《旅游学刊》2007 年第 4 期。

⑤ 黄震方、李想、高宇轩:《旅游目的地形象的测量与分析——以南京为例》,《南开管理评论》2002 年第 3 期。

⑥ Pike S., Ryan C. Destination Positioning Analysis Through a Comparison of Cognitive, Affective and Conative Perceptions. Journal of Travel Research, 2004(4): 333-342.

⑦ 乌铁红、张捷、李文杰:《地域文化差异对旅游者的旅游地意向感知影响——以内蒙古自治区草原旅游地为例》,《旅游学刊》2010 年第 6 期。

⑧ Andersen V., Prentice R., Guerin S. Imagery of Denmark Among Visitors to Danish Fine Arts Exhibitions in Scotland. Tourism Management, 1997, 7: 453-464.

⑨ 廖卫华:《旅游地形象构成与测量方法》,《江苏商论》2005 年第 1 期。

旅游目的地的传播形象;① 王永明等以凤凰古城为例,从整体意向、认知形象、情感形象探知游客对旅游地意象感知特征和意象结构;② 文捷敏以重庆洪崖洞为例,以马蜂窝、携程等旅游网站游客发表的游记和点评为样本,研究游客对于"网红"旅游目的地形象的感知特征。③ 问卷调查法作为传统的研究方法,在研究旅游目的地形象中仍有一定的借鉴意义,谭健萍运用问卷调查法,研究传统物产型节事活动的感知形象;④ 樊宵雷等对福州泰宁嵩口古镇进行问卷调查,将调查结果同网络文本结果进行对比,得知网络文本分析结果和问卷调查结果呈现出较高的一致性。⑤

　　综上,国内外学者分别从基础理论、感知构成、测量方法等角度,结合实证案例对旅游形象感知进行了研究。国内有关旅游形象感知的研究相对起步较晚,对于湖泊型旅游目的地形象的研究则更少,理论基础薄弱,大部分是对国外相关成果的介绍、模仿和回应,在研究方法上也还有待创新。

二、研究设计

(一)案例概况

　　赛里木湖位于新疆博尔塔拉蒙古自治州境内西南端,紧邻伊犁霍城等地,距乌鲁木齐约600公里,游客通常在游览新疆西线(即伊犁线)时途经此地。赛里木湖湖面海拔2073米,水域面积约458平方公里,水质透明度达10~12米,是我国目前测定的水质透明度最大、水体最清澈的湖泊之一。赛里木湖是一个以湖泊、湿地、草原、森林、雪山等自然生态景观为特色,以观光游览、生态休闲、

　　① Stepchenkova S., Morrison A. M. The Destination Image of Russia: From the Online Induced Perspective. Tourism Management, 2006(5): 943-956.
　　② 王永明、王美霞、李瑞等:《基于网络文本内容分析的凤凰古城旅游地意象感知研究》,《地理与地理信息科学》2015年第1期。
　　③ 文捷敏、余颖、刘学伟等:《基于网络文本分析的"网红"旅游目的地形象感知研究——以重庆洪崖景区为例》,《旅游研究》2019年第2期。
　　④ 谭健萍:《传统物产型节事形象的测量探究》,华南理工大学硕士学位论文,2013年。
　　⑤ 樊宵雷、曾真、程惠珊等:《基于网络文本内容分析和问卷调查的嵩口古镇旅游意向感知研究》,《冶金与材料》2019年第3期。

古丝绸之路文化探源和少数民族风情体验为主要内容的湖泊型旅游目的地，2004年被列入国家重点风景名胜区，2005年成立赛里木湖风景名胜区管理委员会，2007年被批准为国家湿地公园，2010年成为国家4A级旅游景区，2021年成为国家5A景区。景区以打造国际旅游度假目的地为目标，举办了环湖自行车比赛、马拉松赛、露营大会、"蓝冰之约"冰雪旅游等大型活动，2018年共接待国内外游客148万人次，入境游客近10万人次；截至2019年9月已接待游客215万人次，游客量年度增长近50%，旅游总消费达32亿元，成为博州旅游经济的龙头。① 基于赛里木湖景区广阔的市场前景，研究游客对该景区的形象感知，找出景区在宣传过程中的优势与不足，有利于进一步提高赛里木湖景区在旅游目的地中的竞争力。

（二）采集样本

原始样本的发布日期在很大程度上决定了信息的参考价值，发布日期越新，有效性相对越高，越便于了解游客对旅游目的地感知的最新情况。本研究选取时间范围为1年：2018年8月1日—2019年7月30日。从游客角度来讲，游客一般通过OTA专业旅游网站及APP、社交平台等渠道分享对旅游目的地的感受，根据样本的可获取性，本书主要从这两大途径获取游客关于赛里木湖的评论和游记，其中，马蜂窝游记45篇、评论69条，携程评论505条，微博热门文章12篇，共计82306字。从官方角度来讲(本书所指的"官方"主体包括：景区管理部门、相关政府部门、主流媒体)，以"赛里木湖"为关键词，限制域名"site：xinhuanet.com(如：新华网)"的方式进行检索，本书共搜集《新疆日报》《博尔塔拉报》《人民日报》《环球时报》等重要报纸的报道17篇，新华、搜狐、新浪、央视网、人民网、腾讯、网易等重要网络媒体报道共计67篇，同时，获取了官方导游词、宣传资料、纪录片台词等官方文本，共计81131字。

（三）内容处理

为了保证搜集到的文本得到最大限度的精炼，本书运用软件Rost Content

---

① 资料来源：笔者根据内部资料整理。

Mining 6.0 对搜集到的 163437 字的网络文本进行技术处理，步骤如下：（1）新建过滤词表，标点符号、冠词、代词、介词等无关词汇载入过滤词表 filter. txt；（2）进行中文分词操作，参考相应结果；（3）再建过滤词表，剔除如"一片""全部""每个""又是"等高频但与景区形象感知无关的词汇；（4）新建自定义词表，发现新词、孤字、组合术语等词语，如将"大西洋最后一滴眼泪""高白鲑""博尔塔拉"等词语添加到自定义词典；（5）再次进行中文分词操作；（6）设置统计频度，进行词频分析，提取关键词，并将近义词进行合并，如湖水、湖泊合并为湖水，野花、鲜花、花海合并为野花。

（四）构建类目

建立类目是网络文本分析法的核心，本书在借鉴相关理论的基础上，结合赛里木湖景区的实际，将旅游目的地形象构成分为认知形象、情感形象、行为意向 3 项一级类目、5 项二级类目、21 项三级类目（见表 5-6）。

表 5-6　旅游目的地形象构建类目

一级类目	二级类目	三级类目	示 例 词 汇
认知形象	旅游吸引物	地名	新疆、大西洋、博乐、伊犁
		景点	点将台、月亮湾
		自然景观	湖泊、草原、日出、雪山、星空
		景观描述	蓝色、清澈
		动植物资源	花、天鹅、牛羊
		民族文化	游牧、哈萨克、成吉思汗
		娱乐项目	帆船、直升机、骑马
		节庆活动	冰雪节、马拉松赛
	综合服务	交通	自驾、大巴、区间车
		餐饮	高白鲑
		住宿	酒店、帐篷、房车
		购物	巧克力、绵羊油、枸杞

续表

一级类目	二级类目	三级类目	示 例 词 汇
认知形象	综合服务	游览服务	设施、服务
	景区环境	气候环境	下雨、风、太阳、冰凉
		卫生环境	厕所、垃圾桶、吸烟、干净
		消费环境	价格水平、门票
		信息环境	手机、智慧景区
情感形象	满意程度	满意(正面)	值得、吸引、优美
		不满意(负面)	失望、遗憾
行为意向	游后行为	是否明确推荐	是
		是否明确重游	否

(五)问卷调查

本研究以问卷调查的方式辅助展开对游客行为意向的研究。2019 年 8 月,笔者在赛里木湖景区开展调查,共发放问卷 200 份,回收 187 份,有效率 93.5%。结果显示,通过网络媒体宣传了解赛里木湖的游客占总人数的 64%,微信/微博占 19%,旅游网站占 52%,可见,网络已成为现代人们了解旅游目的地的主要途径;通过微信朋友圈分享游览感受的游客占总人数的 42%,微博占 22%,旅游网站(APP)占 10%,互联网成为人们表达旅游目的地感知形象的主要途径。

三、词频分析及结论

(一)游客感知形象分析

由于网络评论内容具有主观性、多样性、多元化的特征,可通过游记或评论对某一事物的描述次数得到游客对景区的实际印象,当某一特征词汇出现次数越多、频率越高时,说明游客对该词汇的认知形象越深刻、知名度越大。在游客感知形象方面,通过语义网络分析图(见图 5-2)可知游客对于赛里木湖的初步印象，"赛里木湖""新疆""大西洋""湖水""高山湖""草原"等关键词被多次提及，体现了游客对于赛里木湖景区的整体感知。

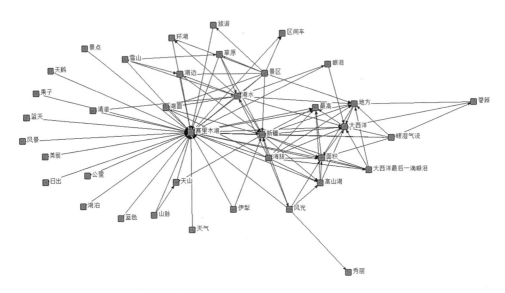

图 5-2 游客感知形象的语义网络分析图

1. 认知形象

通过汇总前 200 名与感知形象有关的词汇，明确各级类目的频次和百分比，以进一步探讨游客对于景区形象的感知情况，表 5-7 为认知形象属性的频次统计表，其中旅游吸引物占 84.3%，综合服务占 11.3%，景区环境占 4.3%，可见游客对于旅游吸引物的感知最为深刻，对景区的综合服务和环境也有一定感知。

在旅游吸引物方面，游客对于赛里木湖景区的"自然景观"感知程度最高，在 200 个高频词中，自然景观被提及 2428 次，占总频次的 37.2%，说明游客对于赛里木湖景区的自然资源认知较多且清晰，其中，与"湖泊(657)"相关的名词最多，如湖水、湖面、高山湖等，表明湖泊是景区感知的基础，是游客对于景区最直观的认知印象，而草原(126)、雪山(122)、蓝天(49)等自然景观也被多次提及；由于受时间、季节等因素的影响，赛里木湖景区还有日落(24)、冰雪(20)、星空(18)等极具吸引力的自然景观；游客对于赛里木湖景观描述的关键

表 5-7　赛里木湖景区认知形象属性的频次统计表

二级类目	频次/占比	三级类目	频次/占比
旅游吸引物	5503/84.3%	地名	1861/28.5%
		景点	273/4.2%
		自然景观	2428/37.2%
		景观描述	529/8.1%
		动植物资源	166/2.5%
		民族文化	125/1.91%
		娱乐项目	121/1.85%
		节庆活动	—
综合服务	738/11.3%	交通	595/9.1%
		餐饮	21/0.32%
		住宿	57/0.87%
		购物	—
		游览服务	65/0.99%
景区环境	284/4.3%	气候环境	189/2.8%
		卫生环境	17/0.26%
		消费环境	78/1.19%
		信息环境	—

词有清澈(76)、美丽(72)和蓝色(68)。游客对"地名"感知占28.5%，游客普遍会将赛里木湖景区与新疆(222)、大西洋(121)、天山(69)、伊犁(68)、果子沟(54)、博乐(25)等地点进行联系；景区入口内被提及的顺序依次是南门(71)、东门(58)和北门(30)，游客对于景区景点印象较为深刻的有点将台(18)和月亮湾(12)。在景区动植物资源方面，游客感知较深的是野花(63)、天鹅(56)、牛羊(19)和鸟类(12)，其中天鹅作为赛里木湖景区的标志，在游客心中留下了较为深刻的印象。游客对民族文化的感知占1.91%，包括游牧文化如牧民(18)、毡房(17)、游牧(13)等关键词，少数民族文化如哈萨克(9)、维吾尔(7)、蒙古

族(7)，历史名人成吉思汗(7)等。游客对景区娱乐项目提及较少，占1.85%，包括拍摄(12)、骑马(10)、帆船(5)等娱乐项目，而游客对景区节庆活动的感知几乎为零。

在综合服务方面，交通的感知程度在旅游活动中程度最高，住宿、餐饮、购物等感知程度较低。交通共被提及595次，占9.1%，在景区外部交通中，游客通常选择自驾(74)、大巴(17)、包车(13)等方式，在景区内部交通中，游客选择最多的是区间车(83)，而租车(10)、自行车(7)提及较少，游湖方式以环湖(113)为主。由于赛里木湖景区紧邻G30高速公路，方便(21)、高速(12)等关键词也被提及。在住宿方面，过夜游客会住在景区附近，常选择帐篷(17)或酒店(17)两种住宿方式。在餐饮方面，游客对赛里木湖特有的冷水鱼——高白鲑(21)印象深刻。景区购物几乎未被提及，但对景区的游览服务印象较深，集中于对司机(244)、服务(17)和设施(7)的感知。

在景区环境方面，赛里木湖夏季凉爽，冬暖风多，由于海拔高，四周群山环绕，特殊的气候和地貌类型造成了赛里木湖地区的气象变幻无穷，游客对于赛里木湖的气候环境感知较深，尤其是恶劣多变的天气，如下雨(16)、阴天(15)、风吹(12)和云层(12)等关键词多次出现。对于出游季节，多数游客会选择夏季(29)，其次是冬春季节。游客对于赛里木湖景区卫生环境的总体印象是干净(17)。在景区消费方面，集中于门票(56)和其他收费项目(22)，而景区的信息环境未被提及。

2. 情感形象

情感形象是旅游者对旅游目的地所产生的一种情感，如愉快、放松等情绪反应或体验。本书通过统计有关情感表述的形容词，得到游客对赛里木湖景区的情感形象，其中，积极形容词有值得(30)、好看(22)、欣赏(22)、吸引(21)、优美(21)、最好(19)、享受(11)、完美(11)等，反映了游客满意的情感倾向，消极形容词有失望(14)、可惜(13)、遗憾(10)等，体现了游客不满意的感受。通过对形容词进行统计分类，可知大部分游客对于景区是较为满意的(见表5-8)。

表5-8　赛里木湖景区情感形象属性的频次统计表

二级类目	频次/占比	三级类目	频次/占比
满意程度	215/100%	满意	178/82.8%
		不满意	37/17.2%

3. 行为意向

为了克服网络文本分析法不能明确体现游客游后行为意向的缺陷，本书通过问卷调查了解游客游览景区后的行为意向。被调查者中，92.9%的游客明确表示愿意重游，98.3%的游客表示愿意推荐，仅有6.9%的游客不愿意重游，1.6%的游客不愿推荐景区(见表5-9)。总体来讲，赛里木湖游客在游后具有积极的行为意向，由此也可推断游客对景区整体形象的满意程度较高，这对景区正面形象的宣传具有重要推动作用。

表5-9　赛里木湖景区行为意向属性的频次统计表

行为意向	非常愿意	比较愿意	不太愿意	不愿意
是否重游	92/49.1%	82/43.8%	6/3.2%	7/3.7%
是否推荐	147/78.6%	37/19.7%	2/1.1%	1/0.5%

(二)官方投射形象分析

官方投射形象是旅游供给者通过特定的营销渠道传递给旅游需求者的目的地的形象。本书通过对官方网络文本和景区宣传资料的分析，明确了官方投射形象的语义网络分析图(见图5-3)，"赛里木湖""新疆""博尔塔拉""湖水""草原"等关键词，体现了官方宣传的重点和形象定位。

通过统计前200个与投射形象相关的高频词汇，合并归类得到投射形象属性的频次统计表(见表5-10)，其中旅游吸引物占87.7%，综合服务占6.8%，景区

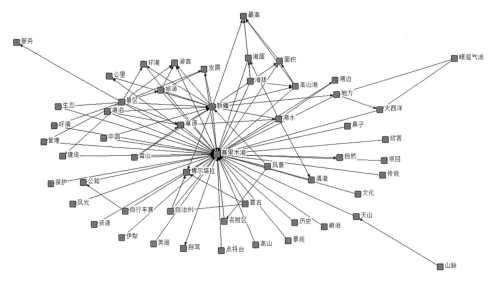

图 5-3 官方投射形象的语义网络分析图

环境占 5.3%，其中信息环境占 2.4%，可见官方宣传的重点集中于旅游吸引物，对于其他方面的内容宣传较少。

表 5-10 赛里木湖景区官方投射形象属性的频次统计表

二级类目	频次/占比	三级类目	频次/占比
旅游吸引物	4910/87.7%	地名	1760/31.4%
		景点	68/1.2%
		自然景观	1467/26.2%
		景观描述	450/8.1%
		动植物资源	299/5.3%
		民族文化	354/6.3%
		娱乐项目	58/1.03%
		节庆活动	454/8.1%

续表

二级类目	频次/占比	三级类目	频次/占比
综合服务	385/6.8%	交通	164/2.9%
		餐饮	52/0.92%
		住宿	31/0.55%
		购物	—
		游览服务	138/2.4%
景区环境	303/5.3%	气候环境	107/1.9%
		卫生环境	19/0.33%
		消费环境	40/0.71%
		信息环境	137/2.4%

在旅游吸引物方面，首先，景区的地理位置是官方宣传的重点，如关键词新疆(262)、天山(59)、伊犁(56)、博尔塔拉(48)、大西洋(47)、博乐(38)、果子沟(38)等，为游客提供了赛里木湖地理位置的基本信息；官方着重宣传的景点有点将台(20)、松树头(17)、月亮湾(11)、东门(10)等，表明以上景点是景区的精华。其次，赛里木湖是一个以湖泊、湿地、草原、森林、雪山等自然生态景观为特色的景区，官方在投射景区形象时，大力宣传自然景观，如湖泊(574)、草原(141)、雪山(65)、冰雪(45)和高山(40)等。官方宣传赛里木湖的关键形容词有生态(70)、美丽(67)、绿色(35)、清澈(31)、湛蓝(30)，勾勒出一幅绝好的西域自然风光画卷。再次，景区内的动植物资源极其丰富，官方向游客投射物种资源有野花(93)、冷水鱼(46)、天鹅(37)、牛羊(22)、云杉(17)等。赛里木湖景区是一个以古丝绸之路北道历史文化探源和蒙古族、哈萨克族等少数民族风情体验为文化背景的景区，哈萨克(25)、蒙古族(24)、传说(25)、毡房(22)、乌孙(18)、成吉思汗(15)等关键词在官方宣传中多次出现。最后，景区内主要的娱乐项目有帆船(26)、摄影(23)、骑马(9)，举办有自行车赛(59)、马拉松赛(48)等节庆活动，为游客提供了多样化的体验项目。

在综合服务方面，景区交通以自驾(37)、车队(19)、区间车(15)、电动车(13)、包车(9)为主，景区餐饮有高白鲑(27)、奶茶(9)和羊肉(9)，景区内住宿仅提供帐篷(17)和房车(14)，景区游览服务有游客中心(30)、基础设施(23)、游览栈道(10)、导游(8)等，服务类型多样。

在景区环境方面，景区气候环境多变，变幻莫测，景区介绍的季节以冬季(24)和夏季(15)为主，卫生环境较为清洁(8)，消费方面侧重于对门票(24)和其他收费项目(16)的宣传。近年来，赛里木湖景区大力推进智慧景区建设，手机(30)、智慧景区(29)、一部手机游赛湖(18)、实时监控(18)、智能(14)、调度(10)、机器人(9)等关键词在官方介绍中多次被提及，景区的信息环境逐渐得到完善。

综上分析，赛里木湖景区投射的形象以自然生态景观为主要特色，同时兼具历史文化、休闲度假、多样化娱乐活动为辅的特色景区，旅游提供者试图将赛里木湖景区打造多样的旅游形象，通过多个方面内容的描述和介绍形成清晰的、正面的、积极的投射形象。

（三）结论

1. 构建类目的对比

感知形象与投射形象构成类目的差异如表5-11所示，供需双方形象在构成类目上基本吻合，能较好地满足游客的需求，实现了旅游目的地的有效营销。但还存在一定差异，在认知形象中，官方更侧重于对景区节庆活动、信息环境的宣传，而游客对这两方面感知几乎为零；在情感形象和行为意向方面，官方基本没有任何情感形象的构建和对游客行为意向的引导，忽视了对游客心理和情感的塑造，不利于整体形象的构建，进而会对游客的行为意向产生一定影响。

2. 认知形象的对比

对旅游目的地的旅游吸引物、综合服务、景区环境的描述属于认知形象，通过对表5-7和表5-11中具体形象类目的对比发现，游客认知形象与官方投射形象的异同点归纳如下：

表 5-11 感知形象与投射形象构成类目表

	认知形象	情感形象	行为意向
投射形象	地名、景点、自然景观、景观描述、动植物资源、民族文化、娱乐项目、节庆活动、交通、餐饮、住宿、游览服务、气候环境、卫生环境、消费环境、信息环境	无	无
感知形象	地名、景点、自然景观、景观描述、动植物资源、民族文化、娱乐项目、交通、餐饮、住宿、游览服务、气候环境、卫生环境、消费环境	满意、不满意	重游、推荐

(1)在旅游吸引物方面,二者的相同点在于:在地名、景点、自然景观、景观描述、动植物资源方面基本一致,官方在投射形象中的宣传更为全面具体,但在一些细节上有所差异,如:地名上,多数游客认为赛湖位于伊犁州,与实际位于博尔塔拉州有所区别和偏差;景观描述上,官方更强调景区的生态、绿色。二者的不同点在于:官方对节庆活动宣传较多,而游客对节庆活动感知欠佳,同时,游客对于景区民族文化和娱乐项目感知较弱,缺乏对历史文化的了解和更多娱乐项目的参与,此外,游客对景区景点的感知仅集中于部分景点,未能充分发挥其他景点的优势资源。

(2)在综合服务方面,二者在交通、餐饮、住宿、游览服务方面基本一致,但游客更侧重对交通便捷度的感知,官方更侧重投射交通工具的环保性能,同时,游客和景区共同缺乏对景区购物的认知和投射。

(3)在景区环境方面,二者在卫生环境、消费环境方面基本一致,在气候环境、信息环境方面具有差异,表现为游客对多变的天气感知更为明显,而官方仅对游览景区的季节描述较多,缺乏对天气情况的宣传,同时,游客对于景区的信息环境感知较弱。

四、策略选择

通过对赛里木湖景区投射形象和感知形象的对比分析发现,二者在不同方面存在一定的差异和问题，基于此，本书提出优化赛里木湖景区旅游形象的对策建议，力助提升景区形象。

（一）积极改善景区投射形象，提升景区文化魅力

一是要举办文化节庆活动，拓宽活动传播渠道。传播具体双向性的特质，只有旅游者通过传播渠道对旅游目的地产生了解和认知，才能实现传播的根本目标。景区举办的大型节庆活动，如冰雪节、自行车赛、马拉松赛等，未被大多数游客提及，感知程度较低，尤其对于远距离游客的影响范围有限。因此，一方面，景区应深入挖掘游牧文化、民族文化的内涵，利用好景区"影视城"文化遗址，举办特色文化活动，如同类型湖泊旅游目的地——青海茶卡盐湖景区，就深入挖掘蒙古民族历史文化内涵，推出《永远的成吉思汗》大型历史马术实景剧，①极大地提升了景区的文化魅力；另一方面，应拓宽对节庆活动的传播渠道，运用更多网络传播手段来实现更为广泛的双向传播，除景区现有官方网站、公众号以外，景区还应该积极寻找合作网站，拓宽旅游形象投射宣传的渠道，充分发挥节庆活动的吸引作用。

二是要大力宣传娱乐项目，提高项目文化内涵。湖泊型旅游目的地可整合景区核心、周边、扩散区域的旅游资源，对景区娱乐项目进行立体式开发。目前，赛里木湖景区内已形成海、陆、空为一体的娱乐项目，如湖上的帆船、皮划艇，陆上的观光马车、观光小火车、音乐喷泉，空中的直升机、滑翔伞等娱乐项目，但游客对于这些娱乐项目感知程度较低，除宣传渠道闭塞、宣传力度不足等问题外，景区还可以针对细分市场，差异化定价，实现定制化旅游服务，将娱乐性、趣味性和多元化相结合，开发更具创新和文化魅力的娱乐项目。

三是要差异化建设各景点，展现不同文化魅力。市场营销学中倡导"差异化营销"战略，同理，在景点建设中，也应实现差异化建设。赛里木湖景区现共有景点40个，主要景点14个。游客感知较深的景点分别是点将台、月亮湾、松树头（南门）和东门，究其原因可知，以上4个景点与其他景点相比，更具文化魅

---

① 佚名：《大型实景剧〈永远的成吉思汗〉在天空壹号景区驻场演出》，https://kuaibao.qq.com/s/20190815A0RH6600? refer=spider，访问日期：2019年11月16日。

力，点将台景点具有遗址公园和成吉思汗文化，松树头景点有"松头雾瀑"等自然景观，月亮湾景点集中了景区帆船、直升机等娱乐项目，东门游客中心集中展示了景区的文化，大型水上音乐喷泉秀也给游客留下了深刻印象。因此，要想突破其他景点观景单一的瓶颈，就必须整合景区资源，对景点进行合理布局和打造特色文化，展现不同景点的自然文化魅力。

（二）多方位创造条件，改善提升游客的感知能力

一是着力改善购物服务。相关研究表明，在"认知-情感"理论模型中，认知形象显著正向影响情感形象和总体形象。[1] 现阶段，景区在游客感知形象和官方投射形象中，都缺乏对景区购物的认知和投射，可见，景区内缺乏具有特色文化和创意的产品，不利于游客情感形象和总体形象的形成，从而影响游客游后的消费行为。而随着游客消费能力的提高和对高品质旅游产品的追求，文创产品逐渐成为旅游景区的消费性商品。据统计，国外旅游发达国家的旅游购物收入占总收入的 40%~70%，北京故宫 2017 年文创销售额达 10 亿元，[2] 可见，文创产品收入已成为景区未来收入的盈利点。因此，为刺激游客消费购物，景区应推进文创产品的研发，打造特色文化品牌，满足游客对具有地域特色和民族风情商品的需求，改善景区的购物环境和服务。

二是积极营造信息环境。近年来，赛里木湖景区积极建设智慧景区，不断推出"一部手机游赛湖""上线金牌解说""文化 IP+有声护照"等数字建设项目，也是全疆第一个率先使用 AI 机器人的景区，这为游客提供了方便快捷的旅游新体验，可见，智慧科技在升级文旅产品形态、优化信息服务体验、深度了解景区文化等方面的作用愈加明显。但目前游客对于数字景区的感知程度还相对较弱。因此，要加强对数字景区的宣传力度，积极营造线上文化氛围，实现对景区吃、住、行、游、购、娱等全要素和商、养、学、闲、情、奇等新业态的推

---

① 郭安禧、黄福才、孙雪飞：《旅游动机对目的地形象的影响研究——以厦门市为例》，《财经问题研究》2014 年第 6 期。

② 佚名：《文创产品将成为景区的重要收入来源》，http://www.sohu.com/a/248965260_100175508，访问日期：2019 年 11 月 16 日。

广和介绍，提高游客对景区文化的全面了解，更应通过信息平台，及时、准确地发布景区的天气状况，提醒游客注意事项，以提高游客对景区信息环境的感知程度。

当今时代，互联网是游客感知和表达旅游目的地形象的重要途径，也是旅游供给者宣传旅游目的地的重要渠道，在旅游目的地形象构建过程中发挥着重要作用，是提高旅游目的地竞争力的重要一环。本书以新疆博州赛里木湖景区为例，利用 ROST CONTENT 6.0 软件对网络文本资料进行研究，同时结合问卷调查结果，分析了赛里木湖景区的游客感知形象和官方投射形象，对比研究了供需方之间的差异，从而找出了旅游供给者在塑造旅游目的地形象中的不足。本研究对提升湖泊型旅游目的地形象具有一定的指导意义，有助于旅游供给者及时制定和调整相应的宣传策略，进而提升景区的市场竞争力，推动景区的可持续发展。

本研究在样本选取上还存在一定的局限：未能全面收集有关景区的评论和报道，伴随着直播、短视频等新媒体的壮大，其内容能让游客更为直观地了解旅游目的地形象，但视频内容的文本较难获取，影响着研究的客观性；由于样本来源的多样化和网络文本的复杂性，本研究缺失与游客相关的人口统计特征。在以后的研究设计中，笔者将进一步完善。

第五节　实体书店的转型破圈——以俄罗斯订阅书店为例

近年来，俄罗斯实体书店业受到严重冲击。根据联邦出版与大众传媒署（Федеральное Агенство по Печати и Массовым Информациям）的数据，俄罗斯图书出版总印数从 2011 年的 6.125 亿册降到了 2020 年的 3.515 亿册。[①] 随着信息技术的发展，各种数字媒介无意中培养着人们的阅读习惯。[②] 电子书、有声书

---

①　Федеральное Агенство по Печати и Массовым Информациям. Статистические Показатели (2011-2020). http：//www.bookchamber.ru/，访问日期：2021 年 10 月 29 日。

②　杨丹丹：《数字出版，何去何从？——第四届"数字时代出版产业发展与人才培养国际学术研讨会"综述》，《出版科学》2014 年第 1 期。

构成的 B2C 市场和电子图书馆系统代表的 B2B 市场的容量在十年间从 3. 15 亿卢布上涨到 83. 5 亿卢布, 到 2020 年网上书店已占比 33. 48%, 实体书店在图书销售渠道结构中的占比不过为 38. 62%。① 从整体上看, 俄罗斯实体书店业的形势不容乐观。

新的环境下, 俄罗斯"订阅书店"(Подписные Издания)、"书屋"(Дом Книги)、"年轻禁卫军书店"(Молодая Гвардия)等实体书店进行了一系列改革。其中, 圣彼得堡"订阅书店"的转型措施更加系统完整, 书店进行了"第三场所"转向——以读者为核心, 为其打造一个不同于家和工作单位的身心休憩之所。凭借主业突出、多元经营的方式, 书店在疫情冲击下依旧实现盈利, 还成为圣彼得堡的文化地标之一, 吸引国际游客前来打卡, 这在众多书店中具有代表性。本书以"订阅书店"为研究对象, 结合雷·奥登伯格的"第三场所"理论, 探讨其转型过程和经营特色, 思考在激荡的变革中实体书店的生存之道。

学界对日本、美国的实体书店的关注较多, 俄罗斯实体书店经营方式的相关研究较少。国内已有研究多集中在俄罗斯图书出版行业上。夏海涵、王卉莲总结了从 2008 年到 2018 年俄罗斯图书出版状况与趋势。② 王莺、徐小云归纳了俄罗斯出版业在体制、出版种类和数量等方面的特点。③ 张麒麟探讨了俄罗斯阅读立法问题。④ 国外的研究更加关注技术、疫情等新的环境因素对图书市场的影响。有学者从生产、分销、零售三个方面分析了新冠疫情对俄罗斯图书业的影响。⑤ 总之, 国内外的研究多立足于宏观的行业层面, 而本研究希望从现实中汲取经验, 通过对代表性书店的分析探寻适合实体书店的转型方法, 丰富并促进相关领域的研究和实践。

---

① Юрьевна З С. Мировое Книжное Пространство в Новых Реалиях. https：//www. rsl. ru/ru/all-news/mirovoe-knijnoe-prostranstvo2020-new, 访问日期：2021 年 10 月 29 日。

② 夏海涵、王卉莲：《俄罗斯图书出版状况与趋势(2008—2018 年)》,《出版发行研究》2020 年第 9 期。

③ 王莺、徐小云：《俄罗斯图书出版业现状解读》,《俄罗斯中亚东欧市场》2008 年第 1 期。

④ 张麒麟：《俄罗斯的阅读立法及其阅读推广实践》,《新世纪图书馆》2014 年第 4 期。

⑤ Рубанова Т Д. Книжный Бизнес：Испытание Пандемией. Вестник Культуры и Искусств, 2021, 2 (66)：31-45.

一、"第三场所"与实体书店

(一)"第三场所"视角下实体书店的经营边界

书店本质是展示和销售书籍的零售商店，而场所不只有物质属性，还有依存于人的认同感和归属感的更高属性，具有自由多元的场所精神。① 书店场所化后，经营边界会随之改变。

"场所"(place)通常代表一个地理位置，而"空间"(space)涉及物质、精神等各个方面，场所属于空间的一部分。"第三场所"(the third place)，国内也翻译成"第三空间"，但与索亚提出的"第三空间"(the third space)内涵不同。索亚认为第三空间不同于感知和构想的空间，更强调"他者化"和"去中心化"，充满各种可能。② "第三场所"最早由雷·奥登伯格(Ray Oldenburg)提出，他从城市社会学的角度把居住之地或家庭定义为"第一场所"，把花费大量时间工作的地方定义为"第二场所"，"第三场所"独立于前两者之外，是人们能够享受彼此陪伴的非正式公共聚集地。③ 传统意义上，社区中心、咖啡厅、餐厅都属于"第三场所"的范畴。

随着技术的发展，"第三场所"的概念边界也有了新的变化，实体的"第三场所"开始朝着虚拟场所转向。多人在线游戏中的社区体验，即叙事性的虚拟游戏世界也具有"第三场所"色彩。④ 具有社交性质的网络平台成为人们互相支持、建立身份认同和信任感的非正式公共场所，是信息时代的虚拟第三场所。⑤ "第三场所"的功能和内涵更加丰富。星巴克作为"第三场所"理论的经典应用案例，兼

---

① 赵敏婷、仲佳儿：《实体书店经营模式探析——以言几又书店为例》，《出版广角》2019年第2期。

② 袁源：《"第三空间"学术史梳理：兼论索亚、巴巴与詹明信的理论交叉》，《中南大学学报(社会科学版)》2017年第4期。

③ Oldenburg R., Brissett D. The Third Place. Qualitative Sociology, 1982, 5(4)：265-284.

④ Peachey A. The Third Place in Second Life：Real Life Community in a Virtual World. Springer, 2010.

⑤ Mehra B., Merkel C., Bishop A. P. The Internet for Empowerment of Minority and Marginalized Users. New Media & Society, 2004, 6(6)：781-802.

具 SOHO 和商务的功能，逐渐产生了象征性、符号化的作用。①

基于"第三场所"视角，实体书店的边界不再局限于"实体"这一物理层面。依托互联网技术，实体书店在经历从单一维度到双重维度的场所转变，既可以通过店内的硬性设施和软性服务改善经营，也可以借助网上书店、社交媒体建立虚拟社区，拓展经营空间。

(二)"第三场所"视角下实体书店的特点

自从引入"第三场所"概念，国外许多学者已经探讨了"第三场所"的角色、用途和价值。② 除了关注场所本身，人与场所的互动关系是国外学者研究的重点。一些学者分析了邻里社区作为"第三场所"促进个人和社区集体幸福感，加强公民参与的作用。③ 还有学者在跨文化语境下，探讨了移民经营的餐馆对跨文化互动的影响。④ 国内学者对"第三场所"理论的应用多集中在分析新的需求下图书馆改善服务的对策。李红培、鄢小燕认为图书馆应从"书"的空间转变为"人"的空间，提供社交和活动机会，承担社会功能。⑤ 段小虎、张梅等重新分析了图书馆的空间边界。⑥ 柯平认为信息环境下的图书馆从强化组织和中心发展为强化场所与空间。⑦ 除以图书馆为研究对象外，"第三场所"对民主政治的作用也是一个重要议题。场所特点有助于促进草根民主的形成，推动社会公平，构建市民社会。⑧

---

① Puel G, Fernandez V. Socio-technical Systems. Public Space and Urban Fragmentation: The Case of 'Cybercafés' in China. Urban Studies, 2012, 49(6): 1297-1313.

② Joo J. Customers' Psychological Ownership Toward the Third Place. Service Business, 2020, 14: 333-360.

③ Williams S. A., Hipp J. R. How Great and How Good? Third Places, Neighbor Interaction, and Cohesion in the Neighborhood Context. Social Science Research, 2019, 77: 68-78.

④ Wessendorf S, Farrer J. Correction to: Commonplace and Out-of-place Diversities in London and Tokyo: Migrant-run Eateries as Intercultural Third Places. Comparative Migration Studies, 2021, 9(1).

⑤ 李红培、鄢小燕:《国内外图书馆第三空间建设进展研究》,《图书馆学研究》2013 年第 16 期。

⑥ 段小虎、张梅、熊伟:《重构图书馆空间的认知体系》,《图书与情报》2013 年第 5 期。

⑦ 柯平:《重新定义图书馆》,《图书馆》2012 年第 5 期。

⑧ 李晴:《基于"第三场所"理论的居住小区空间组织研究》,《城市规划学刊》2011 年第 1 期。

总结已有研究，"第三场所"具有以下特点：（1）中立性：欢迎所有人；（2）开放性：不同阶层都可参加；①（3）以谈话交流和信息共享为核心；（4）可达性：没有物理、政策或金钱上的障碍；（5）具有一批稳定的常客，被称为"远离家的家"；②（6）环境温馨，让人得以放松。作为"第三场所"的实体书店，应当对所有人一视同仁，成为爱书之人交流心得的平台。打造令人感到轻松舒适的环境和氛围，打破快节奏的生活方式，为身体和心灵提供一片休憩的净土。

（三）"第三场所"视角下实体书店的利润空间

无论是书店的经营边界还是特点，都围绕着一个根本问题——创造利润。实体书店之所以向"第三场所"转化，是因为作为"第三场所"的书店拥有更大的利润空间。实体书店的成本主要由进书费用、租金和员工工资组成。传统书店只靠卖书获得收入，但图书进货成本很高，加价的范围有限。与网上书城相比，实体书店没有开展"价格战"的优势，单靠卖书很难生存。作为"第三场所"的实体书店围绕人的需求开展各种服务，在书店内外的"挪腾"中创造更多盈利机会。

二、"订阅书店"的百年发展历程与转型经营

（一）"订阅书店"百年发展简史

"订阅书店"是圣彼得堡市中心的一家私营书店，成立于1926年，是俄罗斯最古老的书店之一。成立之初正处于苏联时期，书店还是国有经营，书籍只能通过订购获得。这是"订阅书店"的店名来源。从1991年到1995年，苏联原有的图书发行方式解体，从国家控制走向市场销售。③图书贸易的基础形成。1992年，"订阅书店"从国有转变为私有，规模逐渐缩小。

21世纪以来，作为传统书店的"订阅书店"为生存艰难挣扎。这一时期的俄

---

① Montgomery S. E., Miller J. The Third Place: The Library as Collaborative and Community Space in a Time of Fiscal Restraint. College & Undergraduate Libraries, 2011, 18(2-3): 228-238.
② 冯静、甄峰、王晶：《西方城市第三空间研究及其规划思考》，《国际城市规划》2015年第5期。
③ Николаевна А О. Книжная Торговля в Сибири в Условиях Постсоветского Развития（90-е гг. хх в. -начало ххi в.）. Библиосфера, 2010(3): 78-81.

罗斯图书市场可以分为两个阶段：（1）2005 年以前的繁荣期：由于市场经济的发展和政治的稳定，俄罗斯图书市场积极发展。从 2000 年到 2002 年，出版总量年增长率为 9%～12%；从 2000 年到 2003 年，俄罗斯出版图书和小册子种类年增长率达到 16%～25%。① （2）2005 年后的衰落期：图书生产系统的薄弱，俄罗斯人口的下降，年轻人读书兴趣的降低，电子书的冲击，等等，图书市场面临着危机和整合。从 2005 年到 2008 年，出版种数和总印数虽有上升，但增幅逐渐下降；从 2008 年到 2019 年，出版种数从 123336 种降到 115171 种，出版总印数从 7.604 亿册降到 4.351 亿册。② 21 世纪初，"订阅书店"仍然是一家只卖畅销书的传统书店，在 2010 年初濒临关闭。直到 2012 年，该店由米哈伊尔·伊万诺夫（Михаил Иванов）领导才出现转机。

为了让书店重新盈利，米哈伊尔·伊万诺夫组建了一个更年轻而有活力的团队，对书店进行重新装修的同时，也改革了书店的理念和服务、运营方式，书店进入转型和扩张期。"订阅书店"恢复到苏联时期的规模。

（二）"订阅书店"转型后的经营情况

"订阅书店"集零售图书和图书出版于一体，既有线下实体书店，又发展了线上书城。表 5-12 整理了 2014 年到 2019 年书店的利润变化。

表 5-12　"订阅书店"年度收益及利润变化（2014—2019 年）

指标＼年份	2014	2015	2016	2017	2018	2019
税后利润（百万卢布）	2.467	-2.558	3.214	4.571	5.62	7.363
销售利润率%	22.6%	21.4%	23.8%	25.4%	29.5%	33.7%

数据来源：https://www.audit-it.ru/buh_otchet/7825340032_ooo-podpisnye-izdaniya.

① Ухов В Г. Российский Книжный Бизнес 2004. Библиосфера, 2005(2): 21-34.
② Кылычбекова М К. Продвижение Бумажных Книг на Рынке. Научный Журнал, 2020, 1(46): 38-41.

2020 年前，书店的税后利润基本呈上涨趋势。销售利润率衡量企业销售收入的收益能力，销售利润率的提高说明"订阅书店"6 年来销售额提高，销售成本降低，书店的整体发展态势良好。整理行业数据网站 Audit-it. ru 可知，"订阅书店"财务发展可持续性为 0. 72；流动比率为 2. 54，高于行业水平 2. 33，企业短期偿债能力强；速动比率也高于行业标准，企业有较强能力偿还流动负债；现金比率为 1. 74，高于行业值 0. 28，说明企业可即刻变现，随时有能力还债；销售利润、盈利能力也表现较好。① 总体上，书店的经营状况优于行业平均水平。

三、"订阅书店"的"第三场所"转向

（一）从以"书"为核心到以"人"为核心

转型前，"订阅书店"主要充当零售商的角色，以销售热门书籍为主要业务。书店关注物的价值，希望通过销量保持利润。当时，书店主要存在三个问题：过时的内饰、种类贫乏的书和苏联式的服务。面对电子书的冲击、高昂的成本、盗版书的泛滥，"订阅书店"抓住了顾客需求变化，意识到如今的商品不只是为了满足物质需求，也要满足精神需求，实体书店的独特体验很难从网上获得。书店将经营核心从"书"变换到"人"，根据顾客需求精心选品，提供更人性化的服务，为书友们打造更舒适的文化"第三场所"。书店以知识分子为目标受众，出售俄语、外语的古典和现代小说、散文、哲学和历史书籍等，特别关注艺术领域，以及适合各个年龄段儿童的书籍。

（二）从单一产品销售到多元服务赋能

当书店的定位转变为以人为核心后，不仅要保证有好书，还要围绕人的需求增加新的服务。这也是书店"第三场所"化的表现，即书店不再局限于固有的物理边界和销售业务，而是打通不同领域，触发更多新的商机。

---

① "Подписные Издания"：Бухгалтерская Отчетность и Финансовый Анализ，https://www. testfirm. ru/result/7825340032_ooo-podpisnye-izdaniya? utm_source = audit-it&utm_medium = buhre ports & utm_campaign=buhreport_button，访问日期：2021 年 10 月 29 日。

书籍种类精品化，"出版+零售"结合降低经营成本。米哈伊尔·伊万诺夫说："许多企业家不是像做生意一样从事图书贸易，而是把自己像烈士一样放在祭坛上，亏本经营。而我的首要目标：书店必须赚钱。"①"订阅书店"的转型之路并非一帆风顺。经营的头一年半，书店致力于打造一种特有的精神，只吸引了大量游客，但很少有人购物。为解决生存问题，书店重新花费了大量时间选品，剔除一些不常阅读的书籍，提高整体质量，并且从小出版商、独立出版人处进货以降低成本。2017年，书店成立了自己的出版社，主要出版符合书店目标受众，但并不常见的书籍。这保证了书店作为一个卖书的场所最基本的功能。

书店周边潮流化，借势互联网引领艺术风尚。书店并未将设计周边产品仅看作增加利润的附加业务，而是力图将周边产品打造成艺术潮流的载体。2013年，艺术家亚历山德拉·帕夫洛娃（Александра Павлова）与书店达成合作，设计了一批热销的周边产品。"来自圣彼得堡的冷漠与无情"系列笔记本、"一座城市，一份爱，圣彼得堡"系列明信片迅速在社交网络上流行起来，拥有"订阅书店"周边明信片一时成为风尚。因为这些产品只在"订阅书店"售卖，人们甚至专门去书店买纪念品。将周边做成潮流，"订阅书店"凭借其产品的独特性加强了品牌影响力。

书店服务多样化，"咖啡+讲座+音乐会"提高文化吸引力。"订阅书店"很早就将书店和咖啡融合，设置阅览室、儿童娱乐区等。每月邀请一位知名作家举办讲座或者交流会，定期邀请畅销书作家进行签售，举办小型音乐会。顾客可以在任何一个阅览室喝咖啡，如今"书店+咖啡"的方式也不算少见，但只有在"订阅书店"才有机会遇到自己喜欢的作家。顾客可以在这里与书友、作家深度交流，他们能感受到书店的主要任务不是推销，而是用心为他们打造一个休闲放松的文化场所。

销售渠道丰富化，线上和线下书店共同开拓市场。除了线下业务外，"订阅书店"还打造了线上书城。疫情期间，多亏了网店，店员通过直播的方式卖书，使被迫关闭的情况下书店也能幸存。2020年4月，受疫情影响，书店收入比上一

---

① Буква и Дух: Как Сделать Книжный Магазин Доходным Местом，https://www.rbc.ru/own_business/14/02/2017/58a1cba99a794761189e254c，访问日期：2021年10月11日。

年下降了大约 60%；5 月，依靠线上贸易下降减缓到 45%；6 月，收入不到原来的 10%；7 月已经达到去年的水平；7 月至 10 月，书店收入实现了增长。① 线上书店不仅扩大了消费者的购书渠道，也打开了书店的市场。

（三）从区域文化"第三场所"到城市文明标志

对于卖者，经营书店需要秉持一种浪漫情怀；对于顾客，书店意味着自我探寻，是一处心灵栖所。只有给人们留下独特记忆点，满足人们内心深处的文化需求，普通书店才能进阶为城市文化标志之一。而要想获得人们的认可，经营者应以打造"第三场所"的角度重新审视书店。根据"第三场所"的特点，实体书店欢迎所有爱书之人，有舒适温馨的氛围，培养稳定的顾客群体，鼓励交流沟通。

在环境氛围上，打造身体和心灵的休憩之所。书店经营者表示："我们试图向广大读者销售好书，但这有时显得自作聪明。一家独立的书店只能靠它创造的特殊氛围生存。"②网上 1679 条对"订阅书店"的评价中，282 条提及环境氛围的舒适。顾客们认为书店良好的氛围主要来自方便他们阅读的布局，可以坐下来喝咖啡和吃甜点的条件，以及可靠真诚的员工服务。不少读者提到，在这里每一个人都可以方便地找到他感兴趣的东西，感受到对书的热爱。"订阅书店"优化了书籍布局，减少顾客难以抉择时的焦虑，使每个人都有书想读、有书可读。通过咖啡厅、阅览室等硬性设施和员工导引等软性服务，让每个人的身体和心灵都有了休憩之处。

在社区建设上，构建长期稳定的书友圈。拥有读者信任的社群是连接产品和消费者的重要途径。③ 与其他书店相比，"订阅书店"打造了更稳定的常客群体。线下书店中，员工主动与顾客沟通，了解他们的喜好并推荐书籍。如果书店里没

---

① Мы Все Стоим перед Угрозой Исчезновения：Как Пандемия Стала Кошмаром для Книжного Бизнеса，https://www.forbes.ru/forbeslife/397051-my-vse-stoim-pered-ugrozoy-ischeznoveniya-kak-pandemiya-stala-koshmarom-dlya，访问日期：2021 年 10 月 11 日。

② Как "Подписные Издания" Стали Достопримечательностью Петербурга и Открыли Свой Бар，https://www.the-village.ru/weekend/industry/294660-podpisnye-izdaniya-success，访问日期：2021 年 10 月 11 日。

③ 方卿，李宇珺，王涵：《读者信任视角下图书社群营销研究》，《出版发行研究》2018 年第 2 期。

有，员工还会给顾客提供其他可能有所需书目的书店的信息。即使顾客不购买，也会被真诚的服务态度打动。书店保持着这样的理念："我们不想为每个人做一家商店，但我们希望这里的每个人都感到舒适。学生、退休人员、商人和议员都会来找我们。有人买东正教百科全书，有人买历史书，常客圈逐渐形成。我们的员工认识他们，并非常了解他们的口味。"①很多顾客表示，来书店主要是想找人讨论书籍，遇到一些有趣的人。这种切身为顾客考虑的销售方式，目的不是进行一次性消费，而是通过沟通互相了解，建立长期稳定的书友关系。当然，常客关系并不仅限于线下。疫情期间，书店员工在线上进行直播，已有的线下常客群体提供了很大支持，并吸引了新的顾客。"订阅书店"接下来的经营目标是打造"最有人情味的线上书店"。支持常客社区建设的背后离不开充满热情的员工。除了比同行业更高的工资水平，书店还鼓励员工积极发表自己的想法，并将大家的想法付诸实践。让顾客爱上书店，不如先让员工爱上书店。书店、顾客、员工构成了一个没有明显界限的社区，鼓励所有爱书的人参与。

在信息共享上，搭建创意营销的社交媒体。2021 年，一组俄罗斯书店的创意照片在 Instagram 上爆火，在中国互联网上也受到很多人关注。这是"订阅书店"的另一创举，通过社交媒体创意营销。店员们用摄影的方式展示书籍，甚至邀请电影明星或其他名人来进行创意拍摄。书店的账户不仅是一个促销工具，而且是对书店整体氛围的反映。许多本地人和来到圣彼得堡的游客，都先在社交媒体上订阅书店的账号，然后去看书店。社交媒体打破了地域屏障，让所有人都有机会通过这些充满艺术创想的照片了解书店，引起了各地读者们的兴趣。通过社交网络的评论，店员们能够及时了解顾客们的需求变化，提供更加个性化的服务。

四、实体书店"第三场所"转型的启示

盲盒等潮玩广受追捧，直播带货成为人们认可的购买渠道，政府与文化企业的合作不断深入，我国实体书店的转型环境增强了"订阅场所"书店的一些措施

---

① Как Устроены "Подписные Издания"，https://www.be-in.ru/news/35153-izdaniya/，访问日期：2021 年 10 月 11 日。

可借鉴和落地的可能。与我国实体书店相比，"订阅书店"有以下不同：其一，百年书店的文化底蕴丰厚，充分挖掘并打造了不可复制的产品、服务风格；其二，稳定紧密的阅读社群使进入书店的人超越了买者身份，真正将书店当作"远离家的家"；其三，借助互联网宣传，并承办各种活动的书店充分发挥其文化功能，在人们心中留下了深刻的文化记忆。我国实体书店可借鉴其经验，在以下几个方面改进。

（一）树品牌：开展以书为核心的风格化经营

与"店"相比，"第三场所"更强调概念特色的吸引力。实体书店提供的纸质书阅读象征一种回归的情怀，代表着一种生活态度和生活方式。挖掘书店的文化价值，将这种内在的文化个性转化为受众可以感知到的、独一无二的文化体验是经营前提。① 实体书店的多业态经营已经不鲜见，突出自己的品牌特色才可以尽量减少书店场所化过程中过度的商业性质，避免风格复制。首先，以读者为核心，针对某一个目标群体找准自己代表的一种生活方式，即书店的"灵魂"。其次，根据人群特点选书，定制书店的环境和氛围。最后，借助互联网发挥流量变现的作用，利用社交媒体的力量进行线上宣传，为书店吸引流量而"造势"，成为艺术潮玩、文化风尚的引领者。

（二）聚书友：构建紧密联系的读者社群

除了有能够吸引读者兴趣的好书，通过合理的沟通，建立忠诚稳定的社群也是实体书店经营的重要环节。置于书店这个场所下，顾客与顾客之间、店员与顾客之间都存在交流的可能。顾客与顾客之间不存在服务关系，他们的交流更加自由，但也需要契机才会产生。书店应有意引导，比如缩进人与人之间的物理距离。设置可供爱书的人交谈的公共区域，定期举办一些读书分享的沙龙。而保证员工与顾客间的良好沟通主要在于培养店员的服务意识，要让员工的服务超出顾客期待，让读者体会到真诚。线下实体书店里，员工并不是一个简单的信息提供

---

① 方卿，王宁，王涵：《实体书店的生存与发展——国外"文化+"书店的启示》，《科技与出版》2015 年第 12 期。

者，而是从顾客角度了解他们的喜好并推荐好书。员工服务的可靠性、主动性能够打消读者选择的焦虑，更愿意到同一家书店买书。长此以往，员工与顾客既是买卖双方，也是以爱书为出发点的书友。另外，线上书店也可以借助直播带货、社交媒体评论等新的方式和顾客互动，打造虚拟的"第三场所"。总之，书店要增加与读者交流的频率，以优质的服务为竞争力，培养顾客忠诚。

（三）传书香：打造承载居民文化记忆的城市书房

如今的实体书店兼具销售文化产品和传播科学知识的双重功能。2006 年以来，我国开展"全民阅读"活动，北京、上海等地纷纷出台鼓励书店创新融合发展的扶持政策。而比对"订阅书店"所处的政策环境，俄罗斯也于 2006 年正式颁布《国家支持与发展阅读纲要》。鼓励阅读的大背景下，实体书店要在实现自身发展的同时，充分发挥公共文化平台的功能，提高书店的号召力。"订阅书店"的成功之处在于它将书店打造成了一个文化平台，与个人或文化企业合作，举办音乐会、签售会等活动，提高自己在城市居民中的知名度。而在我国的政策环境下，实体书店的公共文化服务功能更加突出，可以协助政府举办各种文化活动或为企业提供文化咨询、活动设计等。这些活动的最终目的不是为了获利，而是给人们打造一个书籍、音乐、设计充分碰撞的精神之所，树立实体书店在人们心中的文化地标形象，通过各类活动让人们形成到访习惯，最终成为承载着文化记忆的城市书房。

人类共同面临着技术对生活方式的改变，实体书店该何去何从是一个全球性的问题。售卖周边、改善布局、政企合作……不少书店都做出了这些改变，但并不意味着所有的实体书店都能经营成功。经营者需要清楚书店本质上的转型逻辑，即书店在从"零售店"向"第三场所"转型。"订阅书店"的经营诠释了书店成为"第三场所"的转型关键。其一，卖者视角的转变。书店从靠卖书获利转变为通过满足人的精神需求、衍生个性服务盈利。书店更好地确定了自己的目标群体，树立不可复制的品牌风格。其二，场所思维的建立。传统书店只强调人与书的买卖关系，而"第三场所"意味着多元交流。书店既通过好书让人和书建立起紧密的联系，又创造环境和机会拉近了人与人之间的距离。顾客的忠诚是书店积累好口碑，品牌得以认可的保证。其三，文化使命的驱动。零售书店只需要满足盈利即可，而成为"第三场所"的书店肩负文化责任。未来，实体书店对文化传承和交流将起到越来越重要的作用。书店的经营要有更加开阔的视野，以书香滋养人们的精神世界，诠释城市的文化之魂。

第六章
文化产业对策

第一节 中华文化共同体建设面临的风险及其对策

进入 21 世纪后，世界范围内文化经济化、文化政治化和经济文化化的深入发展，推动了民族国家的竞争由军事经济硬实力竞争模式向软硬实力相结合的巧实力竞争模式的转化。民族文化共同体作为 21 世纪国家文化软实力竞争的支撑结构，日益成为世界主要国家借以展开国际竞争的基本手段。全球化和现代化的语境并没有在世界范围内弱化民族文化共同体建设的重要性，反而因价值鸿沟、历史解构和利益渗透等因素导致国家文化认同问题的高度复杂化，文化与政治、经济、民族、宗教等因素相互嵌套和联动，引发现代国家认同危机和政治紧张。建设 21 世纪中华文化共同体，与国家文化软实力战略目标连接在一起，日益成为国家重要战略资源和中华民族整体利益所在，也是国家文化安全的重要屏障。

当前，尽管我国在深化文化体制改革、现代公共文化服务体系建设和文化产业发展等多个方面取得显著成就，文化生产能力、文化贸易水平实现较大跃升，国家文化软实力显著增强，但中华文化共同体建设过程中的风险仍然不同程度地存在，如我国文化产业在国际市场中相对劣势的总体格局并没有改变，传统文化行业在数字信息技术环境下加速边缘化的趋势日益明显，社会文化消费需求得不到有效满足和文化供给质量不高并存的"悖论"等问题依然存在。同时，我们还面临着一系列新问题和新常态。在这一大背景下，必须深入贯彻党的十八大和十八届四中、五中、六中全会和习近平总书记系列重要讲话精神，针对当前文化建设面临的新情况、新问题，研究应对国家文化安全风险、助力文化强国建设的创新思路与策略。

一、当前建设中华文化共同体面临的主要风险

(一)建立民族文化自信的进程落后于国家文化现代化进程的要求，导致或陷入文化保守主义或陷入文化虚无主义的风险

文化自信是推进文化强国建设进程中最基本和最持久的力量来源。习近平总书记指出："中华文化独一无二的理念、智慧、气度、神韵，增添了中国人民和中华民族内心深处的自信和自豪。"文化自信对于中华民族的心理和精神独立性的建构，关乎民族认同，关乎国民性，因而关系到国运兴衰。要将深厚的中华优秀传统文化资源"创造性转化"为国家文化软实力，必须要以建构中华文化自身的主体性为前提，只有通过"中国精神、中国价值、中国力量、中国贡献"的内涵建构，才能形成中华民族的文化自主、文化自觉和文化自强。

中华文化自信的瓦解自1840年鸦片战争直至20世纪中后期，而中华文化自信的重建则始于新中国成立后，特别是改革开放后。总体上，文化自信重建进程要落后于国家文化现代化进程，这样可能带来两种风险：一是中华民族在西方文明的强大冲击下，滑入文化虚无主义与民族虚无主义的陷阱，导致民族自信和文化主体性的消解；二是古老文明因过度自恋而导致文化保守主义和文化国粹主义，造成民族文化发展进步活力的消解。

(二)文化体制改革全面进入深水区，改革迟滞或导致文化行业错过"窗口期"的风险

"十一五"以来，在公益性文化事业与经营性文化产业分类理论指导下，我国多个文化领域的改革取得了显著进展。但从整体看，我国文化体制改革主要是在边缘领域和新兴领域率先突破，仍然表现为"外延式突破"和"机制性创新"，

而并非产权制度安排、政府宏观管理职能系统等核心制度的创新。

随着我国经济发展逐渐进入"新常态"，文化体制改革"窗口期"将大大缩短，未能实现快速升级转型的文化行业将被挤入下行通道。根据原财政部长楼继伟《浪费货币财政政策买来的时间，容易左倾或右倾民粹》一文的说法，如果国家用积极的财政政策和货币政策换来的改革机遇期被浪费掉，今后的改革可能不得不在紧货币、紧财政的条件下进行，政策空间会越来越小，阵痛会更加剧烈，就更难凝聚改革共识。随着经营性文化单位转企改制的完成，文化体制改革逐步深入体制的核心层，改革的阻力越来越大。文化体制的深层结构——文化单位的产权制度安排以及基于产权之上的党政关系、政企（事）关系，必须与经济结构、政治结构和社会结构之间保持最低限度的一致性，对国家协调能力的要求极高。"十三五"我国文化体制改革将进入整体协同改革的新阶段，文化体制改革将不得不和时间"赛跑"，改革的意志、方法策略与政策力度面临"窗口期"收缩的严峻考验。

（三）数字信息技术的高速发展导致传统文化行业整体性边缘化，传统文化行业面临丧失合法性的风险

进入 21 世纪，移动互联网、物联网、大数据、云计算、人工智能、虚拟现实、新材料等一系列重大技术创新，催生了文化生产、传播、消费及管理方式的深刻变革。数字科技和人工智能的发展，完全不同于以农业革命、蒸汽革命和电气革命为代表的前三次技术革命，不仅颠覆了文化行业改革发展的传统路径，而且对整个文化行业及社会结构产生颠覆性的影响。数字信息技术利用其固有的开放性和平台性技术力量，强力改变传统文化行业原有的发展逻辑，重建其数字技术发展逻辑，由此导致国家文化行业整体结构的重塑和行业管理结构的革命。

国有文化行业的发展长期依赖国家身份、财政投入和政策红利，对当前数字技术快速迭代、管理方式创新和商业模式变革所带来的巨大冲击缺乏反应能力。传统体制固有的效率缺陷和体制惯性、市场发育不充分、人才结构不全和环境不配套等客观制约因素，使传统文化行业在面对新兴行业竞争、平台技术组织快速扩张的情况下，加速其边缘化趋势，使得公共文化机构、报业和广电出版行业面

临公共功能弱化、阵地作用丧失的风险。

二、基本对策建议

(一)坚定文化强国的战略目标，落实国家"十三五"文化规划的各项战略任务

文化安全是国家安全的重要组成部分，必须以总体国家安全观为指引，统筹考虑国家文化安全。应对文化风险是一个系统工程，当前首先要落实国家"十三五"文化发展规划的各项战略任务。按照建设文化强国的战略目标，突出文化发展改革的特殊道路与经济社会发展进程之间配套协同的总要求，"十三五"规划根据大文化的发展思路，落实理论建设、文艺创作、媒体建设、公共文化、文化产业、传统文化、文化开放、文化体制改革等八个方面的目标任务。这些目标的设计，总体上凸显了科技进步与社会转型交错的时代特征，行业自主发展与跨界融合发展并进的路径特点，文化事业和文化产业两翼齐飞的平衡特性，创作生产和传播消费互相衔接的全链条管理模式，"请进来"与"走出去"以及国内和国际两个市场统筹协调的运行规律。落实"十三五"目标，让文化迸发出堪比物质和资本的强大力量，让经济发展体现出独特的文化品格，共同推动社会进入更高的发展阶段，是抵御文化风险、保证国家文化安全的根本所在。

(二)坚定文化体制改革，推进由边缘性改革向核心制度改革的转变

推动文化体制深层结构变迁，需要中央政府调动经济、政治和社会等配套性资源，进行顶层设计。要推动中央政府与地方政府"双主体共同推进"改革模式转向中央主导、地方协同的"主辅结合"模式。探索建立党委意识形态管理职能与政府公共文化管理职能既分工又协同的一体化体制构架；明晰政府部门与直属机构之间的权利义务边界，形成主管部门与直属机构之间以契约为纽带的新型关系。在基层政府普遍实行大文化体育传媒部门的基础上，推动省级和中央大文化体育传媒部门的整合。

（三）坚定"互联网＋文化"的发展策略，供需双侧协同改革，完成发展动能转换

文化安全需要主动适应时代的发展变化，积极拥抱新科技与新业态。利用数字技术的"平台功能"和跨体制融合作用，推动传统文化企业建立以产权为纽带的新型文化企业和文化产业集团。借助"移动互联＋社交＋大数据"的巨大推力，探索建立"互联网＋文化"的新型文化业态。推动阅读、鉴赏、游戏、动漫、影视和文物艺术品等与各大网络运营平台实现互联互通，建立一批"文化＋互联网"新型企业。推动传统文化行业将沉淀资源转化为资本，形成一批流动性文化资产，进入新型文化要素市场，促进文化行业从相对独立封闭模式转向融合发展模式。

我们认为，"台独""疆独""藏独""港独"等势力的存在，会带来中华文化共同体建构过程中的干扰，但它们所导致的风险的程度，并不取决于"台独""疆独""藏独""港独"自身的力量，而是取决于我们自己能不能实现文化强国的战略目标，取决于我们自身的国家文化软实力。落实"十三五"文化发展战略、深化文化体制改革、推动文化科技融合创新等，是提升国家文化软实力的基本路径，也是构建21世纪中华文化共同体的基础工程。与西方国家相比，中国有不同的国家建构路径。西方国家大都建立在民族认同基础上，由民族认同达到国家认同；拥有五千年文化传统的中国则是由文化认同达到国家认同。正是在这一意义上，中华文化共同体与国家文化软实力互为表里，中华文化共同体建设与国家文化软实力建设协同共进，成为未来十年构筑国家文化安全防线的重要战略措施。借助五千年中华传统文化资源和国家"一带一路"建设机遇，重建21世纪中华民族文化、历史和国家认同三条技术路径，建设21世纪中华文化共同体，为中华民族伟大复兴的"中国梦"提供文化支撑。

第二节　推动中俄蒙哈申报阿尔泰山
世界遗产的建议

位于中国、俄罗斯、蒙古国、哈萨克斯坦四国交界之处的阿尔泰山，风景优

美，资源丰富，是四国经贸往来与文化交流的重要枢纽，也是跨国合作的黄金交集。中俄蒙哈有良好的合作基础和发展共识，建议四国发扬"上海精神"，联合申报阿尔泰山世界遗产，共享共建阿尔泰山顶级文化符号，以实体项目为牵引提升区域合作水平，点燃上海合作组织的新亮点。

一、四国联合申遗的多重价值与深远意义

(一)争创顶级文化符号，改善西部世界遗产布局

文化符号是地域文化独特性的标志，具有高辨识度和广接受度。目前新疆有两项世界遗产：世界自然遗产"新疆天山"和世界文化遗产"丝绸之路：长安—天山廊道的路网"。二者处于新疆中部、南部。新疆北部自然风光优美，民族风情浓郁，但缺少世界遗产这样的顶级文化符号。我国境内的阿尔泰山位于新疆阿勒泰地区，是旧石器时代游牧文化遗存地，有"哈萨克医药""哈萨克族达斯坦"等多个国家级非遗项目，被誉为"金山银水""人类滑雪起源地""休闲避暑之都"，获评国家生态文明建设示范区，具备较好的申遗条件。若成功申报，将完善新疆的世界遗产布局，进一步增强哈萨克族、蒙古族聚居区的文化自信和凝聚力，有利于推动新疆北部更好更快持续发展。同时将改善我国西部的世界遗产布局：我国目前拥有的 57 项世界遗产，90%以上分布于胡焕庸线以东，以西仅有 5 项。

(二)拓展跨国申遗渠道，优化我国世遗申报格局

目前意大利拥有 59 项世界遗产，超过我国 2 项，位列世界第一。意大利的世界遗产数多于我国的主要原因，在于其拥有 7 项跨国遗产，而我国仅有 1 项。跨国遗产是我国的短板。基于联合国教科文组织关于限项申报世界遗产的政策条件，我国应积极优化世界遗产申报格局，须在常规申报的基础上，拓展跨国联合申报这一渠道。从与周边国家的合作基础和资源条件上考虑，阿尔泰山是非常合适的突破口。

(三)盘活阿尔泰山资源，彰显四国合作亮点深度

阿尔泰山联通"四国六方"，包括中国新疆的阿勒泰地区、俄罗斯的阿尔泰

边疆区与阿尔泰共和国、哈萨克斯坦的东哈萨克斯坦州、蒙古国的巴彦乌列盖省与科布多省。在四国各自的规划中，蒙古国"草原之路"侧重以能源出口带动投资，俄罗斯跨欧亚大铁路希望开发西伯利亚和远东，与之对接的我国"丝绸之路经济带"强调通过建设中俄蒙经济走廊西通道，化解国内富余产能，保障能源、资源供应。环阿尔泰山次区域合作多落实于科技和经济领域，在文化领域缺少深度合作。阿尔泰山处于欧亚大陆的黄金节点，是游牧文明的重要起源地，四国联合申遗作为文化合作的标志性项目，将提高区域文化影响力，使此区域合作成为人文交流和商贸交流并进的国际典范和东方亮点。

二、四国联合申遗的现实基础与可行性

(一)各国对阿尔泰山有效保护与开发，具备联合申遗的基础条件

保护现状和使用格局是申报世界遗产的重要评估因素。四国对阿尔泰山分别进行了保护、规划和开发，形成了良好基础。中国新疆阿勒泰地区拥有 1 个世界地质公园(可可托海)，3 个 5A 级景区(喀纳斯、可可托海、白沙湖)，1 个国家地质公园，3 个国家级自然保护区，4 个国家森林公园。俄罗斯境内的阿尔泰山有两大国家级自然保护区：阿尔泰和卡通斯基；区内的捷列茨科耶湖、富有金属矿的克孜勒钦河谷是游客必去景点，温泉疗养小镇别罗库里哈堪比瑞士，"绿松石卡通河"是集高山自然旅游与探险旅游为一体的旅游经济休闲特区；当地打造了以探险和医疗保健为特色的"大金环""小金环"两条经典旅游线路。蒙古国境内的阿尔泰山脉以保持原生态的环境和保护珍稀野生动物为主，设有马罕自然保护区、哈萨格特海尔汗保护区等。哈萨克斯坦东哈州建立了卡通卡拉盖公立国家自然公园。四国环阿尔泰山区域已经具备连线成片的良好基础。

(二)俄罗斯阿尔泰山脉列入世界遗产，形成联合申遗的有利形势

根据《世界遗产公约》操作指南，位于一个缔约国境内的现有世界遗产的扩展部分可以申请成为跨境遗产。世界遗产名录中，跨境遗产已有 43 项。多国联合申请已有不少先例，如欧洲温泉疗养胜地联合了 7 个国家的 11 个城镇，阿尔

卑斯山周围的史前湖岸木桩建筑由瑞士等 6 个国家共同申请。1998 年，俄罗斯阿尔泰山脉的三个区域列入《世界遗产名录》，四国可以在"金山-阿尔泰"世界自然遗产的基础上增补申遗，强调对阿尔泰山自然遗产和文化资源的国际联合保护。

(三)四国在阿尔泰山已有多年合作，达成联合申遗的发展共识

中俄蒙哈四国多年和平共处，在阿尔泰区域已有良好的合作基础。中俄蒙哈"我们共同的居住地——阿尔泰"国际协调委员会自 2000 年以来多次举办国际会议，交流环境保护、旅游开发、文化教育领域的实践经验。2004 年，卡通斯基自然保护区与卡通卡拉盖国家公园开展生物多样性跨境保护。2008 年 9 月，联合国教科文组织世界遗产中心的跨界合作发展会议在蒙古国乌兰巴托召开，讨论阿尔泰区域文化历史遗产的保护问题；同年 10 月，纪念"金山-阿尔泰"申遗十周年的研讨会召开。2013 年，四国专家提出了扩展申遗的设想并强调其必要性。2019 年，国际自然保护地联盟年会上，四国就"促进跨界保护"深入探讨，倡导将"大阿尔泰"保护区范围覆盖到中国和蒙古国。各国已就阿尔泰区域的发展问题深入交流，积攒了合作经验，达成了联合申遗的共识。

三、四国联合申遗的策略与推进建议

(一)国内统筹：整合资源顶层设计，分工负责有序落实

中央有关部门宜统筹申遗工作，根据世界遗产评选规则做好顶层设计，整合各方资源和力量，规划调研进程和时间安排，加强国内外沟通协调，定期盘点监督推进情况。新疆维吾尔自治区和阿勒泰地区宜充分发挥能动性，深入挖掘阿尔泰山的资源特色，对照申遗要求，完善阿尔泰山资源的本体保护、环境整治、展示阐释、监测管理、遗产研究，打造成熟的遗产地品牌。

(二)国际协调：优化多方合作机制，充分做好申遗准备

缔约国呈报《预备名录》至联合国教科文组织秘书处的时间通常应比遗产申报时间至少提前一年，这要求四国预留出更充分的时间进行准备。建议四国建立

合作机制，定期协商对话，提前组织专家研讨，加强遗产能力建设，联合打造具有特色的遗产旅游线路和旅游产品，提高各国的开放力度，做好申遗的基础工作。建议将联合申遗纳入上海合作组织工作日程，中国、俄罗斯、哈萨克斯坦是上海合作组织的创始成员国，蒙古国是观察员国，联合申遗行动是对互信、互利、平等、协商、尊重多样文明、谋求共同发展的"上海精神"的诠释，可作为其人文合作的重要内容。

（三）多方助力：全面贯通申报渠道，联合助推申遗成功

考虑到申遗周期和跨境申请的复杂性，四国应尽早与联合国教科文组织和世界遗产委员会取得联系，全程充分沟通，获得预备协助和改进建议，减少申报项目评估阶段出现重大纰漏，通过有效的上游支持促成世界遗产成功申报。同时通过文化活动、学术研讨、外交支持等多种力量和多元方式助力申遗。

第三节　文化城市：深圳经验与使命

2020 年 10 月 14 日，深圳特区建立 40 周年庆祝大会隆重举行，宣告年轻的深圳进入"不惑"之年。作为"改革开放后党和人民一手缔造的崭新城市"，深圳"用 40 年时间走过了国外一些国际化大都市上百年走完的历程"，不仅创造了经济发展的奇迹，还实现了文化发展和精神文明建设的历史性跨越，积累了新兴城市文化发展的宝贵经验，并为百年民族精神的凝聚与创新作出了独特贡献。站在新的历史起点，在文化强国建设的新阶段，深圳肩负着更高期许，当努力承担新使命、实现新飞跃。

一、不惑深圳的文化发展经验

作为经济特区的深圳，始于 1980 年。当时的深圳刚由惠阳地区宝安县改设为市，虽然其历史可追溯至东晋咸和六年(331 年)设置的宝安县，并有明代的大鹏守御千户所城和南头古城遗迹，但建市之初的文化基础非常薄弱："许多区、镇、乡村的剧场、文化室被改造成'三来一补'的工厂，整个文化系统 187 名工作

人员中只有 3 名大学生，原有的 1200 个农村文化室和 130 个业余宣传队基本解体。"（《深圳特区史》）经过 40 余年的不懈努力，深圳文化事业和文化产业蓬勃发展，物质文明与精神文明协调发展，在文化领域多个方面取得突出成就，并实现全国文明城市创建"五连冠"，被联合国教科文组织授予"全球全民阅读典范城市""设计之都"称号，交出了一份亮丽的文化答卷。进入"不惑之年"的深圳，形成了城市文化发展的独到经验。

文化自觉是深圳文化发展的深层内核。建市之初，深圳在大力发展外向型经济的同时着力于文化建设：1982 年起连续三年把地方财政收入的三分之一用于文化建设；1982—1988 年投资近 3 亿元，建设起具有现代化规模的图书馆、博物馆、大剧院、科技馆、深圳大学、新闻文化中心、电视台、体育馆等八大文化设施，并陆续创建了交响乐园、艺术中心、画院等，扩建了粤剧团、美术馆、新华书店等。20 世纪 90 年代直面"文化沙漠"的议论，深圳进行了深刻的自省，提出"文化深圳"和"深圳学"，进而形成高度的文化自觉。21 世纪初在全国率先提出"文化立市"战略、确立"文化强市"目标，制定了一系列文化发展规划和专项政策，推出文化改革的诸多创新性举措。通过前瞻性的政策规划和高效的执行力，深圳快速实现了从文化沙漠到文化绿洲的华丽转身与完美嬗变。

市民参与是深圳文化发展的厚实基础。40 年间，深圳从边陲小镇一跃成为国际都市，人口从 30 万暴增至 1300 万。大量涌入的移民既是深圳经济社会发展的主体，也是深圳文化建设的主体。20 世纪 80 年代深圳兴起"大家乐"广场文化、歌舞厅文化和区社文化，深受"打工仔""打工妹"欢迎，许多文化活动由市民自发组织；20 世纪 90 年代深圳的打工文化和移民文化进一步拓展，兴起了在全国颇有影响的打工文学；21 世纪深圳人的文化兴趣日益广泛，对阅读、艺术、志愿服务等活动的参与度越来越高，深圳成为"全球全民阅读典范城市""图书馆之城""钢琴之城""志愿者之城""全国文明城市"。"来了，就是深圳人"，市民普遍的文化认同和深度的文化参与，让深圳文化显现出鲜明的"流动性"特征。

文化市场是深圳文化发展的活力源泉。深圳特区的经济与文化相互渗透和促进。特区成立之初的诸多文化活动由企业资助，从"文不经商"到"以商促文"，"福利型文化结构更多地被经营服务型文化结构所取代"；与外向型经济同步，深圳的文化制造业蓬勃发展，文化娱乐产业繁荣兴盛，随后文化旅游业、广告、平面设计、工业设计等业态兴起；在"文化立市"战略推动下，深圳文化产业依托活跃的文化市场而一路高歌猛进，成立三大文化产业集团、连续举办国际文化产业博览会、与互联网产业深度融合，文化产业不仅成为深圳的第四大支柱产业，主要指标还跻身全国前三，更荣膺联合国教科文组织"设计之都"称号，获得国际认可。

文化科技是深圳文化发展的强劲动力。科技是文化形态演进的催化剂，文化与科技高度融合，深圳建立了创新型文化形态：率先提出"文化科技产业"概念，认定数十家"文化+科技型示范企业"，建设数百家重点实验室、工程实验室和企业技术中心；以文博会和高交会打造国际性文化与科技博览交易平台，建立产权交易所，参与发起中国文化产业投资基金，孕育和聚集了一大批文化科技企业；腾讯公司、华强文化科技集团、雅昌文化、华侨城主题公园等文化企业成长为行业翘楚，文化产业实现了集聚效应和规模效应，经济贡献率迅速提升，"文化+科技""文化+旅游""文化+互联网""文化+金融"等模式互相交织、日益成熟。

从"文化沙漠"到"文化绿洲"，从"文化白纸"到"文化产业标兵"，"不惑"深圳的文化发展经验，核心原则在于政府引领、市民参与、市场驱动、科技助力。这些宝贵的经验，是深圳人在实践中闯出来、试出来、干出来的。

二、百年民族精神的深圳贡献

"不惑"深圳的文化贡献，不仅在于其自身文化事业和文化产业的发展成就，还在于深圳在经济社会发展和城市建设过程中展现出的前沿观念和独特精神。这些观念和精神是深圳文化更深刻的体现，在全国范围内产生了更为深远的影响，以至在百年中华民族精神的殿堂中占据一席之地。

深圳观念的实践本色与风尚引领。2010 年 11 月，网友和专家评出"深圳最有影响力十大观念"："时间就是金钱，效率就是生命""空谈误国，实干兴邦""敢为天下先""改革创新是深圳的根，深圳的魂""鼓励创新，宽容失败""让城市因热爱读书而受人尊重""送人玫瑰，手有余香""深圳，与世界没有距离""实现市民文化权利""来了就是深圳人"。这些观念体现了深圳人在拼经济、拼管理、拼文化的实践过程中形成的理念和达成的共识，它们既是深圳发展历史的缩影和见证，又是深圳精神的形象描述和印象表达，同时也是中国改革开放文化的精彩表述。"时间就是金钱，效率就是生命""空谈误国，实干兴邦"等观念得到广泛认同，引领、鼓舞和促进了内地的改革发展。

深圳精神的时代气息与创新气质。深圳非常注重城市精神的提炼，历史上形成三个版本：1990 年版深圳精神："开拓、创新、团结、奉献"；2002 年重新概括为："开拓创新、诚信守法、务实高效、团结奉献"；2020 年发布"新时代深圳精神"："敢闯敢试、开放包容、务实尚法、追求卓越"。深圳精神的每一次概括提炼，都体现出深圳对时代潮流的精准把握和对城市发展的清晰定位。深圳精神体现为特区发展过程中的标志性成果，比如"深圳十大文化名片"：莲花山邓小平塑像、深圳义工、深圳十大观念、深圳读书月、中国(深圳)国际文化产业博览交易会(文博会)、设计之都、华侨城、大鹏所城、华为、腾讯。深圳精神与文化名片互为表里，彰显特区发展的勃勃生机、创新气质与高远志向。

特区精神的中国印记与改革标识。"敢闯敢试、敢为人先、埋头苦干"的特区精神，是 40 多年来中国改革开放伟大实践的集中缩影。深圳等五个经济特区谱写了一首首叫作"中国奇迹"的壮阔史诗，以特有的姿态彰显着"中国自信"，以青春热血唱响新时代的特区精神，向世界展示着极具活力的中国新面貌。特区精神鼓舞着无数中华儿女，敢为天下先，勇当"拓荒牛"，为建设一个伟大的社会主义国家而奋斗。深圳精神是特区精神的重要基石。特区精神激励着无数有志青年，永葆"闯"的精神、"创"的劲头、"干"的作风，砥砺奋进，迎难而上，在新时代创造新的伟大奇迹。在中华民族精神的谱系之中，特区精神独树一帜，是改革开放以来时代精神的鲜明体现。

深圳观念、深圳精神与特区精神一脉相承，扎根于改革开放的伟大实践，体现于特区人干事创业的生动事迹，折射出与时俱进、昂扬向上的时代气息，是深圳文化的拓展和升华，并在新时代熠熠生辉。

三、文化强国建设的深圳使命

党的十九届五中全会明确提出到 2035 年建成文化强国，吹响了推进社会主义文化强国建设的号角。习近平总书记要求：经济特区要坚持"两手抓、两手都要硬"，在物质文明建设和精神文明建设上都要交出优异答卷。以深圳经济特区建立40周年为新起点，以推进粤港澳大湾区和深圳中国特色社会主义先行示范区"双区"建设向纵深推进为契机，深圳在文化强国建设中应肩负起新的历史使命。

为增强文化自信提供新能量。深圳当成为梦想之城，在创建社会主义现代化强国的城市范例、高水平贯彻新发展理念、形成全面深化改革全面扩大开放新格局、推进粤港澳大湾区建设、丰富"一国两制"事业发展新实践、率先实现社会主义现代化的新的伟大征程中，深圳当再次奏响"改革不停顿、开放不止步"的时代强音，在实践中勇当尖兵、开拓创新，不断深化新认识、贡献新方案，续写更多"春天的故事"，努力创造让世界刮目相看的新的更大奇迹，把经济特区的"金字招牌"举得更高、擦得更亮，充分展现习近平新时代中国特色社会主义思想的强大真理力量。

为提升文化软实力开拓新路径。深圳当成为魅力之城，弘扬"敢闯敢试、敢为人先、埋头苦干"的特区精神，发扬"敢闯敢试、开放包容、务实尚法、追求卓越"的新时代深圳精神，勇当新时代的"拓荒牛"，构建普惠性、高质量、可持续的城市公共文化服务体系，繁荣文艺精品创作，更好地满足人民群众精神文化生活新期待，塑造与深圳经济地位相匹配的文化优势和文化形象，积极讲好中国故事、深圳故事，建设区域文化中心城市和彰显国家文化软实力的现代文明之城。

为发展文化生产力贡献增长极。深圳当成为实力之城，发展更具竞争力的文化创意产业，通过文化创意引领、科技创新支撑、精品内容生产和总部经济带动，大力发展数字文化、创意设计、时尚文化、文化旅游等新型业态，进一步巩固提升文化产业的国民经济支柱产业地位，构建以质量型内涵式发展为特征的高水平现代文化产业体系，推动深圳成为创新创意引领潮流、文化科技特色鲜明、文化形象开放时尚、文化产业充满活力的国际文化创新创意先锋城市。

深圳是一座让人引以为豪的新兴城市，也是一座让人充满期待的未来之城。深圳肩负着"示范"的新使命，将致力于更多的开拓、超越和引领，努力提升在全球的竞争力、创新力和影响力。祝福深圳进一步发展成为实力之城、魅力之城、梦想之城。

第四节　文化产业学科建设的推进策略

文化产业被誉为21世纪的朝阳产业，作为新兴国民经济支柱性产业，其发展急需人才支撑与学科支持。在以国内大循环为主体、国内国际双循环相互促进的新发展格局下，在新文科发展与交叉学科设置的历史机遇中，应高度重视并抓紧推动设立文化产业一级学科。

一、设立文化产业管理一级学科的意义

（一）为文化产业的蓬勃发展提供人才支撑

文化产业已发展成为世界主要国家的新兴支柱产业，其经济贡献与战略地位日益凸显。2019年我国文化产业增加值41171亿元，占GDP比重4.48%。美国2014—2020年文化产业产值占GDP比重18%~25%；英国创意产业年平均产值约600亿英镑；日本文化产业规模超过电子产业与汽车产业。人才是产业发展的基石，迅猛发展的文化产业急需强劲的人才支撑。构筑完整的文化产业管理学科体系，完善学科知识功能定位，既有利于为文化产业的蓬勃发展提供人力资源，又可帮助提升综合性国际竞争力。

（二）为文旅深度融合提供智力支持

2018年文化和旅游部的组建，使文旅深度融合成为新时代的战略课题，复合型高端文旅管理运营人才的需求和产学研融合研究的需求迫在眉睫。2020年我国设置文化旅游专业的高校仅23所，远无法填补市场空缺与研究空白。文化产业管理既离不开文化，也离不开产业，还离不开管理，是多门学科交叉融合的产物。设立文化产业一级学科，细化文化旅游等二级学科分类，对复合型人才培养和文旅融合研究大有裨益。

（三）为交叉学科和新文科发展探索新路

2018 年 5 月教育部推出"新文科计划"。2020 年 8 月教育部拟将交叉学科增列为第 14 个学科门类。"新文科"试图找寻人文社会科学与理、工、农、医等自然科学的渗透与拓展。文化产业管理专业不仅融合了艺术学、历史学、管理学、经济学、传播学等学科，还与自然科学交叉融合，形成数字人文、医药文化、农业文化等"文化+"的学科模式，其学科中内含的融合创新思维，可为交叉学科和"新文科"的设置探索全新路径。

二、设立文化产业管理一级学科的基础

（一）文化产业人才培养具备一定的基础

2004 年我国首设文化产业管理本科专业，到 2020 年 8 月，全国开设文化产业管理专业的本科高校共 213 所，其中双一流高校 33 所，开设硕士点 46 个，博士点 21 个。文化产业管理专业的人才培养方向定位多在于文化产业与文化事业、文化旅游、文化政策、文化创意等。我国文化产业管理学科人才培养初具规模，文化产业管理专业建设初显成效。

（二）文化产业智库建设取得一定的成效

文化产业智库建设具备良好基础。2006 年起，文化部认定国家文化产业研究中心 6 所、国家文化产业示范基地 2 所、国家文化创新研究中心 5 所；2019 年 12 月，文化和旅游部设立 25 家文化和旅游研究基地。经过多年建设与积累，这些研究机构聚焦国家文化产业发展的战略需求，在建设新型专业智库方面作出了有益探索，取得了良好成效。

（三）文化产业学科交叉形成一定的优势

据已公开一级学科归属学校的数据统计，79.81% 的高校将文化产业管理纳入工商管理，9.39% 的学校仍按照 2004 年试行方案将其划归公共管理。另有

10.8%归属到其他一级学科，如：新闻传播、艺术理论、艺术学、中国史、中国语言文学等。在开设文化产业管理专业的 213 所高校里，10 所设有文化产业学院，6 所设有文化创意学院，4 所设有文化、艺术管理学院。挂靠其他学院较为普遍，其中管理类 28 所，历史类 26 所，新闻传媒类 25 所，人文类 22 所，另有66 所分属经济、旅游、法学等。文化产业管理专业基于自身多学科融合的跨界思维，产生了天然的学科交叉优势。

三、设立文化产业管理一级学科的路径

（一）搭建平台，汇聚全国文化产业学者的力量

建议充分发挥专家智囊团作用，设立基于学科规划的文化产业专家委员会与教学指导委员会，凝聚全国优秀学者，集中行业一线资源，做好文化产业一级学科的顶层设计和战略规划，同时搭建特色鲜明的研究基地与创新基地，形成促进文化产业行业发展与学科发展的强大人才力量。

（二）设立专类，提升文化产业研究的水平和层次

目前我国文化产业学科定位不甚清晰，学科归属较为模糊。建议在国家社科基金艺术学项目中专设文化产业条目，根据国家战略需求每年征集设立一批文化产业领域重大项目、重点项目、一般项目和青年项目等；积极推动国家艺术基金、文化部项目中文化产业科研立项，提升文化产业基础研究与应用研究的水平和层次。

（三）合力推动，形成文化产业学科建设的多极动能

建议搭建政府、高校、企业的融合平台机制，合力形成政产学研一体的发展体系。一方面，政府决策层制定文化产业利好政策，高校加紧研究产业发展趋势，企业明确靶向促使研究成果落地；另一方面，呼吁各级人大代表、政协委员关注文化产业发展的实际情况与现实需求，就文化产业学科建设与事业发展提出针对性议案。

（四）明确层次，在一级学科下合理开设各二级学科

建议抓紧推动将文化产业管理专业设置为一级学科，一方面，完善一级学科下的二级建制，下设文化产业理论、公共文化、文化旅游、文化经济、文化遗产、文化科技、文化金融等二级学科；另一方面，鼓励有资质的高校和科研机构根据自身优势自主设置二级学科，实现个性化发展，形成特色化专业。